U0882085

山东耕地质量评价与应用丛书

长清耕地

主 编　马元民 张兴龙
李宗俊 刘 学

山东大学出版社

图书在版编目(CIP)数据

长清耕地/马元民等主编．—济南：山东大学出版社，2014.6
ISBN 978-7-5607-5058-3

Ⅰ．①长…
Ⅱ．①马…
Ⅲ．①区(城市)—耕地资源—资源评价—济南市
Ⅳ．①F323.211

中国版本图书馆 CIP 数据核字(2014)第 138245 号

责任策划：赵　岩
责任编辑：李　港
封面设计：张　荔

出版发行：山东大学出版社
社　址　山东省济南市山大南路 20 号
邮　编　250100
电　话　市场部(0531)88364466
经　销：山东省新华书店
印　刷：山东鸿杰印务集团有限公司
规　格：787 毫米×1092 毫米　1/16
13 印张　12 插页　315 千字
版　次：2014 年 6 月第 1 版
印　次：2014 年 6 月第 1 次印刷
定　价：45.00 元

版权所有，盗印必究

凡购本书，如有缺页、倒页、脱页，由本社营销部负责调换

《长清耕地》编委会

主　　任　高瑞杰　赵建民

副 主 任　李　涛　王奉光　贾政斌

委　　员　张兴龙　万广华　吴　兵　袁瑞农　王秋堂　马元民

主　　编　马元民　张兴龙　李宗俊　刘　学

副 主 编　魏红新　张　萌　杜立忠

编　　委　吴　兵　袁瑞农　王秋堂　李永伟　江　媌　郝桂喜
吴兴杰　马元民　张兴龙　李宗俊　刘　学　魏红新
张　萌　杜立忠　王玉军　陈玉梅　段　刚　刘　军
贾　德　房泽东　刘世健　王　颖　李光伟　孙焕乐
杨春蓉　周　花　刘　青　王新东　陈相浩　刘传友
陆广梅　刘　慧　陈士亮　路云广　马永山　马忠超
张洪芳　陈　健　李富国　张洪忠　曹相丽　叶迎春
张晓莉　周　英　刘　健　卢　萍　王建东

审　　稿　张兴龙　马元民　魏红新　刘　学　周　花　杨春蓉
陈相浩　刘　健

制　　图　赵庚星　宋付朋　刘　学

数据统计　李宗俊　马元民　刘　学

调查试验与分析　顾延印　韩景业　王庆梅　王海英　王保红　王道忠
宋玉强　刘存怀　吕桂芹　李　琪　田红丽　张明春
曲淑霞　张晓云　李　云　朱丽霞　张　梅　王玉霞
薛正刚　张　燕　张新迎　方爱贤　赵　乐

序言

土壤是人类赖以生存和发展的最根本的物质基础，是一切物质生产最基本的源泉。耕地是土地的精华，是人们获取粮食及其他农产品不可替代的生产资料。“万物土中生”“食以土为本”“有土斯有粮”，耕地资源对促进农业生产的发展，提高人们的物质生活水平，以及整个国民经济的发展都有着十分重要的作用。

济南市长清区自1981～1982年开展土壤普查以来，为国土资源综合利用、土壤改良、培肥地力等措施制定以及满足粮食需求等方面作出了重大贡献。现在距上次土壤普查已有三十年之久，农业经营体制、耕作制度、作物品种、种植结构调整等均发生了巨大变化，原有的数据和成果对现代农业的指导作用明显削弱，人民群众对农产品质量安全、生态环境改善十分关注，迫切需要弄清耕地地力状况，普及测土配方施肥技术，实现节本增效。因此，很有必要对当前全区耕地地力进行一次全面的调查和分析。

根据全区土地利用现状、耕地地力条件和现代农业发展的新形势、新变化，长清区农业局严格按照国家农业部的统一部署要求，在山东省土壤肥料总站、济南市土肥站等业务主管部门的支持帮助下，组织有关农业院校的专家、学者和全区广大农业科技工作者，自2008年起历经5年艰辛工作，通过野外采土、室内化验、试验研究、数据库建设、评价分析、配方研制、技术普及等工作实施，深入挖掘、广泛搜集相关数据和资料，经过精心整理汇总校对，完成了《长清耕地》这部全面反映长清区土壤、耕地状况的专业著作。

《长清耕地》的出版发行，是长清区现代农业发展史上的一件大事，标志着全区农业科研水平又上了一个新的台阶。全书注重历史与人文、资源与环境的衔接，理论与实践的相互结合，内容丰富，数据翔实，分析精辟，指导有力，是广大农业、科技、教育、行政工作者以及农民朋友的一部专业工具书，为全区现代农业经济的快速发展提供了有力的科技支撑，希望广大读者认真学习、细心领会、科学借鉴和应用。同时也希望广大农业科技工作者继续发扬科学严谨、精益求精的工作作风，不断探讨研究新技术、新成果，对该书进行完善提高和补充更新，编写出更新颖、更具针对性和指导性的农业科技专著，为实现长清区经济跨越发展、快速融入中心城区这一宏伟目标作出新的贡献。

济南市长清区农业局局长　贾政斌

2013年12月

前　言

耕地是人类赖以生存的物质基础，是国民经济和社会发展的宝贵资源和重要生态要素，珍惜、合理利用耕地，切实保护耕地，才能促进经济的可持续发展。改革开放后，长清区农业生产力得到极大解放，农业生产水平得到极大提高，耕作制度、耕作方式、施肥品种、作物生产能力、农业基础设施、水利条件等因素发生了较大变化，耕地与现代农业生产的高产、稳产、可持续发展要求出现新的矛盾，过去的数据已不能准确反映今天的土壤养分现状并用来指导当今的农业生产。开展耕地地力调查与质量评价工作是搞好耕地地力调查与评价，摸清土壤肥力状况，可为农业生产，合理改良利用耕地、调整种植结构、因地制宜发展现代农业提供可靠依据。耕地地力评价是了解全区耕地地力现状的手段，是保障国家粮食安全，促进粮食稳定增产、农民持续增收、生态环境不断改善的重大举措，对摸清和改善当前土壤养分状况、实现农业可持续发展具有十分重要的意义。

济南长清区自 2008 年开始实施国家测土配方施肥补贴项目，同时开展耕地地力评价工作。先后对长清区内 4 个街道办事处、6 个镇 36775.9hm^2 的耕地进行了调查取样，累计采集土壤样品 7113 个，其中用于地力评价的典型样点 2707 个，详细填写了地块调查表和农户施肥情况调查表。分析测定了土壤有机质、pH、全氮、碱解氮、有效磷、全磷、速效钾、缓效钾、有效铁、有效锰、有效铜、有效锌、有效硼、有效硫、有效钼、有效硅、交换性钙、交换性镁及土壤容重等 19 个性状，共计 34701 项次。编制了 24 幅数字化成果图件，编写了工作报告、技术报告、专题报告。撰写完成了“一本书”(三个报告合订的验收材料)，形成了“一套图”(24 幅数字化图)，建立了“两个系统”(测土配方施肥管理系统、耕地资源管理信息系统)，为长清区今后的基本农田保护及耕地质量管理提供了科学依据。通过本次工作，全面查清了长清区耕地基础生产能力、土壤肥力状况、土壤障碍因素，分析研究了耕地退化原因，为全区粮食安全发展规划、农业结构调整规划、耕地质量保护与建设、耕地改良与利用、科学施肥、节水农业以及生态建设提供了科学依据。

为了将调查与评价结果尽快用于生产，在山东省农业厅、山东省土壤肥料总站和长清区委、区政府的正确领导下，我们在总结调查与评价成果的基础上，借鉴第二次土壤普查的部分成果，编写了本书，首次全面系统地阐述了长清区耕地资源类型、地力状况、环境质量、利用状况等，书中引用了大量调查与化验数据，并配以成果图表，增加了可读性。由于水平所限，加之时间仓促，书中难免存在不当之处，敬请广大读者及专家学者们批评指正。

编　者

2013 年 12 月

目 录

第一篇 耕地地力调查与评价

第二篇　耕地地力评价分析与改良利用

第三篇　测土配方施肥技术应用与推广

专　题

第一篇　耕地地力调查与评价

第一章　自然与农业生产情况

第一节　自然条件

一、地理位置

济南市长清区位于鲁中腹地，东依泰山，西临黄河，是济南西部新城的主要载体。地处东经116°11′～117°44′，北纬36°01′～37°32′，南与平阴、肥城、泰安三县市接壤，北与槐荫区、市中区相连，东与历城区相连，西与东阿、齐河两县隔黄河相望，南北长50.3km，东西宽50.8km，总面积为117808hm^2。全区耕地面积为36775.9hm^2(包括水浇地、旱地、菜地等，下同)，常住人口为57.87万，共有15.93万户家庭，辖4个街道办事处、6个镇，共624个行政村。

二、地形、地貌

济南市长清区地处泰山北麓，东南两侧低山丘陵连绵，沟壑纵横，地势向西北倾斜，中部为山前洪积冲积平原，西北两侧隔黄河与华北平原连接，海拔为29.4～988.8m，相对高差为959.4m，黄河横亘西北，清水沟、南大沙河、北大沙河、玉符河由南向北，分别横穿区境而汇于黄河。

海拔在700m以上的山峰有6座，大都分布在万德镇，摩天岭高988.8m，是全区最高山峰。除灵岩山，均是与泰山相连的花岗岩、片麻岩组成的酸性岩山区。另外，除张夏、五峰山、马山西部和双泉的东南部分布着少量片麻状的花岗岩组成的山区，其余皆为石灰岩组成的低山丘陵。在内力的作用下，形成了山区、丘陵、平原。长清区地貌类型分为低山丘陵、山前洪积冲积平原、黄河冲积平原三大地貌类型，共有12个微地貌单元(见表1-1)。

表 1-1 长清区地貌类型和单元表

地貌类型	代号	微地貌单元	面积(hm^2)	地貌类型	代号	微地貌类型	面积(hm^2)
低山丘陵	1	裸岩地	669.27	山前洪积冲积平原	8	山前倾斜平地	5150.93
	2	荒岭坡	26855.2		9	山前缓平地	7504.47
	3	岭坡梯田	22116	黄河冲积平原	10	河滩高地	3447.13
	4	坡麓梯田	3234.93		11	缓平坡地	7725.67
	5	沟谷梯田	16099.2		12	交接洼地	3626.2
	6	近山高阶地	17016.07				
	7	近山阶地	4902.2				

(一)低山丘陵

低山丘陵地貌一般相对高度在 90.9m 之内，属于太古代的变质岩和古生代寒武纪和奥陶纪的石灰岩丘陵区。除平安街道办事处、文昌街道办事处、归德镇和孝里镇西部，其余皆为此种地貌，面积为 90892.87hm^2，占总面积的 77.15%，下分 7 个微地貌单元。

1. 裸岩地

裸岩地主要分布在五峰山街道办事处、张夏镇、万德镇较高山丘的顶部，自然覆被度低于 60%，土壤几乎被剥蚀殆尽，以裸露的岩石为主，岩缝多为极薄层的粗骨性的棕壤性土和褐土性土，面积为 669.27hm^2，占总面积的 0.57%。

2. 荒岭坡

荒岭坡面积为 26855.2hm^2，占总面积的 22.8%。主要分布于全区山丘上部，坡度一般大于 30°，次生林稀少，植被稀疏，土体侵蚀严重，土层浅薄。土壤多为母岩风化后残积坡积而形成的粗骨性薄层(15～30cm)棕壤性土和褐土性土。

3. 岭坡梯田

岭坡梯田面积为 22116hm^2，占总面积的 18.77%。多分布于山丘中下部，地势较陡，坡度一般为 15°～30°。单块梯田面积较小，一般小于 667m^2，梯田群呈阶式环山水平带状，阶差较大，土层较薄(大都小于 60cm)，多发育为褐土性土、中层褐土或棕壤性土，是由人工在残积坡积堆积物上垒迭修建而成的一种地貌类型，土壤“旱、薄、粗、硬”，水土流失严重。

4. 坡麓梯田

坡麓梯田主要分布在文昌、归德、崮云湖三镇(街道办事处)交界处的低丘下部的缓坡地带，梯田群的形状随坡形而异，但单块田面多呈块状，每块约数亩至十数亩，土层厚薄不等，多发育为中、厚层褐土，由坡积洪积物堆积和人工垒迭而成。面积为 3234.93hm^2，占总面积的 2.75%。

5. 沟谷梯田

沟谷梯田分布在孝里、双泉、马山、五峰山、张夏、万德等镇(街道办事处)山丘谷间，谷上端阶差大，田块较小，谷下端阶差较小，田块较大，沟谷梯田群相连成枝脉状，地堰较整齐牢固，土层较厚，水土流失减轻，水利条件稍有改观，土壤较肥沃，多发育为中厚层褐土等土壤类型，由洪积物人工垒迭堆积而成，面积为16099.2hm²，占总面积的13.67%。

6. 近山高阶地

近山高阶地分布于孝里镇胡林办事处，文昌街道办事处三朱管理区，马山、双泉、五峰山三镇（街道办事处）北部，万德镇金山铺村以北，张夏镇至崮云湖街道办事处的老东风水库（长清湖）以南丘陵区的坡麓以下。地形部位较高，梯田开阔而平缓。阶地面积为每块数亩或十几亩，地堰明显，堰高一般为1～2m，多发育为厚层和深厚层的褐土等土壤类型。有时在数米以下（土崖上）可见黄土状的母质风积物。本地貌处在洪积扇上缘，土体中往往存有砾石、粗砂等障碍层次。面积为17016.07hm²，占总面积的14.44%。

7. 近山阶地

近山阶地分布在近山高阶地的下部，即孝里镇老济平公路东、归德镇小屯管理区、平安街道办事处潘村、文昌街道办事处周庄及崮云湖街道办事处中部地带，面积为4902.2hm²，占总面积的4.16%。地势较平缓，地堰高一般小于1m，每块地十几亩或几十亩不等。土壤为深层或深厚层褐土。

（二）山前洪积冲积平原

此地貌地处长清区丘陵以西开阔地带，即洪积扇的中下缘，由洪积冲积物和第四纪松散岩层堆积物形成。面积为12655.4hm²，占总面积的10.7%，下分2个微地貌单元。

1. 山前倾斜平地

山前倾斜平地分布于五峰山街道办事处宋村以西至归德镇西程、庄楼、沙河辛以东，以及崮云湖王府庄西与文昌、平安经十西路以东地带，面积为5150.93hm²，占总面积的4.4%。地势平缓，比降一般为1/400～1/200。土层深厚，土壤较肥沃，田块面积较大，多为洪积冲积所形成的典型褐土。

2. 山前缓平地

山前缓平地分布于平安、文昌、归德220国道两侧的中部地带，位于山前倾斜平地的下部。地势缓平，比降一般小于1/400。土层深厚，土壤较肥沃，多发育为褐土和部分潮褐土。长清区粮食的高产、稳产地带均处在此种地貌类型上，面积为7504.47hm²，占总面积的6.4%。

（三）黄河冲积平原

黄河冲积平原分布于平安、文昌、归德、孝里老济平公路以西地带，面积为14799hm²，占总面积的12.5%。黄河河水的冲积作用，是本区西部冲积平原微地貌形成的主要营力。由于黄河满溢时流速的差异而形成急流、漫流和静水沉积，因而产生了各不相同的地貌。在长清区可分为河滩高地、缓平坡地和交接洼地3种微地貌单元。

1. 河滩高地

河滩高地分布于平安、文昌、归德、孝里的黄河东岸，面积为3447.13hm²，占总面积的2.9%，为黄河满溢堆积而成的高地。在黄泛平原，此地貌相对地势较高，呈脊状，海拔高度一般为33.7～35m，区间相对高差为1～2m，且由西向东倾斜，本区多为潮土、风沙土，地力瘠薄。

2. 缓平坡地

缓平坡地是平安、文昌、归德、孝里西部黄河冲积平原上单向微斜的部分，由黄河泛滥漫流沉积而成，地面高差为5～6m，比降在1/400左右，处于河滩高地和交接洼地之间，面积为7725.67hm^2，占总面积的6.6%，土壤大部分为潮土带的轻壤，少部分较为黏重，此微地貌单元面积分布较广，占黄泛平原的50%左右。

3. 交接洼地

此地貌分布于孝里镇老济平公路西，平安、文昌、归德黄泛平原和山麓洪积平原的交接地带，海拔为29.7～34.2m，地势低平，潜水埋藏较浅，干旱季节为2～6m，汛期接近地面，甚至地表积水，潜水水流不畅，易内涝。土壤为黄河和洪水河流泛滥的尾闾静水沉积，土壤黏重，质地大部分为中壤或重壤。面积为3626.2hm^2，占总面积的3.1%。

从以上各种地貌类型可以看出，长清区绝大部分为山地丘陵，涝洼面积较大，而平原面积很小，地貌特征可概括为“八山一洼一平原”。

三、母岩和成土母质

母岩、成土母质是构成土壤矿物质的基本材料，是植物矿物质营养元素的最初来源。土壤是在成土母质、生物、气候、地形、时间及人为活动等成土因素的综合作用下形成的一个历史自然体，各种自然因素在成土过程中相互联系、相互影响。

（一）母　岩

长清区地质岩性复杂，但岩石种类按其成因来说，主要为火成岩中的片麻岩及沉积岩中的石灰岩两大类。

火成岩主要以太古代前震旦纪片麻状的花岗岩和片麻岩为主，其次为基性岩床和岩墙，俗称“砂石山”。主要分布于万德镇贾庄、南纸，张夏镇上龙华，五峰山街道办事处钓鱼台水库，马山镇褚科、大崖、尹庄，双泉镇学城村以南和翟科、贾庄以东，张夏镇的东西野老和长湾一带也有零星分布。基本上是南北走向的低山丘陵。

沉积岩主要是古生代寒武纪和奥陶纪的暗石灰岩和紫色的页岩及板岩，俗称“青石山”，主要分布在本区变质岩山丘以北，如双泉镇的翟科、贾庄以西的低山丘陵或孤立浅丘。

（二）成土母质

母岩风化变成成土母质。岩石风化产物很少，是按照原有的样子留存在原地的，大多数在水、风、重力等外营力作用下，搬运到其他地方沉积下来。由于搬运沉积的特点不同，就在地表上产生了各种不同的成土母质，主要有5种类型。

1. 残积物

残积物指未经搬运而残留在原地的风化物，主要分布在长清区东部比较平缓的石灰岩丘陵顶部，其特点是地质粗、土层薄、养分含量低、含水量低。由于植被覆盖度不同，此种母质厚薄也有一定变化。覆盖度高的地方，发育的土壤较厚，养分较高；反之则土层薄，养分含量低。

2. 坡积物

坡积物指山坡上部的风化物在重力及雨水的联合作用下，被搬运到一定部位的堆积物，分布于长清区丘陵的荒岭坡和部分的岭坡梯田上。其特点是粗细粒混合存在，无分选性，往往形成砾质松散型的薄层及中层的棕壤性土与褐土性土。通透性较好，养分较残积母质偏多，但土壤的肥力仍然很低。

3. 洪积物

洪积物由山洪搬运的碎屑物质沉积而成，主要分布于长清区的沟谷梯田、近山高阶地、近山阶地等地貌单元上，其特点是洪积扇顶端沉积的物质较粗，层次也较明显，搬运越远颗粒越细，肥力逐渐增高，但土体中往往存有砾石和粗砂层。

4. 洪积冲积物

洪积冲积物分布在长清区 104 省道、老济平公路两侧的山前倾斜平地和山前缓平地上，即洪积扇的扇缘地带，地面高程为 40～50m。洪积冲积松散堆积物深度数十米至百米，发育为褐土和棕壤。此种母质处于洪积扇的扇缘地带，地下水位升高，水量丰富，形成的土壤比较肥沃，是全区主要粮食作物小麦和玉米的重要产区。

5. 冲积物

冲积物主要是黄河泛滥携带的泥沙沉积下来的物质，分布在沿黄的老济平公路以西，在原第四纪堆积物上为近代黄泛物质所覆盖，其厚度由济平公路向西至黄河逐渐递增，其特点是成带性、成层性和成分复杂性。

四、气候条件

济南市长清区属暖温带大陆性季风气候，四季分明，春季升温较快，多干旱，夏季炎热多雨，秋季天高气爽，冬季漫长寒冷、少雨雪。年平均气温为 14.4℃，年平均降水量为 671.1mm（见表 1-2）。

表 1-2　长清区四季起止日期及天数

季节	春		夏		秋		冬	
1986～2012 年	开始日期	持续天数	开始日期	持续天数	开始日期	持续天数	开始日期	持续天数
	4 月 3 日	57	5 月 30 日	96	9 月 3 日	60	11 月 2 日	152

（一）气　温

1986～2012 年，累年平均气温为 14.4℃。1998 年最高，为 15.8℃，较平均值偏高 1.4℃；2003 年最低，为 13.7℃，较平均值偏低 0.7℃。年内最冷月是 1 月，平均气温为 −1℃；最热月是 7 月，平均气温为 27.3℃。一年之中 4 月气温上升最快，月平均气温比 3 月高 7.5℃；11 月气温下降最快，月平均气温比 10 月低 7.9℃。月平均最高气温为 30.7℃，出现在 1997 年 7 月；月平均最低气温为 −3.4℃，出现在 2000 年 1 月。

（二）降　水

1986～2012 年，累年平均降水量为 671.1mm。最多年为 1005.1mm，出现在 1993 年；最少年为 370.3mm，出现在 2002 年，相差 634.8mm。四季降水夏季最多，冬季最少，春秋降水相近，夏季降水是冬季降水的 10 倍左右，差别明显。

（三）积温与霜期

日平均气温不低于 10℃的时期为作物生长活跃期，也是决定耕作制度、作物布局和播种选择的依据。1986～2012 年，累年平均不低于 10℃气温初日在 4 月 26 日，终日在

10月15日，间隔日数约为180天。

农作物附近空气层温度降至0℃以下，使作物受冻害的现象称为“霜冻”，不高于0℃的初、终日为初霜冻期和终霜冻期，其间隔日数为无霜期。

1986～2012年，累年平均无霜期为216天。终霜期最早开始日期为3月16日，出现在2000年；初霜期最晚日期是11月2日，出现在1996年。一般年份无霜始期出现在3月下旬，无霜终期出现在10月下旬。无霜期最长年份为229天，出现在1995年；最短年份为188天，出现在1988年。

（四）降　雪

1986～2012年，累年平均降雪日数为11天，最多为21天，出现在2000年；最少为4天，出现在1987年、2006年，最多、最少年相差17天。

（五）日　照

1986～2012年，累年平均日照时数为2440.3h。其中5月最多，为263.7h；12月最少，为155.5h。

五、水文及水文地质

河流及地下水不仅对土壤起着侵蚀、冲刷、分选、搬运、沉积作用，参与成土过程，而且对土壤的物理、化学性状的变化，土壤的淋溶和淀积，土壤的发展变化也起着重要的作用，同时是衡量肥力（土壤水分）的重要标志之一。

（一）河　流

长清区西部至北部沿区境有黄河环流，境内有清水沟、南大沙河、北大沙河、玉符河四条河流，随地形的变化由东南向西北分别横穿全境，汇于黄河。

黄河横亘西北，流经长清区境内，全长52km；清水沟长13.5km，流域面积为10779hm^2；南大沙河长37.2km，流域面积为40630hm^2；北大沙河长54.3km，流域面积为58460hm^2；玉符河区内长4km，长清地段流域面积为8268hm^2。

以上三河一沟的径流总量虽不相同，但都是以排洪为主的季节性河流，夏秋有水，冬春干涸。三河的上游源头为砂石山，岩溶裂隙发育差，植被好，并有山体风化壳水的补给，常年流水不断。三河中下游途经沉积岩地区，因岩溶裂隙发达和断层较多，河水渗漏断流补给了平原地区地下水，对提高平原井灌区机井出水量有一定作用。

三河最终均汇入黄河，山洪暴发季节往往与黄河汛期相遇，由于黄水顶托，排水不畅，经常造成平安、文昌、归德、孝里等沿黄地区的内涝。部分封闭洼地长期积水，土壤向沼泽化发展，历史上有名的孝里洼、许寺洼就是这样形成的。地表水主要受降水和黄河泛滥的控制。由于长清区75.6%的地块属于低山丘陵，平原很少，地面坡降很大，降雨集中，植被破坏比较严重，大量降水往往形成地表径流，成土作用减弱，并对表土冲刷严重。

（二）地下水

地下水除受降水影响，在很大程度上取决于地质和水文地质状况。长清区地质岩性、地形地貌和水文地质条件复杂，地下水类型和蓄量也不一样，基本有4种类型。

1. 太古代变质岩山区风化裂隙水

太古代变质岩山区风化裂隙水分布于万德全境，以及五峰山、张夏、马山、双泉等的南部山区，在山的坡脚或冲刷下切的沟口有间隙性泉水。由于山区径流面积较小，风化层薄，冲沟发达，沟壑纵横，虽有大量的补给河水，但地下水蓄量较少。区内有十几座小型水库，但灌溉面积不大，打井只能打大口机井，出水量很低，一般低于 $20m^3/h$，大部分土壤处于干旱状态。而在变质岩山区特殊部位，地面坡度较大，通水性较好，耕层以下、母岩以上由于潜水长期侧向流动，有白浆化的现象。

2. 石灰岩山区岩溶裂隙水

石灰岩山区岩溶裂隙水分布于老济平公路以东的石灰岩山区，由于岩溶裂隙发育，蓄水层薄，地下水资源缺乏，除较大断层附近出现水量较好的井，一般的机井少而且出水量小。土壤常处于干旱状态，且常在耕层以下出现鲜红棕色的氧化铁、锰剖面。

3. 山涧河谷层间岩溶裂隙水

山涧河谷层间岩溶裂隙水分布在万德、张夏、五峰山、双泉等的山涧河谷之中。在基底好、流域面积较大的地方，地下水源就比较丰富，河谷的上游可建小型水库，河谷的中游地带可伴河打井发展灌溉。

4. 第四纪松散堆积物孔隙水

此地下水类型主要分布在山前平原及冲积平原上，由于补给面积较大，地形部位较低，地下水比较丰富，是长清区的主要井灌区。在远古河道上或下层含沙砾层的地下水，质好量丰，一般涌水量为 $40\sim100m^3/h$。但在老济平公路以西，归德镇顾小庄村以南，孝里镇以西，大部分为第四纪冲积洪积黏质砂土区，地下含水量差，涌水量不超过 $20m^3/h$。分布在这一范围内的褐土表层，砂黏适宜，土壤不断获得灌排的调节，心土层或底土层的黏化层比较明显，并有假菌丝等钙的淋溶和淀积。

总之，依据《长清区水资源长期供求计划》和《地下水资源开发利用规划》，平水年长清区水资源总量为 $3.5586\times10^8m^3$，其中地表水资源量为 $1.0822\times10^8m^3$，地下水资源量为 $2.2234\times10^8m^3$，引黄利用水量为 $0.253\times10^8m^3$。平水年长清区水资源可利用量为 $2.2303\times10^8m^3$，其中地表水可利用量为 $0.2658\times10^8m^3$，地下水可利用量为 $1.7115\times10^8m^3$，引黄利用水量为 $0.253\times10^8m^3$。地表水资源主要分布在长清区南部低山丘岭区的万德镇、张夏镇、马山镇、双泉镇和五峰山街道办事处。地下水资源主要分布在长清区山前平原的平安街道办事处、文昌街道办事处、归德镇、孝里镇及崮云湖街道办事处。引黄工程分布在长清区西部沿黄的平安街道办事处、文昌街道办事处、归德镇、孝里镇。

按水的用途分类：长清区农业灌溉（包括蔬菜）用水量为 $0.8337\times10^8m^3$，占总用水量的 48%；工业用水量为 $0.2846\times10^8m^3$，占总用水量的 18%；生活用水量为 $0.163\times10^8m^3$，占总用水量的 9%；其他用水量（包括济南市区应急调水、苗圃、渔业养殖）为 $0.4197\times10^8m^3$，占总用水量的 24%；生态与环境用水量为 $0.024\times10^8m^3$，占总用水量的 1%。以上累计年用水量为 $1.725\times10^8m^3$，长清区地下水可利用量多年平均为 $1.7115\times10^8m^3$，所以仅靠地下水是不能满足当前的用水需求的，节约用水、广辟水源是今后一项长期而艰巨的工作任务。

（三）地下水的化学性质

长清区地下水的化学性质比较单纯，均属重碳酸盐水，是弱度硬化水，水质尚好，十分适合直接饮用和农业灌溉，且矿化度也在 0.1g/L 以下。

（四）水文地质条件对土壤的影响

水文地质条件对土壤形成发育影响很大，地貌、地质条件、潜水埋深、丰水程度、水质好坏以及水流动力的大小，均对各土壤的形成、分布、特征、肥力状况有所影响。南部山区岩层溶水埋藏深、水质好、污染差，相比之下，有利于有机质的积累和理化性状的改善，水热状况也较好。由此说明，适当的土壤水分含量，不但能满足作物的生长，而且有助于土壤的改良，以及土壤微生物的活动、肥料的分解、养分的积累、理化性状的改善，但土壤水分过多或过少均对土壤的形成发育和植物的生长带来不利影响。如北部低洼地区的地下水位一般较高，尤其在雨季，地下水位过高，土壤水分达到饱和，甚至淹没农田，使土壤窒息、板结，致使农作物发生渍害，生长发育受到影响。再如，当地下水溶盐较多时，由于旱季表土水分大量蒸发，土壤表层便形成不同程度的盐渍化，更直接影响土壤熟化及有机质和矿物质的移动、转化，有碍于土壤养分的积累。还有，南部山区雨季雨水较多，造成山洪暴发，水土大量流失，养分更会直接跑掉，破坏土体结构。因此，水文地质条件对土壤形成发育起着极其重要的作用。

六、自然植被

植被是指一地区植物群落的总体。长清区地处黄河流域，传统农业很早就已发展，随着现代农业生产的发展，自然植被逐渐被栽培植被所代替。近年来，党和政府高度重视森林绿化工作，大力实施荒山绿化、绿色通道、退耕还果工程，积极开展创建国家森林城市活动，新增林地 9333.33hm^2，森林覆盖率达到 36.8%。

（一）东南部花岗岩、片麻岩山丘地区

此区生长着喜酸性的暖温带针叶阔叶混交林，有赤松、侧柏、刺槐，沿河有杨、柳，优势果树有板栗、山楂、核桃、樱桃、白梨、苹果、柿、枣等，落叶灌丛有栎树、胡枝子等。

栽培植被以小麦、玉米、花生、红薯为主，还有部分茶叶、油菜和中药材。除栽培植被覆盖率较高，乔木、灌木和杂草的覆盖率都很低，土壤无草固着，且因酸性岩石含石英较多，形成的土壤沙性大，水土流失严重。

（二）钙质岩石山区丘陵旱生暖温带针叶阔叶混交林植被区

此区有侧柏、臭椿、刺槐、杨、柳、榆、法桐、泡桐等，经济林木香椿、柿、苹果、玉杏、樱桃、核桃、雪桃等栽培比较普遍，灌木有荆棵、酸枣等，草木有黄背草、白羊草、狗尾草等，栽培植被有红薯、花生、油菜、谷子、玉米、小麦等。该区由于地质条件的关系，地下水深，降水量小，乔木林面积小，植物常年生长量小，杂草覆被度低。虽然形成的土壤较黏重，但丘陵山区砾石多，土层薄，土壤无草固着，水土流失严重，而栽培植被也因干旱严重，产值效益不高。山区丘陵多为红薯、花生、油菜一年一作，沟谷地虽然是一年两作或两年三作，但遇到干旱生长很差，覆盖程度也较平原低。由于土壤长期处于干旱状态，限制了微生物的活动，化肥利用率不高，农作物产量较低，从而减弱了土壤有机质的矿化速度，相对地提高了土壤有机质的含量。

（三）平原暖温带落叶阔叶林植被区

该区包括洪积冲积平原，除黄泛平原的风沙土地带有少量成片营造的速生林，其余皆为河道、沟路林网和村庄四旁植树，以速生杨、毛白杨、柳、榆、法桐、泡桐等为主，果树有枣、苹果、梨、桃等，灌木有紫穗槐和酸枣等，主要杂草有知风草、蟋蟀草、小旋花、小蓟、蒲公英、藜等，肥沃地块有马齿苋、看麦娘、野燕麦、节节麦、雀麦等，后三种杂草近几年呈上升趋势，给全区小麦生产造成了巨大危害，洼地主要有芦苇、水蓼等。

此地区栽培植物覆盖率较高，多种植一年两作的小麦、玉米，对肥力的要求较高，由于化肥的施用和水气的调节，促进了微生物的活动，使土壤有机质矿化速度加快；随着产量的提高，收获物带走的养分越来越多，普遍出现土壤板结、肥力下降，需要不断增施有机肥料培肥地力和测土配方平衡施肥促进作物稳健生长。近年来通过大力推广作物秸秆还田技术，土壤有机质含量有了较大提高，地力基础有了较大提升。

第二节 农业经济与生产情况

一、农业经济情况

2012 年，济南市长清区完成生产总值 204.22 亿元，同比增长 9.7%。其中第一产业增加值为 26.61 亿元，增长 4.5%；第二产业增加值为 85.76 亿元，增长 11%；第三产业增加值为 91.85 亿元，增长 9%。人均生产总值为 35204 元，增长 9.4%。地方财政预算内收入为 7.4 亿元，增长 25.8%。

农业综合生产水平稳步提高。全区农业机械总动力为 0.47×10^6 kW。其中农用拖拉机 5129 台，机播作业面积为 36290hm^2，机收作业面积为 26360hm^2，农业机械化率和秸秆综合利用率分别达到 86%和 98%。

农业产业化水平不断提高。从 2001 年农业产业化开始起步，到 2012 年底，全区农业龙头企业达到 168 家，各类农民专业合作组织达 600 多家。各类市场主体辐射带动基地约 40000hm^2，带动农户约 1.7 万户。

农业基础设施明显改善。全区建有中型水库 3 座、小型水库 40 座、塘坝 251 座，兴利库容 8.86×10^6 m^3，机电井 5949 眼，装机动力达 61850kW，机电排灌站 183 座，装机动力达 13900kW。有效灌溉面积达到 23040hm^2，节水灌溉面积达到 13520hm^2。全区基本实现了“柏油路(水泥路)和客车村村通”“自来水户户通”和“有线电视户户通”，发展生态富民沼气用户 3.8 万户。建成生态防护林 22001hm^2、经济林 8488hm^2、农田林网 6507hm^2，林木覆盖率达 36.8%。通过大力实施产业扶贫开发，贫困人口脱贫致富步伐进一步加快。

二、农业生产情况

2012 年，长清区农作物播种面积为 67910.2hm^2，比上年增长 1.15%。其中，粮食 53269.07hm^2，增长 0.82%；蔬菜、瓜果 9005.3hm^2，增长 0.47%。全年粮食产量为 341023 吨，增加 4.54%；蔬菜、瓜果产量为 672255 吨，增长 0.85%；肉类产量为 29900 吨，增长 3.6%；禽蛋产量为 30900 吨，减少 41.1%；奶类产量为 36700 吨，增长 20.5%(见表 1-3 和表 1-4)。

表 1-3　　2012 年长清区主要农产品产量

产品名称	产品产量(吨)	比上年增长(%)
粮食	341023	4.54
蔬菜、瓜果	672255	0.85
肉类	29900	3.6
禽蛋	30900	−41.1
奶类	36700	20.5

表 1-4　　2012 年长清区农作物播种面积和产量表

作物名称	播种面积(hm^2)	单产(kg/hm^2)	总产量(吨)
粮食作物	53269.07	6402	341023
1. 小麦	22669.3	5923.5	134296
2. 玉米	23095.5	6907.5	159523
3. 谷子	1255.3	4252.5	5339
4. 豆类	941.1	2596.5	2443
5. 红薯	5098.7	7573.5	38616
油料作物	4834.5	3337.5	16133
1. 花生	4696.5	3385.5	15903
2. 芝麻	19	1120.5	21
棉花	428.9	1249.7	536
蔬菜、瓜果	9005.3	74650.8	672255
1. 蔬菜	8733.9	75262.5	657336
2. 瓜类	271.5	54955.5	4072
其他(中药材)	372.4		
合　计	67910.2		1029947

三、都市型现代农业发展状况

为加快省会现代农业发展步伐，深度开发和拓展农业新功能，促进城乡一体化进程，加快构建社会主义和谐社会，济南市政府于 2009 年颁发了《关于加快发展都市型现代农业的意见》(济政办发[2009]19 号)的文件，按照以人为本、城乡互动、可持续发展、科技先导、循序渐进等原则，科学规划，统筹发展，逐步实现郊区农业向多功能集约型农业转变、城郊型农业向都市型现代化农业转变，计划用 3～5 年时间，促进郊区农业和城市发展相互融合、相互依托，集中打造一批集生产、生活和生态功能于一体的可持续发展的都市农业示范园区，促使济南市近郊地区农业生产力水平和现代化程度显著提升。

（一）总体思路

根据济南市区及其延伸地带不同地域的资源状况和功能特点，确立发展以近郊地区为重点的长清区发展思路，按照“一区、一带、三线、七十个都市现代农业示范园区”的“1137”建设目标要求，努力构筑都市型现代农业区域经济布局新框架。“一区”即围绕园博园、大学科技园区，在济南经济开发区、长清城区、大学科技园区、崮云湖、五峰山旅游区及其周围，着力培植都市型现代农业区；“一带”即沿长清境内黄河沿岸着力打造滨河都市农业风情带；“三线”即突出抓好国道104线、国道220线、省道104线都市农业休闲景观区。围绕一区、一带、三线，根据实际情况着力打造70个示范园区，促进长清区都市型现代农业发展。

1. 园博园都市农业开发区

园博园都市农业开发区主要是以规划济南经济开发区、长清城区、大学科技园区、崮云湖、五峰山旅游区及其周围为主，着力培植都市型现代农业区。以景观农业和会展农业为主，重点发展以城市绿地、园林景观、楼宇居室美化以及农产品展示交易等为主要内容的景观农业和会展农业。

2. 滨河都市农业风情带

滨河都市农业风情带主要涉及长清沿黄的孝里镇、归德镇、文昌街道办事处、平安街道办事处。以黄河标准化堤防工程为基础，以改善生态环境、提高农业产出率和效益为重点，重点提升传统农业产出能力和水平，发展水产业、林业、牧业、湿地旅游等特色主导产业，努力形成各具特色的产业园，使其形成一条防风固沙、水产水生、林牧兴旺的具有江南特色的生态多样性风情带。

3. 三线都市农业景观区

三线都市农业景观区主要涉及长清区国道104线、国道220线、省道104线沿线山区镇（街道办事处）。这一区域主要强化山区生态功能，发挥自然景观、人文资源和特色农产品优势，突出涵养水源、培植增绿、生态观光旅游、花生规范化生产、优质小杂粮开发、林果生产、无公害蔬菜、畜牧养殖、中药材观光等特色产业，尽快形成具有山区特色的产业结构体系。

（二）产业布局

1. 林果产业

规划建设13333.33hm^2，其中新建4000hm^2，转型完善9333.33hm^2，突出打造国家地理性标志产品——张夏玉杏知名品牌，重点抓好武庄板栗、柿子，五峰大樱桃，马山雪桃，双泉核桃等产业建设，最终形成集旅游、采摘、观光于一体的13333.33hm^2都市现代林果生产基地，尽快形成具有山区特色的都市现代林果业结构体系。

2. 蔬菜产业

在国道104线、国道220线沿线，扩张“四大基地”，打造“六个亮点”，提升“八大园区”。国道104沿线主要发展设施蔬菜、浅水藕、食用菌，结合农业开发和土地整理项目，由南向北发展浅水藕200hm^2，形成万米荷花长廊，新发展大棚西红柿和大棚樱桃13.33hm^2，形成千亩精品园区；国道220沿线发展大路菜和精细菜相结合，确保全年供应。

3. 花卉苗木产业

规划新建花卉苗木基地 2000hm²，转型完善 1333.33hm²，到 2013 年全区发展花卉苗木达到 3333.33hm²，苗木蓄积 2.5 亿株，年产值达 3 亿元，建成集赏花、踏青、休闲、游乐、垂钓、观光于一体的都市型现代花卉苗木生态产业体系。

4. 中药材产业

中药材以马山镇、万德镇为主规划区域，突出传统道地中药材品牌建设，初步形成 1000hm²，以国家地理性标志产品——马山栝楼为主推品种，种植丹参、荆芥、菊花、白术、芷母、桔梗等品种。

5. 茶叶产业

充分发挥立泰山、南湖玉露、莲心雪芽、圣虎山等茶叶产业龙头企业的带动作用，“长清茶”已获得国家地理标志产品认证，集中打造“长清茶”公共品牌，按照 2011 年区委王京文书记提出的“一年小有名气，三年大有名气”的发展构想，在长清区适宜种植茶树的万德、张夏、双泉等东南部山区区域，规划建设 666.66hm² 有机茶生产基地，全力打造国内高纬度有机茶品牌。

(三)发展现状

近年来，长清区在大力开展粮油高产创建、普及推广测土配方施肥技术、稳定粮食生产基础的同时，认真贯彻落实济南市发展“两型”现代农业的总体部署，以科学发展观为指导，以服务城市、繁荣农村、提升农业和富裕农民为目标，以市场为导向，以科技为支撑，以创新为动力，充分发挥长清区资源优势，促进农业转型升级，不断完善现代农业产业体系，积极探索现代农业发展之路，有力地推动了全区现代农业的快速发展。

1. 以规划为起点，谋划现代农业发展蓝图

在《济南市长清区都市型现代农业发展规划(2010～2014)》新框架的基础上，2012 年又科学制定了《济南市长清区 2012 年两型农业工作重点》，着力围绕“两条线、一大片、一个重点乡镇和两个示范乡镇”的“2112”规划布局，进行整体策划和区域推进，统筹土地、科技、资金等要素优化配置，集中打造“2112”范围内的基地园区。“两条线”即现代农业观光长廊、优质粮菜生产带，现代农业观光长廊重点发展观光旅游农业、茶产业两大产业，优质粮菜生产带重点发展粮食、蔬菜两大产业；“一大片”即马山镇道地中药材产业片，重点发展中药材产业；“一个重点乡镇”即双泉镇休闲农业示范乡镇，重点发展休闲农业、特色种植；“两个示范乡镇”即万德镇、平安街道办事处两个市级现代农业示范乡镇。

2. 以品牌打造为重点，引领现代农业发展步伐

实施农产品品牌战略，是发展现代农业、增强农产品市场竞争力的客观要求，也是当前和今后一个时期长清区农业发展面临的重大任务。为加快农产品品牌建设，按树立品牌、引领现代农业发展的理念，推进长清区现代农业向市场经营型发展，促进农业增效和农民增收，着重从以下五个方面入手。

一是做好农产品“三品一标”认证工作。截至 2012 年，全区累计认证“三品一标”农产品 143 个，“马山栝楼”“张夏玉杏”“长清茶”被确定为国家地理标志产品。

二是开展特色农产品品牌评优活动。组织长清区农产品生产、加工、经营企业和农民专业合作社等，参加省、市名优农产品评选活动，整合全区各项优势，形成合力，对全区农

产品品牌进行集中打造。"乒乓Q鸡蛋"于2012年4月参展了第18届新加坡国际食品餐饮展览会，展会期间同澳大利亚、新加坡、马来西亚，以及中国台湾、香港客商签订了合作意向5000万元；9月参展了北京第十届中国国际农产品交易会，"乒乓Q"牌木鱼石微量营养有机山鸡蛋荣获本届"中国国际农产品交易会金奖"。"乒乓Q鸡蛋"先后荣获世博会唯一禽蛋类专供产品、"国家一颗鸡蛋工程"供应商等荣誉，灵岩绿茶获得"省级著名商标"、第八届中国国际农产品交易会金奖产品等荣誉，金西李山药、乒乓Q鸡蛋、灵岩牌长清绿茶、舜平西红柿获得济南市名牌农产品，长清茶获得"济南市农产品区域公共品牌"称号。

三是全面宣传推介长清区知名农产品品牌。充分利用电视、广播、报纸、网络等媒体，采取专栏节目、新闻发布、专题报道、网上特色农产品展示等多种形式，大力宣传推介长清区知名品牌农产品和企业，使长清区农产品叫响全市乃至全国。2012年，长清区先后举办了第一届长清茶文化节、第三届石都庄西红柿文化节等活动，其中以"千年古刹灵岩寺，灵山秀水长清茶"为主题的第一届长清茶文化节活动取得了巨大成功，活动先后被山东电视台、中国农业信息网、山东农业信息网、齐鲁晚报、济南时报、济南日报、长清电视台等新闻媒体报道。

四是品牌农业成为农民增收法宝。通过大力发展品牌农业建设，培育出八宝峪乒乓Q鸡蛋、长清茶、石都庄西红柿、金西李山药、齐鲁华新爱宕梨、孝芹、海翠草莓等一大批品牌农产品，品牌的影响力与价值日益彰显。长清茶灵岩基地茶农在种植茶叶四年后，每亩茶鲜叶纯收入可达2万元，"一亩茶，十亩田"在基地得到了很好的验证，在基地早期茶农的带动下，外出打工的农民纷纷返回家乡种植茶叶。

五是突出农产品配送的"桥梁"作用。一是面向开发区企业、大学科技园、市区各大机关配送。二是面向超市、专营店配送。北京、天津和市区的大型超市也看好长清区的良好环境，分别与相关企业签约。三是作为机关生活基地。省直机关、大型企业等近20个单位在本区租用土地200hm^2，建立生产配送基地，年配送蔬菜等农产品120万吨以上，转移农村劳动力2000余人。

3. 以产业化为载体，推进现代农业整体效益

一是扶持农业龙头企业发展。长清区共发展农业龙头企业168家，其中市级以上农业龙头企业44家、省级农业龙头企业4家，收入过5000万元的8家，2011年销售收入突破15亿元，带动农户5万余户。济南天健堂茶叶有限公司成立了中国柿叶茶研究所，所产的"金果树"柿叶茶由原来的单一香型发展到四个香型，以其独特的香型和保健功能，深受中外消费者认可。

二是提升农民专业合作社、合作社联合社、家庭农场建设。全区农民专业合作组织发展到600多家，其中市级以上示范社61家、省级示范社13家、国家级示范社1家，注册资金4.27亿元，社员1.8万户，2011年总收入达4.9亿元，带动5万农户增收致富。

三是推进现代农业特色品牌基地建设。重点建设打造品牌基地核心区，做到"五个提升"，即在抓好土地流转基础上搞好提升，在培育核心区科技支撑体系、打造科技制高点上搞好提升，在培育安全农产品、打造放心品牌上搞好提升，在加强基础设施建设、产地环境美化上搞好提升，在拓展基地服务功能、提高产品市场竞争力上搞好提升。全区共发展市

级特色品牌基地9个，建成了以石都庄西红柿、孝里大街芹菜、万庄蔬菜、西李山药、袁庄甘蓝、孝里西瓜、平安洋葱等万亩瓜菜基地；以万德镇马套村、坡里庄村为核心，以立泰山、南湖玉露、莲心雪芽白茶、圣虎山等五家公司为龙头的200hm^2 亩长清茶基地；以马山镇双泉庄为核心的1200hm^2 中药材基地；以双泉镇柳杭村为核心的800hm^2 五彩花生、油菜基地；以归德镇曹楼村为核心的2133hm^2 归德大蒜基地。

四是加快都市型现代农业园区建设。2012年，长清区都市园区建设围绕做好一个规划、流转一片土地、突出一个农业主导产业、建设一批高效设施、推广应用一批新技术、完善一套质量管理体系、做大做强一个农业龙头企业、创建一个美丽生态环境、构建一个观光农业场所和激发一个好的创意这"十个一"展开，重点突出现代农业生产功能提升，做大规模、做精产品、做响品牌、做强龙头，创建现代化设施、新技术应用、质量管理和循环农业四个典范。全区共发展市级都市农业园区25个，其中伟农庄园、长香源、昌源山庄、南湖玉露有机茶园、和生庄园五个园区被评为市级重点园区。

五是完善市级现代农业示范乡镇和农业科技示范园建设。长清区万德镇、平安街道办事处被认定为第一批市级现代农业示范乡镇，马山镇被列为第二批示范乡镇。他们以创建现代农业的示范样板、特色优势产业规范化生产的基地、农业科技创新和引领的阵地、品牌农业展示的舞台和农业功能拓展的先行区为主要任务，充分发挥典型示范和辐射带动作用，加快传统农业向现代农业转变，提升农业发展的质量和效益，加速推进全区农业现代化进程。长清现代农业科技示范园配套完善了国家区域试验站、济南小麦玉米科技示范培训中心。国家区域试验站承担国家和省级小麦、玉米新品种区试、预试、生产试验、新品种(系)展示和示范工作。

第三节　农业基础设施情况

一、农业生产机械

在农机购置补贴资金和民间社会资金投入的拉动下，长清区农机装备水平保持稳定增长势头。2012年年末，全区农业原值为2.99亿元，比2011年增加1.02亿元；农业机械总动力为4.65×10^5kW，其中柴油机1.5358×10^4kW，电动机6.4882×10^4kW。全区拥有农用拖拉机5129台，联合收割机595台，机引犁1534台，农用汽车598辆，农用三轮车11365辆，全区农业机械化水平达90%。

二、农田水利建设

农业机械化的发展，为长清区农业生产的快速健康发展增添了后劲，但水资源不足问题却十分突出，开源节流，挖掘水源，发展井灌区，节约用水、科学用水、节水灌溉仍是今后农业发展的一个重要问题。

2013年，全区有效灌溉面积为20013.2hm^2，节水灌溉面积为7330.3hm^2，机电井及配套机电井9495眼。现有南大沙河、北大沙河、玉符河、清水沟四条主要行洪河道，河道干流长度为128.9km，其中下游段堤防长度为28km。中小型水库43座，其中中型水库3

座、小(一)型水库12座、小(二)型水库28座、塘坝268座，总库容为0.90339×10^8m^3，沿黄易涝面积为5733hm^2，排涝干沟7条，长44.7km，排涝支沟55条，长75.5km，固定式排涝站8处，排涝能力达到12m^3/s。中型水库蓄水0.1253×10^8m^3，小型水库蓄水0.21156×10^8m^3，塘坝蓄水0.70054×10^7m^3(见表1-5和表1-6)。

表1-5　　长清区水利基本情况

类　型	计量单位	总　计
年末总灌溉面积	hm^2	22561.2
有效灌溉面积	hm^2	20013.2
林地果园灌溉面积	hm^2	1770
机电提灌面积	hm^2	19314.2
节水灌溉面积	hm^2	7330.3
水库	座	43
总库容	×10^8m^3	0.90339
机电井	眼	4885
配套机电井	眼	4610

表1-6　　长清区小型水库蓄水情况表

水库类型	水库名称	所在地	总库容(×10^4m^3)	蓄水量(×10^4m^3)	是否溢流	是否灌溉放水
小(一)型	东风(长清湖)	崮云湖	882	840	是	否
	崮云湖	崮云湖	795	320	是	否
	小屯	归德	523	90	否	否
	胡林	孝里	121	1	否	否
	张庄	五峰山	122.9	55	否	否
	葡萄湾	张夏	100.5	54.5	是	否
	腾家沟	张夏	105	12	否	否
	武庄	万德	337.1	190	是	否
	坡里庄	万德	132.9	85	是	否
	田庄	万德	117.8	56	否	否
	石胡同	万德	116.8	45	否	否
	孙庄	万德	107	52	否	否
小计	12座		3461	1562.5		

续表

水库类型	水库名称	所在地	总库容（$\times10^4m^3$）	蓄水量（$\times10^4m^3$）	是否溢流	是否灌溉放水
小(二)型	北岭头	万德	16.2	7	否	否
	姜良峪	万德	10.67	7	否	否
	黄连峪	万德	18.7	12	否	否
	田庄西	万德	11.2	4.5	否	否
	石马	万德	90.1	42	否	否
	灵岩	万德	21.2	13	否	否
	马套北	万德	11.7	7	否	否
	马套南	万德	13.5	8	否	否
	西石	万德	18.6	5	否	否
	张峪	万德	41	18	否	否
	米面山	万德	11.4	8	否	否
	小武庄	万德	36.4	17	是	否
	邵庄	万德	73.95	32	否	否
	东侯	万德	22.2	12.5	否	否
	杜庄	张夏	10.91	5	否	否
	北黄	孝里	18.2	0.5	否	否
	中黄	孝里	24.4	1	否	否
	马岭	孝里	20.3	15	否	否
	官庄	孝里	14.8	5	否	否
	岚峪南	孝里	45.1	28	否	否
	下巴	孝里	48.9	6	否	否
	褚科	马山	58	20	否	否
	西张	归德	21.1	3	否	否
	大沟	归德	23.9	0	否	否
	学城	双泉	12	0	否	否
	柳杭	双泉	46.4	2	否	否
	双泉庵	双泉	43.4	22	否	否
	郝庄	双泉	21	14.6	否	否
小计	28 座		805.23	315.1		
总计	40 座		4266.23	2115.6		

第二章　土壤与耕地资源情况

第一节　土壤类型与分布

土壤是在特定的成土条件下，经过漫长的成土过程，逐渐发育和形成的历史自然体。由于生物、气候、地形地貌、水文地质条件的差异和人为生产活动的不同，而形成了不同的土壤。1982 年全国第二次土壤普查时，济南市长清区根据《全国第二次土壤普查暂行技术规程》和《山东省第二次土壤普查工作分类暂行工作分类方案》规定，按土壤发生学分类的原则，将长清区土壤分为 4 个土类、8 个亚类、11 个土属、68 个土种(见表 2-1)。

表 2-1　　长清区土壤分类检索表

<table>
<tr><th>土类</th><th>亚　类</th><th>土　属</th><th colspan="2">土　种</th></tr>
<tr><th rowspan="2">名称</th><th rowspan="2">名称</th><th rowspan="2">划分依据</th><th colspan="2">划分依据</th></tr>
<tr><th>土体构型分母表示</th><th>土壤质地分子表示</th></tr>
<tr><td rowspan="3">棕壤</td><td>棕壤性土</td><td>按基底母岩分：酸性岩类(花岗、片麻岩等)</td><td>极薄层酥石棚
薄层酥石棚
中层酥石棚</td><td>粗砂土
马牙沙土
壤质土</td></tr>
<tr><td rowspan="2">棕壤</td><td>坡积洪积物</td><td>均质</td><td>沙壤土
轻壤土
中壤土</td></tr>
<tr><td>洪积物</td><td>均质
薄心
厚心
厚腰</td><td>轻壤土
中壤土</td></tr>
</table>

续表

<table>
<tr><td>土类</td><td>亚　类</td><td>土　属</td><td colspan="2">土　种</td></tr>
<tr><td rowspan="2">名称</td><td rowspan="2">名称</td><td rowspan="2">划分依据</td><td colspan="2">划分依据</td></tr>
<tr><td>土体构型分母表示</td><td>土壤质地分子表示</td></tr>
<tr><td rowspan="3">褐土</td><td>褐土性土</td><td>按基底母岩分:钙质岩类(石灰、钙质砂页岩)</td><td>极薄层硬石底
薄层硬石底
中层硬石底</td><td>石渣土
壤质土</td></tr>
<tr><td>褐土</td><td>坡积洪积物
洪积物
洪积冲积物</td><td rowspan="2">均质
薄心
厚心
薄腰
厚腰</td><td rowspan="2">沙壤土
轻壤土
中壤土
重壤土</td></tr>
<tr><td>潮褐土</td><td>洪积物
洪积冲积物</td></tr>
<tr><td rowspan="2">潮土</td><td>潮土</td><td>潮土</td><td rowspan="2">薄砂心
厚砂心
薄砂腰
厚砂腰
薄壤心
厚壤心
薄黏心
厚黏心
厚黏腰
均质</td><td rowspan="2">沙壤土
轻壤土
中壤土
重壤土</td></tr>
<tr><td>湿潮土</td><td>冲积湿潮土</td></tr>
<tr><td colspan="5">风沙土</td></tr>
<tr><td>备注</td><td colspan="4">1. 土体层位:“表”0～20cm,“心”20～60cm,“腰”60～100cm,“底”100～150cm
2. 土体厚度:极薄层<15cm,薄层 15～30cm,中层 30～60cm,厚层 60～100cm,深厚层>100cm
3. 障碍层次划分:砂黏层:薄层 10～30cm,厚层>30cm。砾石层:厚层>10cm
4. 障碍层符号:“黏土”“粗砂”“砾石层”“壤土”</td></tr>
</table>

长清区处于华北平原和山东丘陵的交接地带,西部和西北部为黄泛平原,中部省道104 线、老济平公路两侧为洪积冲积平原,东南部及南部为鲁中低山丘陵。由于受泰山造山运动和黄河冲积的双重影响,地势东南高、西北低,由东南向西北倾斜。土壤的分布因水文地质条件、地形地貌上的差异而有所不同。如靠近泰山为棕壤分布区;广大的中部丘陵地带和洪积冲积平原为褐土分布区;西部地势比较平坦,土壤形成受黄河冲积和地下水活动及人为耕种的影响,为潮土的主要分布区。随微地貌的变化,局部地势的高低和水文条件的相应改变致使土壤又出现不同的亚类分布。处在冲积扇缘部位上随地面高程的下降和地下潜水状况的不同又有褐土和潮褐土之分,在黄泛平原上有潮土、湿潮土之别。因此,全区由东南向西北依次分布着棕壤、褐土、潮土、风沙土四种土壤类型。

一、棕　壤

棕壤土类面积为28398.9hm²,分布于长清区东南部,与泰山山体相连的酸性片麻岩和花岗岩山丘地区,地形部位相对较高,降雨较多。由于靠近泰山,地形部位较高,降雨较多,山峦起伏,沟壑纵横,淋溶作用明显,上部土层中黏粒明显向心土层聚积,可溶性盐被淋洗,质地上层较轻,心土层较重,土壤呈中性至微酸性反应。该土类分为棕壤性土和棕壤两个亚类(见表2-2)。

表2-2　长清区土壤分类系统表——棕壤

土类	亚类	土属	土种		
			全　称	面积(hm^2)	可利用面积(hm^2)
棕壤	棕壤性土	酸性岩类	马牙沙表即薄层酥石棚酸性岩类棕壤性土	7204	6188.5
			马牙沙表薄层酥石棚酸性岩类棕壤性土	4093.8	3516.7
			粗砂土表中层酥石棚酸性岩类棕壤性土	2643.3	2270.7
			粗质表中层酥石棚酸性岩类棕壤性土	6582	5654.1
	棕壤	坡积洪积物	沙壤均质坡积洪积棕壤	233	200.1
			轻壤均质坡积洪积棕壤	477.5	410.2
			中壤均质坡积洪积棕壤	273.7	235.1
		洪积物	轻壤均质洪积棕壤	247.3	212.4
			中壤均质洪积棕壤	3938.8	3383.5
			中壤表薄黏心洪积棕壤	216.3	185.8
			轻壤表厚砂心洪积棕壤	216	185.5
			轻壤表厚黏心洪积棕壤	103	88.5
			中壤表厚黏腰洪积棕壤	1247	1071.2
			中壤表厚砂腰洪积棕壤	318.3	273.4
			中壤表厚砂心洪积棕壤	85.5	73.5
			中壤表厚黏心洪积棕壤	300.2	257.9
			中壤表厚砂腰洪积棕壤	219.3	188.3
合　计				28398.9	24395.5

(一)棕壤性土

棕壤性土俗称"马牙沙土""岭沙土",分布在棕壤带内山地丘陵中上部荒岭坡和岭坡梯田上,面积为20523.1hm²,有1个土属、4个土种,是一种薄层粗骨性土壤,为片麻岩和其他酸性岩类的风化物,侵蚀严重,土层浅薄,一般小于30cm,开垦农田不超过60cm,土体中含有大量的粗砂和砾石,剖面发育差,无心土层,表土以下即为酸性的基岩酥石棚。

1. 极薄层马牙沙土

代表剖面：位于万德镇石胡同胡子山 S25°E 300m，时间为 1982 年 10 月。

该剖面土层浅薄，厚 0～15cm，灰褐色粒状结构，孔隙多，植物根系及侵入体多，无石灰反应，pH 为 6.5，15cm 以下即为片麻岩酥石棚。处在荒岭坡上，因地形部位较高，水土流失较重，致使土层变薄，养分含量较低，生产性能差。大多生长耐旱的杂草，少数生长赤松、刺槐等耐旱、耐瘠植物。

2. 中层粗砂土

代表剖面：位于万德镇孙家峪西北屋 S85°E 100m 处的岭坡梯田上，时间为 1982 年 10 月。

0～16cm：灰棕色，粗砂土，粒状结构，孔隙及植物根系多，无侵入体，无石灰反应，pH 为 6。

16～35cm：黄棕色，粗砂土，粒状结构，孔隙及植物根系中等，含有石块，无石灰反应，pH 为 6。

35cm 以下：酸性岩类酥石棚。

本土种处在岭坡梯田上，地形部位较高，土层浅薄，质地粗，保水、保肥能力差，水土流失严重，无灌溉条件。可以种植耐旱的红薯、花生、杂粮等，产量很低。

(二)棕　壤

棕壤俗称“黄沙土”“姜黄土”等，面积为 7875.9hm^2，主要分布在沟谷梯田上。此亚类分坡积洪积物和洪积物 2 个土属、13 个土种。棕壤一般淋溶作用较强，富铁过程明显，通体为棕色至棕褐色，发育层次分明。表层由于耕作施肥和淋溶作用，色泽灰棕，质地稍轻，心土层由于铁锰和黏粒的移聚多呈棕色或暗棕色，质地较黏重，其结构多呈棱柱状或棱块状，在结构的解理面上有铁锰胶膜，2m 以下有铁子等出现，土壤呈微酸性反应。

1. 黏心型

此类型土壤包括轻壤质厚黏心洪积棕壤、中壤质厚黏心洪积棕壤、中壤质薄黏心洪积棕壤和中壤质厚黏腰洪积棕壤 4 个土种，面积为 1866.5hm^2。

代表剖面：中壤质厚黏腰洪积棕壤，位于马山镇庄科村原三棵树车站南偏东 30m 处的坡麓梯田上，时间为 1982 年 10 月。

0～20cm：暗棕色，中壤，粒状结构，无新生体，较湿润松散，孔隙及植物根系、侵入体多，无石灰反应，pH 为 6.5。

20～55cm：暗棕色，中壤，粒状结构，无新生体，较湿润紧实，孔隙及植物根系中等侵入体多，无石灰反应，pH 为 6.5。

55～105cm：鲜棕色，重壤，块状结构，有铁锰胶膜，湿润极紧实，孔隙及植物根系、侵入体少，无石灰反应，pH 为 6.5。

105～150cm：黄棕色，重壤，块状结构，有铁锰胶膜，湿润紧实，孔隙及植物根系、侵入体少，无石灰反应，pH 为 6.5。

本类型土壤上层质地较轻，下层较黏重，供肥能力平缓但后劲足，既通气透水，又能蓄水保水，水、肥、气、热状况比较协调。此类土壤的生产性能在棕壤土类中居首位。特别是马山镇在此土壤上种植中药材丹参、栝蒌较多，且品质好。2009 年 4 月，马山栝蒌获得国家地理标志产品认证。2012 年，马山镇被评为全国一镇一品示范镇，中药材种植面积达到 1500hm^2。存在的问题是有机质含量低，严重缺磷，土壤中的潜在养分含量比较低，建议增施有机肥料，重施磷肥。

2. 壤质均质型

此类型土壤包括坡积洪积轻壤均质、坡积洪积中壤均质、洪积轻壤均质和洪积中壤均质 4 个土种，面积为 4937.3hm^2。

代表剖面：中壤均质洪积棕壤，位于万德镇下营窑厂 S45°E 100m 处的沟谷梯田上，时间为 1982 年 10 月。

0～25cm：灰褐色，中壤，粒状结构，孔隙及植物根系、侵入体多，无石灰反应，pH 为 6.5。

25～70cm：褐色，中壤，块状结构，孔隙及植物根系中等，侵入体多，无石灰反应，pH 为 6.3。

75～150cm：棕褐色，中壤，块状结构，孔隙及植物根系少，侵入体中等，无石灰反应，pH 为 6。

本剖面通体为中壤，保水、保肥，肥劲平缓，土酥绵软，耕性良好，水、肥、气、热状况协调。存在的主要问题是水浇条件较差，土壤中潜在养分含量较低，建议增施有机肥料，培肥地力，增强土壤的蓄水保肥能力，增施磷肥，扩大水浇面积。

3. 夹砂型

此类型土壤包括轻壤表厚砂心、中壤表厚砂心、轻壤表厚砂腰、中壤表厚砂腰和坡积洪积均质沙壤 5 个土种，面积为 1072.1hm^2。

代表剖面：中壤质厚砂心洪积棕壤，位于万德镇店台村二队机井 N5°E 5m 处的近山高阶地上，时间为 1982 年 10 月。

0～25cm：灰棕色，中壤，粒状结构，孔隙多，植物根系中等，无侵入体，无石灰反应。

25～60cm：黄棕色，粗砂土，粒状结构，孔隙多，植物根系中等，侵入体多，无石灰反应。

60～80cm：黄棕色，轻壤，粒状结构，孔隙及植物根系、侵入体中等，无石灰反应。

80～150cm：棕色，轻壤，粒状结构，孔隙中等，植物根系、侵入体少，无石灰反应。

本剖面粗砂土出现的部位高，对作物的影响很大，漏水、漏肥很严重，保水、保肥性能很差，是一层障碍层次，且土壤表层养分的含量较低。建议增施有机肥料的同时少施勤施化肥，以防流失。

二、褐　土

长清区褐土是发育在富含石灰的碳酸盐母质上的地带性土壤，分布于全区的低山丘陵区和中部的山麓平原，面积为 74348.5hm^2，面积大，分布广，是长清区最主要的土壤类型。在褐土的成土过程中，由于受地理位置、土体发育程度、淋溶作用强弱、潜水作用等附加因素的影响，使褐土属性出现差异，而分别形成褐土性土、褐土、潮褐土 3 个亚类(见表 2-3)。

表 2-3　　长清区土壤分类系统表——褐土

土类	亚类	土属	土种		
			全　称	面积(hm^2)	可利用面积(hm^2)
褐土	褐土性土	钙质岩类	石渣土表极薄层硬石底钙质岩类褐土性土	4128	3546.1
			石渣土表薄层硬石底钙质岩类褐土性土	12182.3	10465.1
			壤质土表中层硬石底钙质岩类褐土性土	3918.7	3366.3
	褐土	坡积洪积物	沙壤均质坡积洪积褐土	28.7	24.7
			轻壤均质坡积洪积褐土	270	231.9
			轻壤表厚黏腰坡积洪积褐土	298.7	256.6
			中壤表中层坡积洪积褐土	3703.3	3181.3
		洪积物	轻壤均质洪积褐土	5178	4448.1
			中壤均质洪积褐土	16630.7	14286.5
			重壤均质洪积褐土	341.3	293.1
			轻壤表薄砂心洪积褐土	594.3	510.5
			中壤表厚黏心洪积褐土	5629.7	4836.2
			中壤表厚砂心洪积褐土	126.2	108.5
			中壤表厚砾石砂心洪积褐土	413.5	355.3
			中壤表薄砂腰洪积褐土	46	39.5
			轻壤表厚砂腰洪积褐土	296.7	254.9
			中壤表厚黏腰洪积褐土	2817.2	2420
			中壤表厚砾石腰洪积褐土	79	67.9
		洪积冲积物	轻壤均质洪积冲积褐土	1449.7	1245.4
			中壤均质洪积冲积褐土	6018	5169.7
			中壤表层黏心洪积冲积褐土	5996.3	5151.1
			中壤表层砂心洪积冲积褐土	187.5	161.1
			轻壤表厚砂腰洪积冲积褐土	155.3	133.4
			中壤表厚砂腰洪积冲积褐土	93.3	80.1
			中壤表厚黏腰洪积冲积褐土	1789.5	1537.3
	潮褐土	洪积冲积物	中壤均质洪积冲积潮褐土	612	525.7
			中壤表厚黏心洪积冲积潮褐土	661.2	568
			中壤表厚黏腰洪积冲积潮褐土	703.3	604.1
合　计				74348.5	63868.3

(一)褐土性土

褐土性土俗称“石渣土”,面积为 20229hm²,分为 1 个土属、3 个土种,分布于长清区低山丘陵的荒岭坡和部分岭坡梯田上。因成土时间短,剖面发育不完全,无心土层,表土或 50～60cm 下即为钙质岩硬石底,土层不仅浅薄,而且土壤中含有大量的砾石。

1. 石渣土表极薄层硬石底钙质岩类褐土性土

代表剖面:位于万德镇灵岩辟支塔 S5°E 400m 处的荒岭坡上,时间为 1982 年 10 月。

0～12cm:灰褐色,石渣土,粒状结构,土干、松散,孔隙、植物根系、侵入体多,石灰反应强,pH 为 7.3。

12cm 以下:石灰岩硬石底。

本土种土体薄,剖面发育不完全。砾石多,坡度大,水土流失严重,除雨季,常年处于干旱状态。多生长耐旱杂草,顶峰和坡度缓的地方生长有耐瘠、耐旱的侧柏。

2. 壤质土表中层硬石底钙质岩类褐土性土

代表剖面:位于张夏镇西野老西南 500m 处的岭坡梯田上,时间为 1982 年 10 月。

0～20cm:红褐色,壤质土,粒状结构,土干,孔隙多,植物根系中等,石灰反应强。

20～55cm:褐色,壤质土,粒状结构,土湿润,孔隙中等,植物根系少,石灰反应强。

55cm 以下:钙质紫色页岩硬石底。

本土壤是发育在钙质岩类地区坡积洪积母质上的土壤,所处的地形部位较高,养分大部分淋失,加之山丘上部林木稀少,覆盖度低,有些陡坡开垦为农田,使水源得不到涵养,而本区的岩溶裂隙又易渗漏,往往无雨即旱,缺乏水源。

(二)褐　土

褐土俗称“黄土”,面积为 47842.2hm²,是发育在坡积洪积物、洪积物和洪积冲积物母质上的土壤。土壤熟化程度较高,耕层厚 15～25cm,壤质疏松,耕层下有稍紧实的犁底层,心土层和底土层较黏重,沿植物根系和土壤裂隙有假菌丝状的碳酸盐和胶膜淀积。全剖面石灰反应较强,pH 为 7.5 左右。一般土层深厚,排水良好。此土壤耕性较好,适耕期较长,本土壤分布广泛,全区均有分布。本亚类有 3 个土属、22 个土种。

1. 中层型

此类型褐土俗称“粗黄土”。多分布于长清区低山丘陵的岭坡梯田上,面积为 3703.3hm²,占可利用面积的 3.18%。土壤剖面虽然发育较完全,但土层较薄,一般土层厚度都小于 60cm,60cm 以下即为石灰硬石底;土壤的物理性状较差,且多砾石,严重影响着作物根系下扎和土壤的保水、保肥能力。此类型土壤是在坡积洪积物上由人工垒叠而成的,所处的地形部位较高,水土流失较重,降水后土壤养分常随坡流失。无灌溉条件,耕层薄,有机质不足。

代表剖面:中壤质中层坡积洪积褐土,位于万德镇小万德 S50°E 500m 处的岭坡梯田上,时间为 1982 年 10 月。

0～15cm:灰褐色,中壤,粒状结构,疏松多孔,植物根系多,石灰反应强。

15～40cm:黄褐色,中壤,粒状结构,土壤稍紧,孔隙中等,植物根系中等,石灰反应强。

40～58cm:褐色,重壤,块状结构,土壤紧实,孔隙、植物根系少,石灰反应强。

58cm 以下：石灰岩硬石底。

2. 壤质均质型

此类型土壤指全剖面质地为轻壤或中壤，面积为 29546.4hm²，包括坡积洪积物、洪积物和洪积冲积物 3 个土属，中壤均质洪积褐土、中壤均质洪积冲积褐土、轻壤均质坡积洪积褐土、轻壤均质洪积褐土和轻壤均质洪积冲积褐土 5 个土种。

代表剖面：中壤均质洪积褐土，位于张夏镇南 100m 处的近山高阶地上，时间为 1982 年 10 月。

0～25cm：暗褐色，中壤，粒状结构，土壤干松，孔隙、植物根系多，石灰反应强。

25～150cm：褐色，中壤，粒状结构，土壤湿润稍紧，孔隙、植物根系中等，石灰反应强。

土壤松紧合适，易耕易耙，既发小苗，又发老苗，在这种土壤上耕种是"干好干，湿好干，不干不湿更方便"。在水分性质上的反应是"既透水，又保水，既耐旱，又耐涝"。土壤能够稳、匀、适、足地为作物生长发育提供水、肥、气、热条件，土壤与作物之间有良好的协调能力，是长清区的粮油生产基地。

3. 重壤均质型

此类型是指全剖面质地均为重壤。本亚类土壤只有一个土种，面积为 341.3hm²。

代表剖面：位于归德镇小屯西南的坡麓梯田上，时间为 1982 年 10 月。

0～45cm：棕褐色，重壤，小块状结构，土壤松散，孔隙多，植物根系少，石灰反应强。

45～150cm：红褐色，重壤，块状结构，土壤紧实，孔隙少，植物根系多，石灰反应强。

此土壤地力瘠薄，存在着僵、板、瘦、澥、涝等多种障碍因素，土壤中潜在养分和速效养分均低，特别缺磷，物理性状差，土质黏重，耕作困难，通透性不良，是一种低产的土壤类型。

4. 夹砂型

夹砂型即上层 30cm 左右为壤土，而在心腰土层中即为厚砂质的土壤，面积为 1499.3hm²。此土壤类型中有中壤厚砂心洪积褐土、轻壤质厚砂腰洪积褐土、中壤质厚砂腰洪积冲积褐土、中壤质薄砂腰洪积褐土、中壤质厚砂心洪积冲积褐土、轻壤质厚砂腰洪积冲积褐土、轻壤质薄砂心洪积褐土 7 个土种，主要分布在长清区南北大沙河沿线。

代表剖面：中壤质厚砂心洪积褐土，位于双泉镇贾庄村西 300m 处的沿河一带，时间为 1982 年 10 月。

0～25cm：黄褐色，中壤，粒状结构，孔隙、植物根系多，石灰反应强。

25～60cm：褐色，沙壤，粒状结构，孔隙、植物根系中等，石灰反应强。

60～150cm：暗褐色，中壤，粒状结构，存有假菌丝体，孔隙、植物根系少，石灰反应强。

这种土壤上层 30cm 为中壤或轻壤，下层为厚砂层。这种土体构型漏肥、漏水，对作物后期生长不利，漏水跑墒，既不发小苗，也不发老苗，是一种肥力较低下的土壤。

5. 夹砾石型

夹砾石型指土体中存有不利于作物生长发育的砾石层障碍层次，面积为 492.5hm²，有中壤质厚砾石心洪积褐土和中壤质厚砾石腰洪积褐土 2 个土种。

代表剖面：中壤质厚砾石心洪积褐土，位于平安街道办事处大范村 S70°E 350m 处，时间为 1982 年 10 月。

0～15cm：黄褐色，中壤，粒状结构，土壤疏松，孔隙、植物根系多，石灰反应强。

15～35cm：棕褐色，中壤，粒状结构，有假菌丝体，土壤稍紧，孔隙、植物根系中等，石灰反应强。

35～65cm：黄褐色，砾石，块状结构，土壤紧实，孔隙多，植物根系少，石灰反应强。

65～150cm：棕褐色，中壤，小块状结构，土壤紧实，孔隙、植物根系少，石灰反应强。

该土壤类型土壤紧实，影响作物根系下扎。

6. 夹黏型

这种土体构型是表层30～50cm为轻壤或中壤，下层为厚层重壤或黏土的构型，面积为16531.4hm^2，是一种耕性良好，保水、保肥，既发小苗又发老苗的理想土体构型。此类型土壤在长清区共有中壤质厚黏粉腰洪积褐土、中壤质厚黏心洪积褐土、中壤质厚黏心洪积冲积褐土、中壤质厚黏腰洪积冲积褐土和轻壤质厚黏腰坡积洪积褐土5个土种。

代表剖面：中壤质厚黏腰洪积冲积褐土，位于平安街道办事处S70°E 300m处，时间为1982年10月。

0～25cm：灰褐色，中壤，粒状结构，土壤疏松，孔隙、植物根系多，石灰反应强。

25～60cm：褐色，中壤，粒状结构，土壤疏松，孔隙、植物根系中等，石灰反应强。

60～150cm：黄褐色，重壤，块状结构，土壤紧实，孔隙、植物根系少，石灰反应强。

此类土壤是一种较好的土壤类型，水利条件好，产量水平高，因连年一年两作，复种指数高，营养容易失去平衡，土壤中有机养分和速效养分含量较低，犁底层逐年加厚，不能适应作物高产的需要，通透性能差，需逐年深耕、深松，加厚活土层，增施肥料，增强土壤蓄水保肥能力。

（三）潮褐土

此土壤称为"夜潮土"，面积为1976.5hm^2，分布在老济平公路以西的交接洼地上。此类土壤潜水水位较高，潜水参加成土过程，除具有褐土的特征，在土体中下部氧化还原交替进行，有铁锈斑纹的存在。此亚类有1个土属、3个土种。

1. 壤均质型

本类型土壤有一个土种，面积为612hm^2。

代表剖面：中壤均质洪积冲积潮褐土，位于平安街道办事处中楼村变压器房N55°W 100m处，时间为1982年10月。

0～25cm：黄褐色，中壤，粒状结构，土壤疏松，孔隙、植物根系多，石灰反应强。

25～50cm：褐色，中壤，粒状结构，土壤疏松，孔隙、植物根系多，石灰反应强。

50～90cm：灰褐色，中壤，粒状结构，土壤松散，孔隙中等，有锈纹、锈斑，植物根系中等，石灰反应强。

90～150cm：黄褐色，中壤，粒状结构，土壤稍紧，孔隙、植物根系少，石灰反应强。

本类型土壤通体为中壤，保水、保肥，养分较高，肥劲平缓，通透性能较好，适耕期较长，土壤的潜在养分较高，适种性广，地下水质好量丰，轮灌周期短，能满足作物对水分的需求。

2. 夹黏型

此类型土壤面积为1364.5hm^2，包括中壤质薄黏心洪积冲潮褐土和中壤质厚黏腰洪积冲积潮褐土2个土种。

代表剖面：中壤质厚黏腰洪积冲积潮褐土，位于平安街道办事处老张庄东园屋S20°E100m处，时间为1982年10月。

0～25cm：灰褐色，中壤，粒状结构，土壤湿润，植物根系多，石灰反应强。

25～50cm：褐色，中壤，粒状结构，土壤湿润，植物根系中等，石灰反应中等。

50～110cm：棕褐色，重壤，块状结构，有锈纹、锈斑，土壤湿润，植物根系少，石灰反应弱。

本类型土壤表层50cm左右为中壤，50cm以下为重壤或黏土，保肥、保水，肥力较高，增产潜力大，潜在养分含量高，地下水质好量丰，灌溉条件较好。但地势低洼，雨季易涝。

三、潮　土

潮土是直接发育在黄河沉积物上、受潜水作用形成的一类土壤，面积为11467.7hm^2。由于地下水升降频繁，干湿交替，氧化还原作用明显，土壤心底土层中有明显的铁锈斑纹。全剖面均有强石灰反应，pH为7.5～8，土壤呈微碱性反应，分布于平安、文昌、归德、孝里沿黄的西部，分为潮土和湿潮土2个亚类（见表2-4）。

表2-4　长清区土壤分类系统表——潮土

土类	亚类	土属	土种		
			全　称	面积(hm^2)	可利用面积(hm^2)
潮土	潮土	潮土	中壤表薄砂心潮土	577.2	495.9
			轻壤表厚砂心潮土	1241.2	1066.3
			中壤表厚砂心潮土	816	700.9
			重壤表厚砂心潮土	707.2	607.5
			中壤表薄砂腰潮土	200.3	172.1
			重壤表薄砂腰潮土	80	68.7
			轻壤表厚砂腰潮土	100	85.9
			沙壤表薄壤心潮土	62.5	53.7
			沙壤表厚壤心潮土	351.5	301.9
			重壤表厚壤心潮土	861.2	739.8
			轻壤表薄黏心潮土	943	810
			中壤表薄黏心潮土	260.5	223.8
			轻壤表厚黏心潮土	289.2	248.5
			中壤表厚黏心潮土	322.5	277.1
			轻壤表厚黏腰潮土	126.3	108.5

续表

<table>
<tr><th rowspan="2">土类</th><th rowspan="2">亚类</th><th rowspan="2">土属</th><th colspan="3">土　种</th></tr>
<tr><th>全　称</th><th>面积(hm²)</th><th>可利用面积(hm²)</th></tr>
<tr><td rowspan="7">潮土</td><td rowspan="4">潮土</td><td rowspan="4">潮土</td><td>沙壤均质潮土</td><td>462</td><td>396.9</td></tr>
<tr><td>轻壤均质潮土</td><td>1224.3</td><td>1051.7</td></tr>
<tr><td>中壤均质潮土</td><td>568.7</td><td>488.5</td></tr>
<tr><td>重壤均质潮土</td><td>1256.1</td><td>964.4</td></tr>
<tr><td rowspan="3">湿潮土</td><td rowspan="3">冲积湿潮土</td><td>中壤表厚砂腰冲积湿潮土</td><td>60</td><td>51.5</td></tr>
<tr><td>中壤表厚黏心冲积湿潮土</td><td>227.5</td><td>195.5</td></tr>
<tr><td>重壤均质冲积湿潮土</td><td>730.5</td><td>627.5</td></tr>
<tr><td colspan="4">合计</td><td>11467.7</td><td>9736.5</td></tr>
</table>

(一)潮　土

潮土分布在沿河岗地和缓平坡地上，面积为 10449.7hm^2。在土体的中下部，有明显的锈纹、锈斑，石灰反应强，冲击层次明显，除部分剖面为均质，多数剖面砂黏相间排列，充分反映出河流冲积物的特征。此亚类有 1 个土属、19 个土种。根据土壤中砂黏不同质地排列方式与农业生产的关系，将本亚类土壤分为 3 种类型。

1. 夹砂型

此类型土壤是由黏质或壤质沉积物覆盖于沙壤质沉积物上而形成的，包括轻壤质厚砂心潮土、轻壤质厚砂腰潮土、中壤质厚砂心潮土、中壤质薄砂腰潮土、中壤质薄砂心潮土、重壤质薄砂腰潮土和重壤质薄砂心潮土 7 个土种，面积为 3721.9hm^2。此类型上层 30cm 左右为黏土或壤土，下层出现夹沙壤层。这种构型漏水、漏肥，对作物的后期生长不利。

代表剖面：重壤质厚砂心潮土，位于归德镇焦寨以西的交接洼地上，时间为 1982 年 10 月。

0～44cm：棕褐色，重壤，小块状结构，孔隙多，植物根系多，石灰反应强。

44～70cm：浅黄色，沙壤，粒状结构，孔隙中等，植物根系中等，有锈纹、锈斑，石灰反应强。

70～120cm：棕褐色，黏土，片状结构，孔隙、植物根系少，有锈纹、锈斑，石灰反应强。

2. 夹黏型

此类型土壤是沙壤或壤质沉积物覆盖于黏质土层上而形成的。表层 30cm 左右为沙壤或壤质土，30cm 以下出现质地为中壤、重壤和黏土的土层。此类土壤上层疏松多孔，通透性好，养分转化快，能及时供应作物对养分和水分的需要，而下层由于黏土层的存在，保水、保肥强，并不断释放养分，保证作物中后期的需要，既发小苗又发老苗，是本亚类较好的层次构造。此类土壤包括沙壤质厚壤心潮土、轻壤质薄黏心潮土、轻壤质厚黏心潮土、轻壤质厚黏腰潮土、中壤质厚黏心潮土、中壤质薄黏心潮土、沙壤质薄壤心潮土、重壤质厚壤心潮土、重壤均质潮土 9 个土种，面积为 4472.8hm^2。

代表剖面：轻壤质薄黏心潮土，位于归德镇褚集村东南 200m 处的缓平坡地上，时间为 1982 年 10 月。

0～45cm：浅褐色，轻壤，粒状结构，孔隙、植物根系多，石灰反应强，pH 为 7.7。

45～68cm：棕褐色，黏土，片状结构，孔隙、植物根系少，石灰反应强，pH 为 7.7。

68～150cm：浅黄色，沙壤，粒状结构，孔隙中等，植物根系少，有锈纹、锈斑，石灰反应强，pH 为 7.7。

本剖面 0～45cm 为轻壤，土酥绵软，易耕作，肥劲平缓，水、肥、气、热状况较协调，45～68cm 为黏土，有利于保水、保肥。存在的问题是：施用有机肥料少，有机质和速效磷的含量低。耕作管理粗放，地势较低，受涝威胁严重。建议加强农田基本建设，增施有机肥料，采用秸秆还田等，不断提高土壤肥力，促进作物高产、稳产。

3. 均质型

均质型指剖面上下土层质地一致的土壤类型，根据不同的质地分为 2 种类型，面积为 2255hm^2。

(1)沙壤均质性：此类型土壤仅 1 个土种，通体为沙壤质，虽通透性较好，但土质瘠薄，漏水、漏肥，有机质含量低，氮、磷较缺乏，发小苗，不发老苗。

0～30cm：浅褐色，沙壤，粒状结构，土壤疏松，孔隙、植物根系多，石灰反应强，pH 为 8。

30～150cm：浅黄色，沙壤，粒状结构，土壤疏松，孔隙、植物根系中等，石灰反应强，pH 为 8。

(2)壤均质型：此类型土壤是指全剖面质地为轻壤或中壤均一的类型。土壤质地适中，不沙不黏，土壤有较高的保肥、供肥能力，具有适度的透水性，毛管力较强，具有一定的抗旱能力，土壤养分较丰富，故土壤中水、肥、气、热诸因素协调，肥力水平较高，为本地较高产的土壤类型。此类型包括轻壤均质潮上和中壤均质潮土 2 个土种，面积为 1534.1hm^2。

代表剖面：轻壤均质潮土，位于文昌街道办事处后隆村南 N12°E 100m 处的缓平坡地上，时间为 1982 年 10 月。

0～20cm：褐色，轻壤，粒状结构，土壤疏松，孔隙、植物根系多，石灰反应强。

20～60cm：暗褐色，轻壤，粒状结构，土壤稍紧实，孔隙、植物根系中等，石灰反应强。

60～150cm：褐色，轻壤，粒状结构，土壤稍紧实，孔隙、植物根系少，石灰反应强。

(二)湿潮土

湿潮土俗称“黑黏土”，分布在本区的交接洼地上，面积为 1018hm^2，是在较长期或季节性积水和较高潜水条件下，附加沼泽化或脱沼泽化成土过程的一种潮土，土壤剖面上部分色泽较深暗，土质较黏重，色淡，呈灰色或浅灰色，属冲积湿潮土，发育在黄河冲积母质上，该亚类有 1 个土属、3 个土种。

1. 重壤均质型

此类土壤面积为 730.5hm^2。

代表剖面：重壤均质冲积湿潮土，位于平安街道办事处全福村 N50°E 500m 处，时间为 1982 年 10 月。

0～20cm：褐色，重壤，粒状结构，土壤孔隙、植物根系多，石灰反应强，pH 为 7.5。

20～85cm：黄褐色，重壤，块状结构，土壤孔隙、植物根系中等，石灰反应强，pH 为 7.5。

85～150cm：黄褐色，重壤，块状结构，土壤孔隙、植物根系少，石灰反应强，pH 为 7.5。

本剖面通体为重壤，又处在交接洼地上，低湿黏重，虽总孔隙度较大，但通气孔隙极小，通透性差，保水、保肥能力强，有机质矿化速度慢；昼夜温差小，早春升温慢，难耕作，适耕期短，耕后易起坷垃；潜在养分含量较丰富，有效养分含量较低，发老苗，不发小苗。建议加强基本农田建设，疏通排水系统，增施有机肥料，改善土壤的结构性、通透性。

2. 夹黏型

此类型面积为 227.5hm^2。

代表剖面：中壤质厚黏心冲积湿潮土，位于平安街道办事处义合村 S80°W 600m 处，时间为 1982 年 10 月。

0～25cm：褐色，中壤，粒状结构，土壤孔隙多，植物根系多，石灰反应强，pH 为 7.5。

25～45cm：灰褐色，重壤，小块状结构，土壤孔隙少，植物根系中等，石灰反应强，pH 为 7.5。

45～75cm：棕褐色，重壤，块状结构，土壤孔隙、植物根系少，石灰反应强，pH 为 7.3。

75～105cm：棕褐色，重壤，块状结构，土壤孔隙、植物根系少，石灰反应中等，pH 为 7.2。

105～150cm：黄褐色，沙壤，粒状结构，土壤孔隙中等，植物根系少，石灰反应强，pH 为 7.2。

本剖面 0～25cm 为中壤，25～105cm 为重壤，保水、保肥性能强，但透水性差，易泥涝。由于地势低洼，内部排水不畅，一般汛期易积水成灾，造成秋季作物减产或绝产，产量低而不稳。

3. 夹砂型

本亚类只有 1 个土种，面积为 60hm^2。

代表剖面：中壤质厚砂腰冲积湿潮土，位于归德镇南马山村西北 200m 处的交接洼地上。

0～20cm：褐色，中壤，小块状结构，土壤稍紧实，孔隙、植物根系多，石灰反应强，pH 为 7.5。

20～60cm：灰褐色，中壤，块状结构，土壤稍紧实，孔隙、植物根系中等，石灰反应强，pH 为 7.5。

60～150cm：褐色，沙壤，粒状结构，土壤稍紧实，孔隙中等，植物根系少，石灰反应强，pH 为 7.5。

本剖面 0～60cm 为中壤，60cm 以下为粉沙壤。由于耕作层偏黏，毛管孔隙小，通气、透水性差，地势低洼，地温低，养分转化慢，对苗期生长不利，而下层为粉沙壤，养分含量低，保水、保肥力弱，供水、供肥力差。

四、风沙土

风沙土是由黄河决口急流沉积而形成的一类土壤，分布在沿河高地和黄河决口主流道两侧，面积为 2465.5hm^2。因其质地最松，为松砂土，物理性黏粒含量极低，无黏连性，易随风飞扬，故名“风沙土”。风沙土与潮土成复域存在，地形部位稍高于潮土。

代表剖面：位于文昌街道办事处西魏小学南 100m 处的沿河高地上，时间为 1982 年 10 月。

0～100cm：淡黄，松砂土，粒状结构，土壤疏松，孔隙多，植物根系中等，石灰反应强，pH 为 7.5。

风沙土全剖面质地均为松砂土，各种养分的含量最为缺乏，漏水、漏肥。土壤颗粒粗，毛管孔隙不发达，虽透水性较强，但持水性较差，易干旱，热容量小，容易承受近地表气温昼夜变化的影响，白天在太阳照射下，温度急剧上升，夜晚又随之急剧下降，变幅很大，对植物生长不利。因此，土壤内水、肥、气、热诸因素极不协调，土壤肥力很低。

第二节　土地利用状况

一、土地利用现状

改革开放以来，济南市长清区各项建设均取得了长足发展，特别是 1988 年以后，由于城镇建设加快，交通、居民及工矿用地的增加以及农村产业结构的调整，土地利用类型发生了明显变化。

耕地包括灌溉水田、水浇地、旱地、菜地等。全区耕地总面积为 36775.9hm^2，占全区土地总面积的 31.22%。其中水浇地主要分布在沿黄的平安、文昌、归德、孝里；旱地主要分布在长清区东南部低山丘陵地区；蔬菜瓜类以沿黄镇（街道办事处）为主；其他面积较小，以果园、桑园及其他园地为主。

园地包括果园、桑园和其他园地等。

林地包括有林地、灌木林、疏木林、未成林林地和苗圃。

二、土地利用程度和复种指数情况

党和政府高度重视农业生产，第二次土壤普查以来，土地利用程度和复种指数进一步提高，土地生产能力得到进一步增强，促进了农业的可持续发展，实现了农业由数量型向效益型、由粗放型向集约型的转变。随着改革开放和经济建设的快速发展，种植业结构得到进一步调整和优化，依靠科技进步，发展振兴农业。特别是在发展多挡多茬立体栽培高产高效农业的基础上，大力推进都市型现代农业发展进程，使耕地利用率大幅提高。2009 年，全区耕地面积为 36775.9hm^2，农作物播种总面积为 69967.9hm^2，其中夏粮 23170hm^2、秋粮 31469hm^2；油料作物播种面积为 4896hm^2；蔬菜瓜类播种面积为 9437hm^2；其他作物种植面积为 996.9hm^2。复种指数为 190.3%，较 1982 年土壤普查时的复种指数（123%）提高了约 67 个百分点。

三、土地利用现状中存在的问题

从当前土地利用现状来看，土地利用中存在的主要问题是耕地日益减少且后备资源不足，农田重用轻养等现象严重。近年来，随着社会的发展，城镇建设等各项建设不可避免地要占用土地，人地矛盾将更加突出。

第三节 耕地利用与管理

一、耕地利用现状

土地是农业的基础，耕地是农业生产的前提条件。一切优质高产的农作物品种及其栽培模式都必须建立在安全、肥沃、协调的土壤之上。长清区耕地利用结合新增千亿斤粮食产能建设、旱作农业、农业综合开发、测土配方施肥、高标准粮田建设、农村沼气建设等重大建设项目，实施土地改良利用综合治理活动，大面积推广应用秸秆还田、增施有机肥、深耕改土等土壤培肥措施，增加了机电井输电线路改造、输水管道埋设、林田路渠治理等一系列农田水利设施建设，有效地提高了土壤地力和抗旱能力，促进了全区农业生产的稳产、高产、高效益。为提高耕地资源利用率，着重合理调整优化耕地利用结构，以提高经济效益为中心，在全区大力开展粮油高产创建活动，促进了三高农业的发展。长清区耕地利用现状如表 2-5 所示。

表 2-5　　长清区耕地面积利用现状表

项目＼单位	合计	文昌	崮云湖	平安	五峰山	归德	孝里	万德	张夏	马山	双泉
耕地(hm^2)	36775	4278	1340	3914	2449	6829	4369	4139	3007	3244	3206
水浇地(hm^2)	22210	3990	940	3470	960	5240	2570	2910	870	790	470
旱地(hm^2)	12585	288	400	444	1489	1589	1799	1229	2137	2454	378
菜地(hm^2)	9129	2407	190	1061	108	2513	1271	745	295	234	305

二、耕地的保养

1981 年 5 月至 1982 年 12 月，在长清县政府和上级业务部门的领导下，在全县开展了第二次土壤普查工作，系统划分了土壤类型，详细分析了各种土壤类型的形成原因、存在问题以及改良利用方向。通过挖土壤剖面 1107 个、取农化样 761 个，取得化验数据 3765 个，化验剖面 373 个，初步掌握了全县土壤的不同类型和高、中、低不同产量水平的土壤理化性状。编绘了 1∶50000 的土壤、土地评级、地貌、土地利用现状、土壤改良区划、耕层质地及土体构型、土壤养分含量等 10 余种图幅。基本查清了全县的土地资源、土壤养分状况、土壤类型及分布，全面评述了土壤肥力性状和生产性能，进行了土壤资源数量统计和质量评价，提出了改土培肥措施和意见，为其后磷肥的大面积推广应用、氮磷配合施用、配方施肥和秸秆还田技术的推广应用提供了科学依据。

从20世纪80年代中后期起，长清区逐年加大对农业的投入，开展了生态农业示范县、山区小流域治理和农业综合开发等重大建设项目，大规模地对平原及山丘土地进行了土地改良、开发利用、综合治理。近年来，经国家农业综合开发及土地整理项目的实施，平原地区达到田成方、林成网、路相通、渠相连，沟、渠、田、林、路统一规划，旱、涝、风、沙、碱综合治理的要求，彻底解决了农田排灌现状，实现旱能浇、涝能排，土地平整，田间面貌整齐美观，农业生态环境良好，田间小气候得到改善，抗御低温、霜冻、风、雹、旱、涝等自然灾害的能力显著增强，土壤结构、养分含量明显改善和提高。同时，农业产业化程度明显提高，农业生产条件得到根本改善，可持续发展能力显著增强，基本实现了农田林网化，农药、化肥施用标准化，水土流失、水资源紧缺等得到扭转。山区通过修塘坝，建旱池，封山育林，退耕还林、还果，发展节水灌溉，铺设低压管道，进行小流域综合治理等综合开发措施，最大限度地改善了山区旱地的水浇条件和生产条件。农业生态环境得到改善，林木覆盖率明显提高，水土流失得到遏制，抵御自然灾害侵袭的能力显著增强。通过推广秸秆还田、测土配方施肥、良种良法配套等科技技术，农业科技含量进一步提高，农业产业化程度明显提高。同时，对于全面贯彻落实《基本农田保护条例》、因地制宜合理利用耕地、科学保养管理耕地起到了极大的促进作用。

2008年，国家测土配方施肥补贴项目在长清区实施，开展了长清区耕地地力评价工作。2008年采集土样4000个，2009年采集土样1113个，2010～2013年每年采集土样500个。分析测定了土壤大量、中量、微量等各类物理化学性状共19个项目，其中用于地力评价的典型样点2707个，编制了24幅数字化成果图件，编写了工作报告、技术报告、专题报告。撰写完成了"一本书"(三个报告合订的验收材料)，形成了"一套图"(24幅数字化图)，建立了"两个系统"(测土配方施肥管理系统、耕地资源管理信息系统)，为长清区今后的基本农田保护及耕地质量管理提供了科学依据。

三、耕地障碍因素分析

(一)水资源利用不合理

长清区东南部属低山丘陵地区，水资源匮乏，水浇地面积小，旱地面积大；西部为粮食主产区，灌溉主要采用地下水，地下水开采量逐年增大，导致地下水位逐年下降；沿黄引黄区引水设施老化，年久失修，灌溉用黄河水成本偏高，黄河水利用率严重不足。

(二)土体构型不良

本区的不良土体构型有浅黏、夹砂砂浆、深夹等类型。不良土体构型的耕地面积为12603hm^2，占全区总耕地面积的34.3%。其中浅黏的耕地面积为7024hm^2，占全区总耕地面积的19.1%；夹砂砂浆的耕地面积为4726hm^2，占全区总耕地面积的12.9%；深夹的耕地面积为853hm^2，占全区总耕地面积的2.3%。浅黏由于黏土部位出现较高，作物根系下扎受阻，容易形成"鸡爪根"，营养面积小，也不抗旱，如降雨集中，排水易不畅，还容易造成泥涝，应逐年加深耕层或深翻。夹砂砂浆砂层孔隙大，吸附能力低，漏水、漏肥，造成作物后期早衰。

（三）耕作层变浅，犁底层坚硬

近年来，小型拖拉机取代了过去大部分大中型拖拉机的机耕作业，特别是常年旋耕作业，使土壤耕层有普遍变浅的趋势，大部分耕地的耕层已小于15cm，条件好的耕地耕层也只不过20cm左右，受不同耕层厚度及耕层土壤的熟化程度影响，引起土壤某些物理性状或耕性变化，如土壤结构、容重、孔隙度等的变化。由于长期使用机械作业，并在同一深度翻耕，耕作层以下形成坚实的通透性较差的犁底层。实行深耕可以打破犁底层，把底层有胶膜的棱块状坚实的土层翻上来掺入耕作层，从而起到自身改黏和松透作用，增加土壤通气孔隙，降低容重，使耕作层松散，改善土壤的物理性状。

（四）土壤养分供应不协调

土壤主要养分不协调现象在全区范围内非常普遍。据全区土壤化验分析，长清区有7148.48hm^2的耕地有机质含量低于12g/kg，占耕地总面积的19.43％；有6332.53hm^2的耕地速效钾含量低于100g/mg，占耕地总面积的17.22％；有18582.14hm^2的耕地有效磷含量低于15g/mg，占耕地总面积的50.53％，处于相对缺乏状态。土壤微量元素中，耕层有效硼缺乏区为36313.71hm^2，占耕地总面积的98.75％。

解决这些问题的中心环节是：增加有机肥料投入，扩大秸秆还田面积，合理调整化肥投入比例，推广测土配方施肥技术，提高肥料利用率，改良土壤环境。

四、耕地施肥状况分析

（一）有机肥施用现状

长清区种植的主要作物为小麦、玉米、红薯、花生、大豆、蔬菜、果树、中药材等。多年来，全区大力实施土地整理、农业综合开发、小流域治理、新增千亿斤粮食建设、旱作农业等农业基础设施建设项目，积极推动测土配方施肥、粮食高产创建、农作物病虫害专业化防治等项目的开展，在项目区普及示范推广秸秆还田、施用商品有机肥、应用玉米秸秆还田腐熟剂等为主的地力培肥技术手段，努力改善农田基本生产条件。通过示范带动，秸秆还田率已达85％以上，商品有机肥的应用也在农村得到了广泛的认可。

据调查，在2012年以前粮田有半数以上的基本不施用有机肥，很少有农户在大田作物上施有机肥，重用轻养，有机肥用量严重偏低，已经严重制约了耕地质量的稳步提高。目前，有机肥可分为商品有机肥和农家有机肥两大类，农家有机肥的品种主要是畜禽粪便、沼渣沼液等。长清区有机肥资源丰富，但相对集中于养殖户或养殖企业，散养户较少，有机肥施用不平衡。全区粮田施用有机肥的面积仅占33.5％，有机肥用量平均施用比例只有27.3％，平均亩施优质有机肥537.5kg。以果树为主的经济作物有机肥施用量大，施用比例达90％以上，种类以畜禽粪便以及有机、无机复混肥为主，平均施农家有机肥20250kg/hm^2。总体来看，以果树为主的经济作物有机肥施用量大，粮田作物有机肥施用量明显偏低。

（二）化肥施用现状

在小麦种植上，有机肥用量极少，27.5％的农户施用农家有机肥，平均亩施农家有机肥615kg或亩施商品有机肥22.5kg，一般用普通复合肥45kg作基肥，或亩施小麦配方肥50kg，于耕翻前进行撒施。对生长较弱的一般于拔节期随浇水撒施尿素10～15kg作为追肥，施肥比例为1∶1.1∶0.5。在玉米种植上，很少施用有机肥和中微量元素肥料，以氮肥和复合肥为主，一般亩施氮、磷、钾总含量为45%的复合肥45kg，或者用45kg尿素于喇叭口期作追肥，或亩施玉米配方肥40～50kg，少数群众亩施锌肥0.5kg，施肥比例为1∶0.5∶0.5。在红薯种植上，有机肥用量极少，32.7%的农户施用农家有机肥，平均亩施农家有机肥630kg或亩施商品有机肥20kg，一般用普通复合肥40kg作基肥，或亩施红薯配方肥40kg，于耕翻时进行撒施，一般不施用追肥，施肥比例为1∶0.8∶1.2。在花生种植上，有机肥用量极少，33.1%的农户施用农家有机肥，平均亩施农家有机肥650kg或亩施商品有机肥25kg，一般用复合肥40kg作基肥，或亩施花生配方肥40kg，于耕翻前进行撒施，播种时酌情施用10～15kg磷酸二铵作种肥，一般不施用追肥，施肥比例为1∶1.6∶0.8。全区作物平均产出投入比为1∶(0.3～0.6)。近年来，随着测土配方施肥技术在全区的普及和推广，农民施肥习惯有了很大改变，开始注重科学施肥、配方用肥。通过对配方肥用户进行调查发现，配方肥推广满意度在95%以上。

(三)历年化肥施用量变化趋势

2000年，全区平均亩施化肥(折纯)：氮肥9.1kg，磷肥3.8kg，钾肥2.8kg，合计15.7kg。2009年，全区平均亩施化肥(折纯)：氮肥10.2kg，磷肥4.2kg，钾肥3kg，合计17.4kg。随着新品种的推广应用和复种指数、产量的提高，土壤耗肥也随之加重，再加上盲目施肥，施肥数量连年增加，2006年达到最高，2008年测土配方施肥项目实施后，施肥数量略有下降，肥料配比趋于合理(见表2-6)。

表2-6　2000～2012年长清区化肥施用情况统计表

年份	实物量(吨)					折纯(吨)			
	氮肥	磷肥	钾肥	复合肥	合计	氮肥	磷肥	钾肥	合计
2000	37172	15198	2764	10013	65147	9308	3934	2884	16126
2001	38807	15867	2886	10453	68013	9717	4107	3011	16835
2002	39743	16249	2955	10705	69653	9952	4206	3083	17241
2003	37844	15473	2814	10194	66324	9476	4005	2936	16417
2004	39247	16047	2918	10572	68784	9828	4153	3045	17026
2005	41574	16998	3091	11199	72862	10410	4400	3225	18035
2006	42717	17465	3176	11507	74865	10697	4520	3314	18531
2007	42665	17444	3172	11493	74773	10684	4515	3310	18509
2008	41995	17170	3123	11312	73600	10516	4444	3258	18218

续表

年份	实物量(吨)					折纯(吨)			
	氮肥	磷肥	钾肥	复合肥	合计	氮肥	磷肥	钾肥	合计
2009	42132	17226	3133	11349	73840	10550	4459	3269	18277
2010	42058	17326	3123	11325	73832	10576	4479	3258	18313
2011	42068	17336	3123	11345	73872	10580	4481	3258	18319
2012	42010	17328	3189	11408	73935	10510	4476	3189	18175

(四)历年粮食产量变化趋势

据长清区统计局资料,以小麦、玉米、薯类、花生、蔬菜单产为例,2000～2012 年粮食生产量单从年度对比来看,小麦、玉米及蔬菜由于生产条件较好,产量稳中有增,薯类、花生由于受气候条件尤其是降水量及降水时期的影响,产量变化较大,增产幅度不大。由于国家逐步重视粮食生产,一系列惠农政策从 2003 年以来陆续出台,特别是良种补贴、粮食直补、测土配方项目的实施,大大提高了群众的种粮积极性,粮食播种面积逐渐增大,总产量稳步提高(见表 2-7)。

表 2-7　　2000～2012 年长清区主要作物产量统计表

指标名称		2000	2001	2002	2003	2004	2005	2006	2007	2008	2009	2010	2011	2012
小麦	播种面积(hm^2)	24004	23270	22456	17777.4	21382	23002	23311	21511.5	23175	23170	23399	22417.5	22669.3
	总产量(吨)	112790	100823	80361	88566	110716	126198	129519	116130	135094	125001	129832	126492	134296
	单产(kg/hm^2)	4698.8	4332.7	3578.6	4981.9	5178	5486.4	5556.1	5398.5	5829.3	5395	5548.5	5643	5923.5
玉米	播种面积(hm^2)	19172	19488	19382	18583.3	22360	22885	23322	21458	22037.5	23178	22390.6	22868.7	23095.5
	总产量(吨)	111557	120299	78917	109826	136742	150061	148596	140046	153320	164622	147116	152084	159523
	单产(kg/hm^2)	5818.7	6173	4071.7	5909.9	6115.5	6557.2	6371.5	6526.5	6957.2	7106.8	6570.45	6651	6907.5

续表

指标名称		2000	2001	2002	2003	2004	2005	2006	2007	2008	2009	2010	2011	2012
薯类	播种面积(hm^2)	8926	9123	9434	9833.9	8185	7280	7970	7704	6422.1	5925	5647	5342.8	5098.7
	总产量(吨)	65443	65325	20344	60852	49749	46983	53222	55483	47164	43767	42076	39571	38616
	单产(kg/hm^2)	7331.7	7160.5	2156.5	6188	6078.1	6453.7	6677.8	7201.8	7344	7386.8	7451.1	7407	7573.5
花生	播种面积(hm^2)	4618	4419	4634	5046.9	4941	5007	4906	5044	5086	4896	4986.1	4804	4696.5
	总产量(吨)	14248	13283	3218	13778	13738	14740	14554	15860	16459	16211	16417	15324	15903
	单产(kg/hm^2)	3085.3	3005.9	694.4	2730	2780.4	2943.9	2966.6	3144.3	3236.1	3311.1	3292.5	3189.6	3385.5
蔬菜	播种面积(hm^2)	9899	10215	10224	10326.3	10415	10219	10244	10115	8820	9129	9161	8674.6	8733.9
	总产量(吨)	786971	763447	790167	840992	858650	872754	891084	905448	710238	718070	706951	650257	657336
	单产(kg/hm^2)	79500.1	74737.8	77285.5	81442	82443.6	85405	86985.9	89515.4	80525.9	78658.1	77169.6	74961	75262.5

(五)大量元素氮、磷、钾利用率

通过对全区施肥情况调查发现,撒施、过量施肥等现象比较突出,导致生产成本高,资源浪费极大,肥料利用率偏低。在全区不同地力条件下连续三年开展了肥料利用率试验,发现长清区地力条件好的地块化肥利用率较高,反之较差,全区的化肥利用率与全国肥料利用情况相比属偏低水平。因此,提高培肥地力,改善施肥结构,提高化肥利用率,节约资源势在必行。

小麦、玉米化肥利用率如表 2-8 和表 2-9 所示。

表 2-8 长清区不同产量水平小麦肥料利用率

产量水平	氮肥利用率(%)	磷肥利用率(%)	钾肥利用率(%)
高产区	27.8	16.7	48.4
中产区	30.8	16.3	49.8
低产区	28.6	18.2	54.8
平均	29.1	17.1	51

小麦氮肥平均利用率为 29.1%,磷肥平均利用率为 17.1%,钾肥平均利用率为 51%。

表 2-9 长清区不同产量水平玉米肥料利用率

产量水平	氮肥利用率(%)	磷肥利用率(%)	钾肥利用率(%)
高产区	31.4	17.4	42.9
中产区	30.1	15.7	41.4
低产区	30.2	19.9	47
平均	30.6	17.7	43.8

玉米氮肥平均利用率为 30.6%,磷肥平均利用率为 17.7%,钾肥平均利用率为 43.8%。

(六)施肥实践中存在的主要问题

一是重用轻养,有机肥用量严重偏低。据调查,50%以上的农户基本不施用有机肥。

二是肥料施用方法不当。突出表现在追肥撒施或施肥深度不够,肥料利用率明显偏低;施肥比例不合理,重追肥,轻基肥,重氮肥,轻磷、钾肥,重大量元素,轻中微量元素;作物施肥时间与生育时期不一致,如氮肥"一炮轰",用量过大,前期徒长,后期脱肥,产量水平不高,造成污染和浪费。

三是土壤养分不平衡。如近年来耕层土壤有效磷含量虽然增幅较大,但地块含量差异较大,最高为 143mg/kg,最低为 2.7mg/kg,最高约为最低的 53 倍,部分高产田磷素存在富集现象;部分地块土壤钾含量呈下降趋势。

四是耕作措施不当导致土壤板结。大多数农民群众为图便利,连年采用旋耕方式,造成耕层过浅,犁底层逐年加厚,作物根系不发达,抗倒、抗逆能力下降,导致作物对土壤水肥利用能力不高。同时,过量施用氮肥和不合理的施肥造成土壤理化性状恶化,引起土壤板结,影响农作物增产潜力的发挥。

第三章　样品的采集、制备与测试

样品的采集与制备是分析工作的一个重要环节，是关系到分析结果和结论是否正确、可靠的先决条件。分析测定的只能是样品，但要求通过样品分析，而达到以样品论“总体”的目的。因此，采集的样品对所研究的对象（总体），必须具有最大的代表性。

根据《测土配方施肥技术规范》的要求，采样人员要具有一定采样经验，熟悉采样方法和要求，了解采样区域农业生产情况。采样前，要收集采样区域土壤图、土地利用现状图、行政区划图等资料，绘制样点分布图，制订采样工作计划，准备 GPS、采样工具、采样袋（布袋、纸袋或塑料网袋）、采样标签等。

第一节　土壤样品的采集

土壤样品采集应具有代表性和可比性，并根据不同分析项目采取相应的采样和处理方法。

一、采样单元

根据土壤类型、土地利用方式和行政区划，将采样区域划分为若干个采样单元，每个采样单元的土壤性状要尽可能均匀一致。参考第二次土壤普查采样点确定采样点位，形成采样点位图。实际采样时严禁随意变更采样点，若有变更须注明理由。

大田作物平均每个采样单元为 6.7～13.3hm^2（平原区每 6.7～33.3hm^2 采 1 个样，丘陵区每 2～5.3hm^2 采 1 个样）。采样集中在位于每个采样单元相对中心位置的典型地块（同一农户的地块）上，采样地块面积为 666.7～6666.7m^2。

蔬菜平均每个采样单元为 0.67～1.33hm^2，温室大棚作物每 20～30 个棚室或 0.67～1hm^2 采 1 个样。采样集中在位于每个采样单元相对中心位置的典型地块（同一农户的地块）上，采样地块面积为 666.7～6666.7m^2。

果树平均每个采样单元为 1.33～2.67hm^2（地势平坦果园取上限，丘陵区果园取下限）。采样集中在位于每个采样单元相对中心位置的典型地块（同一农户的地块）上，采样地块面积为 666.7～3333.5m^2。

有条件的地区，可以农户地块为土壤采样单元。采用 GPS 定位，记录采样地块中心点的经纬度，精确到 0.1″。

二、采样时间

大田作物一般在秋季作物收获后、整地施基肥前采集；蔬菜在收获后或播种施肥前采集，一般在秋后，设施蔬菜在晾棚期采集；果树在上一个生育期果实采摘后下一个生育期开始之前，连续一个月未进行施肥后的任意时间采集土壤样品。

三、采样周期

项目实施三年以后，为保证测试土壤样本数据的可比性，根据项目年度取样数量，对照前三年取样点，进行周期性原位取样。同一采样单元，无机氮及植株氮营养快速诊断每季或每年采集 1 次；土壤有效磷、速效钾等一般 2～3 年采集 1 次；中微量元素一般 3～5 年采集 1 次。肥料效应田间试验每年采样 1 次。

四、采样深度

大田作物采样深度为 0～20cm；蔬菜采样深度为 0～30cm；果树采样深度为 0～60cm，分 0～30cm、30～60cm 采集基础土壤样品。如果果园土层薄（<60cm），则按照土层实际深度采集，或只采集 0～30cm 土层。用于土壤无机氮含量测定的采样深度应根据不同作物、不同生育期的主要根系分布深度来确定。

五、采样点数量

要保证有足够的采样点，使之能代表采样单元的土壤特性。采样必须多点混合，每个样点由 15～20 个分点混合而成。

六、采样路线

采样时应沿着一定的线路，按照“随机”“等量”和“多点混合”的原则进行采样。一般采用“S”形布点采样。在地形变化小、地力较均匀、采样单元面积较小的情况下，也可采用梅花形布点采样（见图 3-1）。要避开路边、田埂、沟边、肥堆等特殊部位。混合样点的样品采集要根据沟、垄面积的比例确定沟、垄采样点数量。

图 3-1 样品采集分布示意图

七、采样方法

每个采样分点的取土深度及采样量应保持一致，土样上层与下层的比例要相同。取样器应垂直于地面入土，深度相同。用取土铲取样时应先铲出一个耕层断面，再平行于断面取土。所有样品都应采用不锈钢取土器或木、竹制器采样。果树要在树冠滴水线附近或以树干为圆点向外延伸到树冠边缘的 2/3 处采集，距施肥沟(穴)10cm 左右，避开施肥沟(穴)，每株对角采 2 点。滴灌要避开滴灌头湿润区。

八、样品量

混合土样以取土 1kg 左右为宜(用于田间试验和耕地地力评价的 2kg 以上，长期保存备用)，可用四分法将多余的土样弃去。方法是将采集的土壤样品放在盘子里或塑料布上，弄碎、混匀，铺成正方形，画对角线将土样分成四份，把对角的两份分别合并成一份，保留一份，弃去一份。如果所得的样品依然很多，可再用四分法处理，直至所需数量为止(见图 3-2)。

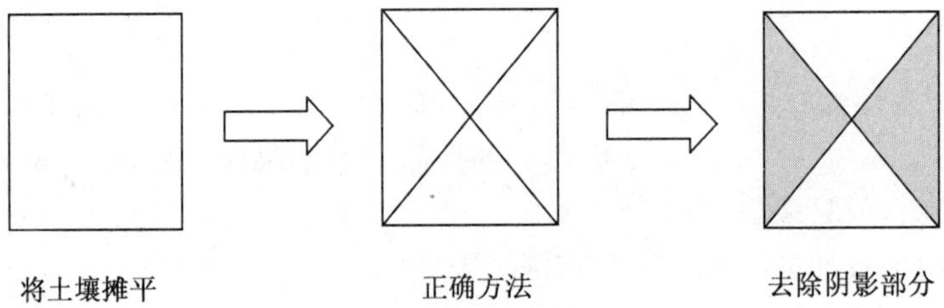

图 3-2　四分法取土样说明

九、样品标记

采集的样品放入统一的样品袋中，用铅笔写好标签，内外各放一张。采样标签样式如表 3-1 所示。

表 3-1　土壤采样标签式样

土壤采样标签(式样)
统一编号：(和农户调查表编号一致)　　邮编：
采样时间：　年　月　日　时
采样地点：　省　地　县　乡(镇)　村
农 户 名：
地块方位：(中部、东部、南部、西部、北部、东南、西南、东北、西北)
采样深度：①0～20cm　②　cm(不是①的，在②填写)
采样点数：　个(规范要求 15～20 点)
经度：　度　分　秒　纬度：　度　分　秒
采 样 人：　　联系电话：

第二节　土壤样品的制备

一、新鲜样品

某些土壤成分如二价铁、硝态氮、铵态氮等在风干过程中会发生显著变化，必须用新鲜样品进行分析。为了能真实反映土壤在田间自然状态下的某些理化性状，新鲜样品要及时送回室内进行处理分析，用粗玻璃棒或塑料棒将样品混匀后迅速称样测定。

新鲜样品一般不宜储存，如需要暂时储存，可将新鲜样品装入塑料袋中，扎紧袋口，放在冰箱冷藏室或进行速冻保存。

二、风干样品

从野外采回的土壤样品要及时放在样品盘上，摊成薄薄的一层，置于干净整洁的室内通风处自然风干，严禁暴晒，并注意防止酸碱等气体及灰尘的污染。风干过程中要经常翻动土样并将大土块捏碎以加速干燥，同时剔除侵入体。

风干后的土样按照不同的分析要求研磨过筛，充分混匀后，装入样品瓶中备用。瓶内外各放标签一张，写明编号、采样地点、土壤名称、采样深度、样品粒径、采样日期、采样人及制样时间、制样人等项目。制备好的样品要妥善储存，避免日晒、高温、潮湿和酸碱等气体的污染。全部分析工作结束、分析数据核实无误后，试样一般还要保存12～18个月，以备查询。对于试验价值大、需要长期保存的样品，须保存于广口瓶中，用蜡封好瓶口。

（一）一般化学分析试样

将风干后的样品平铺在制样板上，用木棒或塑料棒碾压，并将植物残体、石块等侵入体和新生体剔除干净，也可将土壤中侵入体和植株残体剔除后采用不锈钢土壤粉碎机制样。细小已断的植物须根，可采用静电吸附的方法清除。压碎的土样用2mm孔径筛过筛，未通过的土粒重新碾压，直至全部样品通过2mm孔径筛为止。将通过2mm孔径筛的土样用四分法取出约100g继续碾磨，余下的用四分法取500g装瓶，用于pH、盐分、交换性能及有效养分等项目的测定。取出约100g通过2mm孔径筛的土样继续研磨，使之全部通过0.25mm孔径筛，装瓶用于有机质、全氮、碳酸钙等项目的测定。

（二）微量元素分析试样

用于微量元素分析的土样，其处理方法同一般化学分析样品，但在采样、风干、研磨、过筛、运输、储存等环节，不要接触容易造成样品污染的铁、铜等金属器具。采样、制样推荐使用不锈钢、木、竹或塑料工具，过筛使用尼龙网筛等。通过2mm孔径尼龙筛的样品，可用于测定土壤有效态微量元素。

（三）颗粒分析试样

将风干土样反复碾碎，用2mm孔径筛过筛。留在筛上的碎石称量后保存，同时将过筛的土壤称重，计算石砾质量百分数。将通过2mm孔径筛的土样混匀后盛于广口瓶内，用于颗粒分析及其他物理性状测定。

若风干土样中有铁锰结核、石灰结核或半风化体，不能用木棒碾碎，应首先将其细心拣出称量保存，然后再进行碾碎。

第三节　植物样品的采集与制备

一、采样要求

植物样品分析的可靠性受样品数量、采集方法及植株部位影响，因此，采样应具有：代表性，采集样品能符合群体情况，采样量一般为1kg；典型性，采样的部位能反映所要了解的情况；适时性，根据研究目的，在不同生长发育阶段定期采样。

粮食样品在成熟后收获前采集籽实部分及秸秆；果树在采果期采集同一植株的果实和叶片样品；发生偶然污染事故时，在田间完整地采集整株植株样品。

二、样品采集

(一)粮食样品

由于粮食作物生长的不均一性，一般采用多点取样，避开田边1m，按梅花形(适用于采样单元面积小的情况)或"S"形采样法采样。在采样区内采取10个样点的样品组成一个混合样。采样量根据检测项目而定，籽实样品一般1kg左右，装入纸袋或布袋。要采集完整植株样品可以稍多些，2kg左右，用塑料纸包扎好。

(二)棉花样品

棉花样品包括茎秆、空桃壳、叶片、籽棉等部分。样株选择和采样方法参照粮食作物。按样区采集籽棉，第一次采摘后将籽棉放在通透性较好的网袋中晾干(或晒干)，以后每次收获时均装入网袋中，各次采摘结束后，将同一取样袋中的籽棉作为该采样区籽棉混合样。

(三)油菜样品

油菜样品包括籽粒、角壳、茎秆、叶片等部分。样株选择和采样方法参照粮食作物。鉴于油菜在开花后期开始落叶，至收获期植株上叶片基本全部掉落，叶片的取样应在开花后期，每区采样点不应少于10个(每点至少1株)，采集油菜植株全部叶片。

(四)蔬菜样品

蔬菜品种繁多，可大致分成叶菜、根菜、瓜果三类，按需要确定采样对象。菜地采样可按对角线或"S"形法布点，采样点不应少于10个，采样量根据样本个体大小确定，一般每个点的采样量不少于1kg。

1. 叶类蔬菜样品

从多个样点采集的叶类蔬菜样品，按四分法进行缩分，其中个体大的样本，如大白菜等可采用纵向对称切成4份或8份，按取其2份的方法进行缩分，最后分取3份，每份约1kg，分别装入塑料袋，粘贴标签，扎紧袋口。如需用鲜样进行测定，采样时最好连根带土一起挖出，用湿布或塑料袋装，防止萎蔫。采集根部样品时，在抖落泥土或洗净泥土过程中应尽量保持根系的完整性。

2. 瓜果类蔬菜样品

瓜果类植株采样一定要均匀，取 10 棵左右植株，各器官按比例采取，最后混合均匀。收集老叶的生物量，同时收获时茎秆、叶片等都要收集称重。在设施蔬菜地中植株取样时，应该统一在每行中间取植物样，以保证样品的代表性。收获期如果多次计产，则在收获中期采集果实样品进行养分测定；对于经常打掉老叶的设施果类蔬菜，需要记录老叶的干物质重量，多次采收计产的蔬菜需要计算经济产量及最后收获时茎叶重量即打掉老叶的重量；所有试验的茎叶果实分别计重，并进行氮、磷、钾养分测定。

（五）果树样品

1. 果实样品

进行"X"动态优化施肥试验的果园，要求每个处理都必须采样。基础施肥试验面积较大时，在平坦果园可采用对角线法布点采样，由采样区的一角向另一角引一对角线，在此线上等距离布设采样点，山地果园应按等高线均匀布点，采样点一般不应少于 10 个。对于树型较大的果树，采样时应在果树上、中、下、内、外部的果实着生方位（东、南、西、北）均匀采摘果实。将各点采摘的果品进行充分混合，按四分法缩分，根据检验项目要求，最后分取所需份数，每份 20～30 个果实，分别装入袋内，粘贴标签，扎紧袋口。

2. 叶片样品

一般分为落叶果树和常绿果树，采集叶片样品。落叶果树，在 6 月中下旬至 7 月初营养性春梢停长秋梢尚未萌发即叶片养分相对稳定期，采集新梢中部第 7～9 片成熟正常叶片（完整无病虫叶），分树冠中部外侧的四个方位进行；常绿果树，在 8～10 月（即在当年生营养春梢抽出后 4～6 个月）采集叶片，应在树冠中部外侧的四个方位采集生长中等的当年生营养春梢顶部向下第 3 叶（完整无病虫叶）。采样时间一般以上午 8～10 时为宜。一个样品采 10 株，样品数量根据叶片大小确定，苹果等大叶一般 50～100 片；杏、柑橘等一般 100～200 片；葡萄要分叶柄和叶肉两部分，用叶柄进行养分测定。

三、标签内容

标签内容包括采样序号、采样地点、样品名称、采样人、采集时间和样品处理号等。

四、采样点调查内容

采样点调查内容包括作物品种、土壤名称（或当地俗称）、成土母质、地形地势、耕作制度、前茬作物及产量、化肥农药施用情况、灌溉水源、采样点地理位置简图和坐标。

五、植株样品处理与保存

（一）大田作物

粮食籽实样品应及时晒干脱粒，充分混匀后用四分法缩分至所需量。需要洗涤时，注意时间不宜过长并及时风干。为了防止样品变质、虫咬，需要定期进行风干处理。使用不污染样品的工具将籽实粉碎，用 0.5mm 筛子过筛制成待测样品。带壳类粮食如稻谷应去壳制成糙米，再进行粉碎过筛。测定微量元素含量时，不要使用能造成污染的器械。

完整的植株样品先洗干净，用不污染待测元素的工具剪碎样品，充分混匀用四分法缩分至所需的量，制成鲜样或于 60℃烘箱中烘干后粉碎备用。

（二）蔬　菜

完整的植株样品先洗干净，根据作物生物学特性差异，采用能反映特征的植株部位，用不污染待测元素的工具剪碎样品，充分混匀用四分法缩分至所需的数量，制成鲜样或于 85℃烘箱中杀酶 10min 后，保持 65℃～70℃恒温烘干后粉碎备用。田间所采集的新鲜蔬菜样品若不能马上进行分析测定，应将新鲜样品装入塑料袋，扎紧袋口，放在冰箱冷藏室或进行速冻保存。

（三）果　树

完整的植株叶片样品先洗干净，洗涤方法是先将中性洗涤剂配成 0.1%的水溶液，再将叶片置于其中洗涤 30s，取出后尽快用清水冲掉洗涤剂，再用 0.2%的 HCl 溶液洗涤约 30s，然后用去离子水洗净。整个操作必须在 2min 内完成，以避免某些养分的损失。叶片洗净后必须尽快烘干，一般是将洗净的叶片用滤纸吸去水分，先置于 105℃鼓风干燥箱中杀酶 15～20min，然后保持在 75℃～80℃条件下恒温烘干。烘干的样品从烘箱取出冷却后随即放入塑料袋里，用手在袋外轻轻搓碎，然后在玛瑙研钵或玛瑙球磨机或不锈钢粉碎机中磨细（若仅测定大量元素，样品可使用瓷研钵或一般植物粉碎机磨细），用 60 目（直径 0.25mm）尼龙筛过筛。干燥磨细的叶片样品，可用磨口玻璃瓶或塑料瓶储存。若需长期保存，则须将密封瓶置于－5℃下冷藏。

果实样品测定品质（糖酸比等）时，应及时将果皮洗净并尽快进行，若不能马上进行分析测定，应暂时放入冰箱保存。需测定养分的果实样品，洗净果皮后将果实切成小块，充分混匀用四分法缩分至所需的数量，仿叶片干燥、磨细、储存方法进行处理。

第四节　土壤与植株的测试

一、土壤的测试

（一）土壤质地

国际制，指测法或密度计法（粒度分布仪法）测定。

（二）土壤容重

环刀法测定。

（三）土壤水分

1. 土壤含水量

烘干法测定。

2. 土壤田间持水量

环刀法测定。

（四）土壤酸碱度和石灰需要量

1. 土壤 pH

土液比 1∶2.5，电位法测定。

2. 土壤交换酸

氯化钾交换—中和滴定法测定。

3. 石灰需要量

氯化钙交换—中和滴定法测定。

(五)土壤阳离子交换量

EDTA—乙酸铵盐交换法测定。

(六)土壤水溶性盐分

1. 土壤水溶性盐分总量

电导率法或重量法测定。

2. 碳酸根和重碳酸根

电位滴定法或双指示剂中和法测定。

3. 氯离子

硝酸银滴定法测定。

4. 硫酸根离子

硫酸钡比浊法或 EDTA 间接滴定法测定。

5. 钙、镁离子

原子吸收分光光度计法测定。

6. 钾、钠离子

火焰光度法或原子吸收分光光度计法测定。

(七)土壤氧化还原电位

电位法测定。

(八)土壤有机质

油浴加热重铬酸钾氧化滴定法测定。

(九)土壤氮

1. 土壤全氮

凯氏蒸馏法测定。

2. 土壤水解性氮

碱解扩散法测定。

3. 土壤铵态氮

氯化钾浸提—靛酚蓝比色法(分光光度法)测定。

4. 土壤硝态氮

氯化钙浸提—紫外分光光度计法或酚二磺酸比色法(分光光度法)测定。

(十)土壤有效磷

碳酸氢钠或氟化铵—盐酸浸提—钼锑抗比色法(分光光度法)测定。

(十一)土壤钾

1. 土壤缓效钾

硝酸提取—火焰光度计、原子吸收分光光度计法或 ICP 法测定。

2. 土壤速效钾

乙酸铵浸提—火焰光度计、原子吸收分光光度计法或ICP法测定。

(十二)土壤交换性钙、交换性镁

乙酸铵交换—原子吸收分光光度计法或ICP法测定。

(十三)土壤有效硫

磷酸盐-乙酸或氯化钙浸提—硫酸钡比浊法测定。

(十四)土壤有效硅

柠檬酸或乙酸缓冲液浸提—硅钼蓝比色法(分光光度法)测定。

(十五)土壤有效铜、锌、铁、锰

DTPA浸提-原子吸收分光光度计法或ICP法测定。

(十六)土壤有效硼

沸水浸提—甲亚胺—H比色法(分光光度法)或姜黄素比色法(分光光度法)或ICP法测定。

(十七)土壤有效钼

草酸-草酸铵浸提—极谱法测定。

(十八)土壤重金属

1. 全量铅、镉、铬

干灰化法处理—原子吸收分光光度计法或ICP法测定。

2. 全量汞

湿灰化处理—冷原子吸收(或荧光)光度计法。

3. 全量砷

干灰化处理—共价氢化物原子荧光光度法或ICP法测定。

测土配方施肥和耕地地力评价土壤样品测试项目汇总如表3-2所示。

表3-2 测土配方施肥和耕地地力评价土壤样品测试项目汇总表

	测试项目	大田作物测土施肥	蔬菜测土施肥	果树测土施肥	耕地地力评价
1	土壤质地指测法	必测			
2	土壤质地,比重计法	选测			
3	土壤容重	选测			
4	土壤含水量	选测			
5	土壤田间持水量	选测			
6	土壤pH	必测	必测	必测	必测
7	土壤交换酸	选测			
8	石灰需要量	pH<6的样品必测	pH<6的样品必测	pH<6的样品必测	

续表

测试项目		大田作物测土施肥	蔬菜测土施肥	果树测土施肥	耕地地力评价
9	土壤阳离子交换量	选测		选测	
10	土壤水溶性盐分	选测	必测	必测	
11	土壤氧化还原电位	选测			
12	土壤有机质	必测	必测	必测	必测
13	土壤全氮	选测			必测
14	土壤水解性氮	至少测试 1 项	至少测试 1 项	必测	
15	土壤铵态氮				
16	土壤硝态氮				
17	土壤有效磷	必测	必测	必测	必测
18	土壤缓效钾	必测			必测
19	土壤速效钾	必测	必测	必测	必测
20	土壤交换性钙镁	pH<6.5 的样品必测	选测	必测	
21	土壤有效硫	必测			
22	土壤有效硅	选测			
23	土壤有效铁、锰、铜、锌、硼	必测	选测	选测	
24	土壤有效钼	选测，豆科作物产区必测	选测		

注：用于耕地地力评价的土壤样品，除以上养分指标必测，项目县如果选择其他养分指标作为评价因子，也应当进行分析测试。

二、植株的测试

（一）全氮、全磷、全钾

硫酸—过氧化氢消煮，或水杨酸—锌粉还原，或硫酸—加速剂消煮，全氮采用蒸馏滴定法测定，全磷采用钒钼黄或钼锑抗比色法（分光光度法）测定，全钾采用火焰光度法或原子吸收分光光度计法测定。

（二）水　分

常压恒温干燥法或减压干燥法测定。

（三）粗灰分

干灰化法测定。

（四）全钙、全镁

干灰化—稀盐酸溶解法或硝酸—高氯酸消煮，原子吸收分光光度计法或电感耦合等离子体发射光谱法（ICP 法）测定。

(五)全　硫

硝酸—高氯酸消煮法或硝酸镁灰化法,硫酸钡比浊法或ICP法测定。

(六)全硼、全钼

干灰化—稀盐酸溶解,硼采用姜黄素或甲亚胺比色法(分光光度法)测定,钼采用石墨炉原子吸收法或极谱法测定。

(七)全量铜、锌、铁、锰

干灰化或湿灰化,原子吸收分光光度计法或ICP法测定。

三、植株营养诊断

(一)硝态氮田间快速诊断

水浸提,硝酸盐反射仪法测定。

(二)冬小麦、夏玉米植株氮营养田间诊断

小麦茎基部、夏玉米最新展开叶叶脉中部榨汁,硝酸盐反射仪法测定。

(三)水稻氮营养快速诊断

叶绿素仪或叶色卡法测定。

(四)蔬菜叶片营养诊断

取幼嫩成熟叶片的叶柄,剪碎加纯水或2%的醋酸研磨成浆状,稀释定容,提取液用紫外分光光度法或反射仪法测定硝态氮,钼锑抗显色分光光度法测无机磷(必须在2h内完成),火焰光度法或原子吸收分光光度计法测定全钾。

(五)果树叶片营养诊断

用硫酸—过氧化氢消煮,蒸馏滴定法测定全氮,钒钼黄显色分光光度法测定全磷,火焰光度法或原子吸收分光光度计法测定全钾。

(六)叶片金属营养元素快速测试

稀盐酸浸提快速法,称取样品1g(称准至0.1mg),置于三角瓶中,加入1mol/L盐酸50mL,置于振荡机上振荡1.5h,过滤。滤液供原子吸收分光光度法或ICP法测定钾、钙、镁、铁、锰、铜、锌等元素。

四、品质测定

(一)维生素C

草酸提取—2,6-二氯靛酚滴定法或盐酸提取—碘酸钾滴定法测定。

(二)硝酸盐

水提取—紫外分光光度计法测定。

(三)可溶性固形物

手持式糖量计测定法或阿贝折射仪测定法测定。

(四)可溶性糖

斐林氏滴定法或手持式糖量计测定法测定。

(五)可滴定酸

氢氧化钠中和滴定法测定。

测土配方施肥植株样品测试项目汇总如表 3-3 所示。

表 3-3 测土配方施肥植株样品测试项目汇总表

	测试项目	大田作物测土配方施肥	蔬菜测土配方施肥	果树测土配方施肥
1	全氮、全磷、全钾	必测	必测	必测
2	水分	必测	必测	必测
3	粗灰分	选测	选测	选测
4	全钙、全镁	选测	选测	选测
5	全硫	选测	选测	选测
6	全硼、全钼	选测	选测	选测
7	全量铜、锌、铁、锰	选测	选测	选测
8	硝态氮田间快速诊断	选测	选测	选测
9	冬小麦、夏玉米植株氮营养田间诊断	选测		
10	水稻氮营养快速诊断	选测		
11	蔬菜叶片营养诊断		必测	
12	果树叶片营养诊断			必测
11	叶片金属营养元素快速测试		选测	选测
12	维生素 C		选测	选测
13	硝酸盐		选测	选测
14	可溶性固形物			选测
15	可溶性糖			选测
16	可滴定酸			选测

第四章　土壤理化性状及评价

耕层土壤理化性状分析，是耕地地力评价的基础。近年来，随着化肥施用量的逐年增加、种植业结构的调整，农田养分状况发生了很大变化。但由于多数农民对土壤现状和作物需肥特性不甚了解，存在施肥用量随意、使用方法不当等因素，造成土壤养分失衡。为摸清长清区耕地土壤理化性状，准确进行耕地地力评价，依据山东省土壤养分分级标准（见表4-1），结合长清区实际，按照不同行政区域、种植制度、质地类型、土壤类型等划分类别，对全区土样养分状况进行统计和评价。

表4-1　　土壤养分分级评价标准

项　目	养分分级								
	1	2	3	4	5	6	7	8	9
有机质(g/kg)	＞20	15～20	12～15	10～12	8～10	6～8	＜6		
有效磷(mg/kg)	＞120	80～120	50～80	30～50	20～30	15～20	10～15	5～10	＜5
速效钾(mg/kg)	＞300	200～300	150～200	120～150	100～120	75～100	50～75	＜50	
有效锌(mg/kg)	＞3	1～3	0.5～1	0.3～0.5	＜0.3				
有效硼(mg/kg)	1～2	0.5～1	0.2～0.5	＜0.2					
碱解氮(mg/kg)	＞150	120～150	90～120	75～90	60～75	45～60	30～45	＜30	
有效钼(mg/kg)	＞0.3	0.2～0.3	0.15～0.2	0.1～0.15	＜0.1				
有效锰(mg/kg)	＞30	15～30	5～15						
有效铜(mg/kg)	＞1.8	1～1.8	0.2～1						
有效铁(mg/kg)	＞20	10～20	4.5～10						
pH	＞8.5	7.5～8.5	6.5～7.5	5.5～6.5	4.5～5.5	＜4.5			
全氮(g/kg)	＞1.5	1.2～1.5	1～1.2	0.75～1	0.5～0.75				
交换性镁(mg/kg)	＞600	400～600	300～400	250～300	200～250	150～200	＜150		
有效硫(mg/kg)	＞100	75～100	60～75	45～60	30～45	15～30	＜15		
有效硅(mg/kg)	＞300	200～300	150～200						
缓效性钾(mg/kg)	＞1200	900～1200	750～900	500～750	300～500	＜300			
交换性钙(mg/kg)	＞20000	15000～20000	10000～15000	6000～10000	4000～6000	3000～4000	2500～3000	2000～2500	＜2000

长清区共评价土壤样本2707个，取得34701个化验数据，其中化验有机质2707项次、土壤容重253项次、pH2281项次。大量营养元素：全氮2471项次、碱解氮2562项次、全磷358项次、有效磷2707项次、缓效钾2430项次、速效钾2646项次。中量元素：交换性钙605项次、交换性镁585项次、有效硫650项次。微量元素：有效铁2641项次、有效锰2642项次、有效铜2633项次、有效锌2642项次、有效钼769项次、有效硼2395项次。有益元素：有效硅724项次。

土壤样本按行政区域划分：平安街道办事处238个，文昌街道办事处270个，归德镇331个，孝里镇255个，崮云湖街道办事处71个，张夏镇232个，万德镇417个，马山镇337个，五峰山街道办事处240个，双泉镇267个。

土壤样本按种植制度划分：粮田采集土样2314个，其中小麦—玉米1617个、大蒜—玉米47个、红薯192个、花生407、棉花51个。大田蔬菜地采集土样52个，果园341个。

土壤样本按土壤类型划分：棕壤面积为7883.36hm^2，取样502个。褐土面积为22749.58hm^2，取样1857个。潮土面积为5307.25hm^2，取样284个。风沙土面积为835.68hm^2，取样64个。

土壤样本按质地类型划分：轻壤面积为7080.65hm^2，取样425个。沙壤面积为1525.85hm^2，取样49个。重壤面积为1545.1hm^2，取样52个。砂土面积为1501.4hm^2，取样335个。中壤面积为25122.88hm^2，取样1846个。

第一节 土壤pH和有机质

一、土壤pH

土壤pH即土壤酸碱度，它虽然不属于土壤养分范畴，但作为作物种植时土壤理化性质的基本指标，能直接影响作物的生长和发育。土壤pH对土壤肥力及养分的有效性影响很大，在低pH情况下，易造成磷、钙、镁养分的有效性降低，在高pH情况下，微量元素铁、锰、硼转变为不可吸收状态。绝大多数作物只有在一定的土壤pH范围内才能正常生长，适宜的土壤pH是作物生长发育的基础。

(一)耕层土壤pH分级及面积

此次耕地地力调查共检测耕层pH样本2281个，众数为7.9，变幅为4.6～8.5，标准差为0.58，变异系数为7.38%。土壤pH介于7.5～8.5中等碱性土壤的耕地面积为30965.28hm^2，占耕地总面积的84.2%；pH介于6.5～7.5中性土壤的耕地面积为4133.61hm^2，占耕地总面积的11.24%；pH介于4.5～5.5呈强酸性以上的耕地面积为169.17hm^2，占耕地总面积的0.46%。全区耕层土壤pH总体上呈弱碱性，耕层土壤pH分级及面积如表4-2所示。

表 4-2　　耕层 pH 分级及面积

级　别	1	2	3	4	5	6
分级标准	＞8.5	7.5～8.5	6.5～7.5	5.5～6.5	4.5～5.5	＜4.5
样本数(个)	0	1908	271	79	23	0
耕地面积(hm^2)	0	30965.28	4133.61	1507.81	169.17	0
占耕地总面积(%)	0	84.2	11.24	4.1	0.46	0

(二)主要作物适宜的土壤 pH 范围

不同作物对土壤酸碱性的适应性有很大差异，但大部分作物适宜在中性至微酸性土壤条件下生长，即 5.5～7.5，主要农作物的适宜 pH 范围如表 4-3 所示。

表 4-3　　主要农作物适宜的 pH 范围

作　物	适宜 pH 范围	作　物	适宜 pH 范围
小麦	5.5～7	马铃薯	5～5.5
玉米	5.5～7	苹果	5.5～7.5
红薯	5～6	大豆	5.5～7

(三)土壤酸碱性对土壤养分有效性的影响

土壤酸碱性通过影响矿质盐分的溶解度而影响养分的有效性。土壤中大、中、微量元素的有效性均随土壤溶液的酸碱度的不同而发生明显变化。同时，土壤酸碱性还制约微生物的活动，对有机质的矿化过程也有一定的影响。有机质在酸性条件下分解较慢，但以中性和微碱性最适宜。固氮根瘤菌在 pH 降至 6 以下时固氮能力明显下降。土壤酸碱性对磷酸盐的形态和有效性影响较大。土壤 pH 低于 5.5 时，磷酸根与铁、铝结合形成闭蓄态磷酸铁、铝而失去有效性。土壤 pH 为 5.6～7 时，磷酸盐的有效性最大。土壤酸碱性也影响着钾的吸附量，酸性土和盐基饱和度低的土壤其交换性钾含量低于中性土和盐基饱和度高的土壤。土壤酸碱性对土壤微量元素的有效性影响非常明显，钼的有效性随土壤 pH 的降低而减小，硼的有效性在 pH 的一定范围内随 pH 的升高而增加，铁、锰、锌的有效性随 pH 的降低而增加。

(四)不同种植类型土壤 pH 状况

长清区典型的种植制度是小麦—玉米、大蒜—玉米轮作和红薯、花生、棉花一年一作，其次是蔬菜、果树等。耕地土壤 pH 测试结果(见表 4-4)表明，不同种植制度间土壤 pH 众数差异不明显，耕地全部呈中等碱性。

表 4-4　　不同种植类型土壤 pH

种植类型	样本数	最大值	最小值	众数	标准差	变异系数(%)
小麦—玉米	1420	8.5	5.1	8	0.45	5.67
大蒜—玉米	47	8.3	7.7	8	0.17	2.14

续表

种植类型	样本数	最大值	最小值	众数	标准差	变异系数(%)
红薯	149	8.5	5.8	7.8	0.6	7.63
花生	349	8.5	4.6	7.6	0.83	10.78
棉花	38	8.5	7.1	8.2	0.29	3.59
蔬菜	47	8.5	7	8	0.35	4.35
果园	231	8.2	4.7	7.8	0.81	10.36

(五)不同土壤质地土壤 pH 状况

长清区土壤耕层质地主要分为轻壤、沙壤、中壤、重壤、砂土五种类型，如表 4-5 所示，不同土壤质地 pH 差异不大。沙壤与砂土耕地土壤 pH 众数均为 7.8，轻壤与中壤耕地土壤 pH 众数均为 7.9，重壤 pH 众数为 8.2，表明随着土壤成土母质颗粒组成的逐渐变小，物理性黏粒成分增加，土壤胶体和离子的交换吸附作用增强，土壤溶液的缓冲性不断提高，耕层质地 pH 众数有所减少。

表 4-5　不同土壤质地类型土壤 pH

土壤质地	样本数	最大值	最小值	众数	标准差	变异系数(%)
轻壤	389	8.5	4.8	7.9	0.53	6.71
沙壤	43	8.5	5.9	7.8	0.69	8.91
重壤	52	8.5	7.8	8.2	0.17	2.13
砂土	214	8.5	4.7	7.8	0.8	10.27
中壤	1580	8.5	4.6	7.9	0.56	7.07

(六)不同土壤类型土壤 pH 状况

如表 4-6 所示，褐土、潮土、风沙土 pH 众数为 8～8.2，基本无差异，耕地土壤呈微碱性。棕壤土 pH 众数为 6.6，相对较低，这主要是由于棕壤直接发育在酸性岩或酸性岩的坡积洪积物上，土体中不含有游离的石灰，同时棕壤土内差异较大、变异系数较高。

表 4-6　不同土壤类型土壤 pH

土壤类型	样本数	最大值	最小值	众数	标准差	变异系数(%)
棕壤	214	7.5	4.6	6.6	0.77	11.68
褐土	1724	8.5	6.5	8	0.34	4.28
潮土	281	8.5	7.6	8.2	0.18	2.23
风沙土	62	8.5	7.5	8.2	0.23	2.66

(七)各行政区域土壤 pH 状况

如表 4-7 所示，文昌耕层土壤 pH 众数最高，为 8.2，平安、归德、孝里、张夏、崮云湖土壤 pH 众数均为 8.1，略高于全区平均值。万德镇由于棕壤土分布面积较大，其耕层土壤 pH 众数为 7.1，最低。

表 4-7 各行政区域土壤 pH

行政区域	样本数	最大值	最小值	众数	标准差	变异系数(%)
平安	239	8.5	6.9	8.1	0.29	3.65
文昌	256	8.6	7	8.2	0.24	2.97
归德	327	8.8	7	8.1	0.27	3.3
孝里	242	8.5	7.5	8.1	0.22	2.71
崮云湖	68	8.5	7.7	8.1	0.17	2.11
张夏	211	8.5	7	8.1	0.21	2.59
万德	311	8.5	4.6	7.1	0.89	12.7
五峰山	187	8.4	6.8	8	0.29	3.63
马山	212	8.4	6.1	7.8	0.48	6.1
双泉	228	8.5	4.7	7.7	0.68	8.8

二、土壤有机质

土壤有机质是土壤的重要组成部分，与土壤的发生演变、肥力水平和许多属性都有密切的关系。土壤有机质中含有作物生长所需的各种养分，可直接或间接地为作物生长提供氮、磷、钾、钙、镁、硫和各种微量元素。有机质具有改善土壤理化性状，影响和制约土壤结构形成及通气性、渗透性、缓冲性、交换性能和保水、保肥性能，是评价耕地地力的重要指标。对耕作土壤来说，培肥的中心环节就是增施各种有机肥，实行秸秆还田，保持和提高土壤有机质含量。

(一)耕层土壤有机质分级及面积

共检测分析耕层土样 2707 个。耕地土壤有机质含量变幅为 3～36.1g/kg，平均值为 13.3g/kg，标准差为 3.4，变异系数为 25.6%。耕层土壤有机质含量分级及面积如表 4-8 所示。土壤有机质含量在 12～15g/kg 级别的面积最大，占耕地总面积的 51.98%，土壤有机质含量在 10～12g/kg 级别的耕地占耕地总面积的 24.95%，两个级别共占耕地总面积的 86.93%，所以土壤耕层有机质总体上处于中等水平。

表 4-8 耕层土壤有机质分级及面积

级　别	1	2	3	4	5	6	7
分级(g/kg)	＞20	15～20	12～15	10～12	8～10	6～8	＜6
样本数(个)	90	637	968	613	302	56	41
耕地面积(hm^2)	223.99	6532.5	19116.8	9174.37	1601.51	121.2	5.5
占耕地总面积(%)	0.61	17.76	51.98	24.95	4.35	0.33	0.01

同第二次土壤普查土壤有机质平均值(7.6g/kg)相比，增加了5.7g/kg，提高了75%。有机质大幅度提高的主要原因：一是近年来大力提倡作物秸秆还田，为耕层土壤有机质的提高提供了大量的有机物质；二是种植业结构调整、用养结合维护了地力。

(二)不同种植类型土壤有机质状况

如表4-9所示，大蒜—玉米轮作田和红薯、花生田土壤有机质平均为11.6～11.7g/kg，棉田和果园有机质平均含量分别为12g/kg、11.9g/kg，均比蔬菜田略低，秸秆丰富、还田量大的小麦—玉米田土壤有机质含量为14.3g/kg，相对偏高。

表4-9　不同种植类型土壤有机质含量

种植类型	样本数	最大数(g/kg)	最小值(g/kg)	平均值(g/kg)	标准差	变异系数(%)
小麦—玉米	1617	36.1	3	14.3	3.43	23.96
大蒜—玉米	47	16.4	5	11.7	2.2	18.79
红薯	192	20.5	5.2	11.7	2.31	19.8
花生	407	19.7	5.4	11.6	2.26	19.55
棉花	51	18.3	5.4	12	2.54	21.25
蔬菜	52	21.1	8.6	12.6	2.69	21.33
果园	341	21.5	4.6	11.9	3.45	28.89

(三)不同土壤质地土壤有机质状况

土壤有机质含量与质地关系明显，通常质地越黏，养分含量越高。如表4-10所示，砂土、轻壤、中壤、重壤有机质含量依次增加，由砂至黏，耕地有机质含量随质地由粗变细相应增加。重壤的有机质最大，为16g/kg，砂土最低，为12.7g/kg。但也看出由于轻壤、中壤分布面积大，是作物集中产区，因多年复种指数高，化肥施用量大，有机肥投入少或不施，轻有机、重无机，致使土壤中有机养分在微生物作用下矿化速度加快，有机养分消耗过多，出现了沙壤有机质含量高于轻壤、中壤的现象。

表4-10　不同土壤质地类型土壤有机质含量

土壤质地	样本数	最大值(g/kg)	最小值(g/kg)	平均值(g/kg)	标准差	变异系数(%)
轻壤	425	36.1	3	12.9	3.5	27.13
沙壤	49	21.9	5.6	14.2	3.17	22.24
重壤	52	22.2	5	16	3.14	19.6
砂土	320	21.5	4.8	12.7	3.22	25.42
中壤	1846	27.8	3	13.4	3.38	25.28

(四)不同土壤类型土壤有机质状况

耕地有机质含量状况随土壤类型不同存在明显的差异，风沙土、棕壤、褐土、潮土含量分别为12.2g/kg、12.7g/kg、13.4g/kg、13.7g/kg，表现为：风沙土＜棕壤＜褐土＜潮土。有机质含量逐渐增高,且与第二次土壤普查结果相比,含量增加、增高趋势相同(见表4-11)。

表4-11 不同土壤类型土壤有机质含量

土壤类型	样本数	最大值(g/kg)	最小值(g/kg)	平均值(g/kg)	标准差	变异系数(%)
棕壤	502	27.8	3	12.7	3.91	30.85
褐土	1857	36.1	3	13.4	3.31	24.64
潮土	284	22.2	5	13.7	3	21.85
风沙土	64	19.4	5.5	12.2	2.72	22.24

(五)各行政区域土壤有机质状况

如表4-12所示,平安、文昌、崮云湖、张夏有机质含量高于全区平均值,五峰山、马山、孝里、归德、万德、双泉有机质含量低于全区平均值。崮云湖平均值最高,为16.4g/kg,五峰山平均值最低,为12.2g/kg。

表4-12 各行政区域土壤有机质含量

行政区域	样本数	最大值(g/kg)	最小值(g/kg)	平均值(g/kg)	标准差	变异系数(%)
平安	242	20.3	5.9	14	2.43	17.36
文昌	270	22.2	7.8	14.5	2.91	20.04
归德	331	22.5	4.9	12.9	2.74	21.26
孝里	256	20.3	4.7	12.3	2.41	19.5
崮云湖	71	36.1	4.9	16.4	5.52	33.72
张夏	232	25.3	6.5	14.9	3.72	24.99
万德	454	27.8	3	13.1	4.37	33.33
五峰山	246	20.3	3	12.2	2.94	24.12
马山	338	25.3	6	12.4	2.98	24.09
双泉	267	21.1	3.2	13.1	2.66	20.31

(六)增加土壤有机质含量的途径

土壤有机质的含量取决于年合成量和年矿化量的相对大小。当合成量大于矿化量时,有机质含量会逐步增加,反之将会逐步降低。土壤有机质矿化量主要受土壤温度、湿度、通气状况、有机质含量等因素影响。一般来说,土壤温度低、通气性差、湿度大时,土壤有机质矿化量较低。相反,土壤温度高、通气性好、湿度适中则有利于土壤有机质的矿化。农业生产中应注意创造条件,减少土壤有机质矿化量。保护地栽培条件下,土壤长期处于高温多湿条件,有机质易矿化,含量提高缓慢,这是有机质含量偏低的一个主要原因。适时通风降温、减少盖膜时间,将有利于土壤有机质的积累。增加有机物质施入量是人为增加土壤有机质含量的主要途径,其方法主要有秸秆还田、增施有机肥和施用有机、无机复混肥三个方面。

第二节　土壤大量元素状况

一、土壤全氮

(一)耕地土壤全氮分级及面积

本次共检测耕层土壤样本2421个，耕层全氮平均含量为0.97g/kg，变幅为0.26～2.77g/kg、标准差为0.21，变异系数为21.92%。其中0.75～1g/kg的耕地面积22884.79hm^2，占耕地总面积的62.23%；1～1.2g/kg的耕地面积为11135.3hm^2，占耕地总面积的30.28%；1.2～1.5g/kg与0.5～0.75g/kg的耕地面积为2693.64hm^2，占耕地总面积的7.33%；高于1.5g/kg的耕地面积为62.14hm^2，仅占耕地总面积的0.17%。与1982年土壤普查全氮平均为0.58g/kg相比，长清区耕层全氮含量大幅提高，含量增加了0.39g/kg，提高了67.24%。全区耕地土壤全氮含量分级及面积如表4-13所示。

表4-13　耕层土壤全氮分级及面积

级　别	1	2	3	4	5	6
分级标准(g/kg)	>1.5	1.2～1.5	1～1.2	0.75～1	0.5～0.75	<0.5
样本数(个)	44	235	701	1151	320	0
耕地面积(hm^2)	62.14	1205.16	11135.3	22884.79	1488.48	0
占耕地总面积(%)	0.17	3.28	30.28	62.23	4.05	0

(二)不同种植类型土壤全氮状况

如表4-14所示，大蒜—玉米轮作田和棉田、蔬菜三种种植类型土壤全氮含量相差不大，均值在0.9～0.93g/kg之间。红薯、花生、果园田土壤全氮基本接近，均值为0.86～0.88g/kg。小麦—玉米田因连年氮肥投入大，土壤全氮含量相对较高，为1.03g/kg。

表4-14　不同种植类型土壤全氮含量

种植类型	样本数	最大值(g/kg)	最小值(g/kg)	平均值(g/kg)	标准差	变异系数(%)
小麦—玉米	1454	1.98	0.34	1.03	0.2	19.77
大蒜—玉米	42	1.26	0.55	0.92	0.15	16.26
红薯	184	1.41	0.4	0.86	0.15	17.34
花生	384	1.67	0.26	0.86	0.17	19.48
棉花	40	1.29	0.52	0.9	0.16	17.67
蔬菜	50	1.62	0.36	0.93	0.23	24.46
果园	317	1.77	0.34	0.88	0.22	25.06

(三)不同土壤质地土壤全氮状况

如表4-15所示,砂土、轻壤、中壤、沙壤、重壤有机质含量依次增加,分别为0.93g/kg、0.93g/kg、0.97g/kg、1.07g/kg、1.17g/kg。土壤质地不同对氮素的吸附能力也不一样,土壤越黏吸附能力越强,质地由砂至黏,耕层全氮含量随质地变细而相应增加。全氮与土壤有机质含量水平的高低呈正相关,有机质含量水平越高,土壤中的全氮含量也就越高。

表4-15 不同土壤质地类型土壤全氮含量

土壤质地	样本数	最大值(g/kg)	最小值(g/kg)	平均值(g/kg)	标准差	变异系数(%)
轻壤	393	1.75	0.34	0.93	0.21	22.15
沙壤	42	1.73	0.77	1.07	0.22	20.89
重壤	47	1.51	0.54	1.17	0.21	17.79
砂土	303	1.77	0.34	0.93	0.21	22.86
中壤	1671	1.98	0.26	0.97	0.21	21.43

(四)不同种植类型土壤全氮状况

统计结果显示,耕地全氮含量状况随土壤类型不同存在明显的差异,表现出风沙土、棕壤、褐土、潮土耕层全氮含量逐渐增高。潮土含量最高,为0.99g/kg,风沙土最低,为0.88g/kg,与有机质含量分布类同,如表4-16所示。

表4-16 不同土壤类型土壤全氮含量

种植类型	样本数	最大值(g/kg)	最小值(g/kg)	平均值(g/kg)	标准差	变异系数(%)
棕壤	474	1.85	0.26	0.93	0.24	25.92
褐土	1681	1.98	0.34	0.97	0.2	21.38
潮土	258	1.51	0.47	0.99	0.2	20.06
风沙土	58	1.4	0.45	0.88	0.18	20.63

(五)各行政区域土壤全氮状况

土壤全氮含量各行政区域间存有差异,平安、文昌、崮云湖、张夏的土壤全氮含量较高,五峰山、马山、孝里、归德、双泉的较低。崮云湖平均含量最高,为1.09g/kg,五峰山最低,为0.89g/kg(见表4-17)。

表4-17 各行政区域土壤全氮含量

行政区域	样本数	最大值(g/kg)	最小值(g/kg)	平均值(g/kg)	标准差	变异系数(%)
平安	210	1.39	0.47	0.99	0.17	17.14
文昌	237	1.62	0.36	1.02	0.2	20.06
归德	312	1.46	0.39	0.95	0.17	17.47

续表

行政区域	样本数	最大值(g/kg)	最小值(g/kg)	平均值(g/kg)	标准差	变异系数(%)
孝里	227	1.41	0.52	0.94	0.17	17.56
崮云湖	65	1.75	0.58	1.09	0.26	23.38
张夏	224	1.85	0.45	1.07	0.24	22.74
万德	404	1.98	0.26	0.96	0.27	28
五峰山	233	1.67	0.34	0.89	0.19	20.9
马山	302	1.57	0.54	0.9	0.17	19.56
双泉	257	1.62	0.48	0.97	0.19	19.14

二、土壤碱解氮

土壤中的氮素主要以有机态形式存在，约占土壤全氮量的 90%，而这些含量的土壤氮素主要以大分子化合物的形式存在于土壤有机质中，作物很难吸收利用，属迟效性氮。其余部分则以小分子有机态或铵态、硝态和亚硝态等形式的无机态存在，一般占土壤全氮含量的 10%以下，可以被作物直接吸收利用。

土壤中铵态氮和硝态氮是可被作物直接吸收的无机态氮，也称“速效氮”，通常用碱解法测定其含量，故又称“碱解氮”。它的含量水平常作为衡量土壤供氮水平的指标。耕地土壤碱解氮含量与全氮量呈正相关，但受人为施肥的影响较大。

(一)耕层土壤碱解氮分级及面积

共检测耕层土壤样本 2562 个。耕层土壤碱解氮变幅为 31～182mg/kg，标准差为 21.7，变异系数为 31.37%，平均含量为 69mg/kg。比第二次土壤普查时的 42mg/kg 增加 27mg/kg，提高了 64.3%。耕层土壤碱解氮含量分级及面积如表 4-18 所示。

表 4-18　耕层碱解氮分级及面积

级　别	1	2	3	4	5	6	7	8
分级(mg/kg)	>150	120～150	90～120	75～90	60～75	45～60	30～45	<30
样本数(个)	3	33	384	564	612	570	396	0
耕地面积(hm^2)	0	24.33	2257.06	9939.69	13491.09	8686.54	2379.4	0
占耕地总面积(%)	0	0.07	6.14	27.03	36.68	23.62	6.47	0

土壤碱解氮含量为 75～90mg/kg 的面积为 9939.69hm^2，占耕地总面积的 27.03%；60～75mg/kg 的面积为 13491.09hm^2，占耕地总面积的 36.68%；45～60mg/kg 的面积为 8686.54hm^2，占耕地总面积的 23.62%；30～45mg/kg 的面积为 2379.4hm^2，占耕地总面积的 6.47%。长清区总体水平比 1982 年土壤普查时明显提高。土壤碱解氮提高的主要原因是氮肥施用量的增加，尤其是尿素、碳酸氢铵、磷酸二铵和复合肥等易溶肥料的施用，加快了土壤氮素的积累。

(二)不同种植类型土壤碱解氮状况

如表4-19所示,小麦—玉米轮作田、大蒜—玉米轮作田和蔬菜田土壤碱解氮平均含量为78～84mg/kg,均高于长清区平均值。红薯、花生、棉田和果园因多集中种植在沙壤质地分布区,氮素极易挥发流失,造成土壤中碱解氮积累少、含量增加缓慢,含量低于全区平均水平。

表4-19 不同种植类型土壤碱解氮含量

种植类型	样本数(个)	最大值(mg/kg)	最小值(mg/kg)	平均值(mg/kg)	标准差	变异系数(%)
小麦—玉米	1603	182	31	78	18.74	24.08
大蒜—玉米	47	117	51	84	16.38	19.46
红薯	183	100	31	48	12.28	25.67
花生	404	100	22	50	12.68	25.24
棉花	44	120	33	57	16.33	28.86
蔬菜	51	128	36	82	26.45	32.28
果园	247	127	31	54	53.81	35.47

(三)不同土壤质地土壤碱解氮状况

不同土壤质地之间的碱解氮含量差异不大,由砂土、轻壤、中壤、沙壤、重壤依次递增,与土壤有机质、全氮养分变化规律一致,这与农户多年的习惯施肥有很大关系(见表4-20)。

表4-20 不同土壤质地类型土壤碱解氮含量

土壤质地	样本数(个)	最大值(mg/kg)	最小值(mg/kg)	平均值(mg/kg)	标准差	变异系数(%)
轻壤	399	154	31	68	22.85	33.52
沙壤	48	117	36	80	20.38	25.52
重壤	51	149	31	84	22.16	26.42
砂土	292	127	31	62	19.37	33.81
中壤	1757	182	31	70	21.44	30.65

(四)不同土壤类型土壤碱解氮状况

不同土壤类型的碱解氮含量相差不大,潮土最高,为80mg/kg(见表4-21)。

表4-21 不同土壤类型土壤碱解氮含量

土壤类型	样本数(个)	最大值(mg/kg)	最小值(mg/kg)	平均值(mg/kg)	标准差	变异系数(%)
棕壤	465	137	31	61	21.03	34.36
褐土	1753	168	31	69	21.44	30.94
潮土	281	182	31	80	19.92	24.9
风沙土	63	127	41	76	17.25	22.74

（五）各行政区域土壤碱解氮状况

碱解氮在土壤中不稳定，易受土壤中水热条件、施肥数量和产量水平的影响而发生变化，各地差异较大。平安、文昌、归德、孝里、崮云湖耕地碱解氮平均含量高于全区平均值，张夏、万德、五峰山、马山、双泉耕地碱解氮平均含量低于全区平均值。文昌最高，为 82mg/kg，五峰山最低，为 58mg/kg。总的趋势是平原地区的碱解氮养分含量高于山区，在生产上表现为产量水平与碱解氮养分含量的一致性（见表 4-22）。

表 4-22　各行政区域土壤碱解氮含量

行政区域	样本数（个）	最大值（mg/kg）	最小值（mg/kg）	平均值（mg/kg）	标准差	变异系数（%）
平安	239	182	33	81	20.42	25.19
文昌	270	140	34	82	17.99	21.95
归德	324	139	31	76	19.27	25.44
孝里	245	168	33	73	21.65	29.78
崮云湖	68	97	39	71	15.77	22.34
张夏	190	124	31	68	21.08	30.76
万德	414	142	31	65	22.54	34.66
五峰山	231	127	31	58	19.2	33.3
马山	319	136	31	60	19.28	32.36
双泉	262	139	33	62	19.37	31.07

三、土壤有效磷

耕层土壤中的磷一般以无机磷和有机磷两种形态存在，通常有机磷占全磷量的 20%～50%，无机磷占全磷的 50%～80%。无机形态的磷中易溶性磷酸盐及土壤胶体吸附的磷酸根离子和有机形态磷中易矿化的部分称为“土壤有效磷”，约占土壤总磷量的 10%。

有效磷主要是指直接被作物吸收利用的磷酸和那些比较容易转移到土壤溶液中的磷酸盐，包括水溶性和弱酸溶性及代换性磷的总量，土壤有效磷含量的高低是衡量土壤肥力水平的重要标志。

（一）耕层土壤有效磷分级及面积

共检测耕层土样 2707 个，变幅为 2.7～143mg/kg，标准差为 12.77，变异系数为 76.4%，有效磷平均含量为 16.7mg/kg。同 1982 年第二次土壤普查时的 5.7mg/kg 相比，增加 11mg/kg，提高了 192.98%。这是由于长清区多为石灰性土壤，磷在土壤中移动速度慢、范围小，易被固定，受磷肥施用量的影响明显。三十多年来，农民对磷肥重视程度逐步提高，施入了大量磷肥，如过磷酸钙、磷酸二铵等，磷素得以积累，提高了土壤有效磷的含量。长清区有效磷分级及面积如表 4-23 所示。

表 4-23　耕层土壤有效磷分级及面积

级 别	1	2	3	4	5	6	7	8	9
分级标准(mg/kg)	>120	80～120	50～80	30～50	20～30	15～20	10～15	5～10	<5
耕地面积(hm^2)	0	7.01	97.95	1159.74	7522.38	9038.67	12391.4	6552.92	5.8
占耕地总面积(%)	0	0.02	0.27	3.15	20.45	24.58	33.69	17.82	0.02

全区土壤有效磷含量在5～7级3个级别面积大、分布广。其中20～30mg/kg的面积为7522.38hm^2，占耕地总面积的20.45%，属中等水平；15～20mg/kg的面积为9038.67hm^2，占耕地总面积的24.58%，属中等偏下水平；10～15mg/kg的面积为12391.4hm^2，占耕地总面积的33.69%，属较低水平。总体来看，土壤有效磷含量属中等偏下水平。在农业水平实践中，要注重科学施用磷肥。

(二)不同种植类型土壤有效磷状况

不同种植类型之间土壤有效磷含量差异较大，蔬菜田有效磷含量平均为51.41mg/kg，明显高于粮田和果园(见表4-24)。这是因为土壤中的有效磷含量在很大程度上取决于种植模式、施肥种类和施肥量。通过对种植小麦—玉米、棉花和蔬菜农户调查发现，多数农户施用过磷酸钙和磷酸二铵呈逐渐增大趋势，特别是蔬菜种植，部分农户在同块地中存在过磷酸钙和磷酸二铵重复施用现象，造成土壤中有效磷含量富集，故在农业生产实践中，宜根据土壤中有效磷含量实际状况和所种作物需磷情况，合理施用磷肥。

表 4-24　不同种植类型土壤有效磷含量

种植类型	样本数(个)	最大值(mg/kg)	最小值(mg/kg)	平均值(mg/kg)	标准差	变异系数(%)
小麦—玉米	1617	143	2.8	17.68	11.31	63.99
大蒜—玉米	47	44	5.8	22.57	9.61	42.58
红薯	192	82.3	2.7	12.06	9.26	76.77
花生	407	40.7	2.7	12.28	7.83	63.77
棉花	51	89.2	3.7	17.37	20.57	118.38
蔬菜	52	132.5	3.1	51.41	30.89	60.08
果园	341	50.8	3	13.9	10.67	76.77

(三)不同土壤质地土壤有效磷状况

不同土壤质地有效磷含量差别较大(见表4-25)，沙壤、重壤质地有效磷较高，分别为18.42mg/kg、18.47mg/kg，砂土较低，为13.17mg/kg。由砂土、轻壤、中壤、沙壤、重壤呈缓慢增加趋势，与土壤有机质、全氮在不同质地类型含量养分变化一致。但同一质地之间土壤有效磷含量差异较大，变异系数都在40%以上，这与成土母质和施肥量有关。从砂土到重壤，随着土壤质地的改变，有机质含量增加，土壤有效磷含量越高，利用率也越高。在农业生产实践中，要通过增施有机肥等途径，提高土壤有机质的含量，进而提高土壤有效磷的含量和磷的利用率。

表 4-25　不同质地类型土壤有效磷含量

土壤质地	样本数(个)	最大值(mg/kg)	最小值(mg/kg)	平均值(mg/kg)	标准差	变异系数(%)
轻壤	425	69.5	2.7	15.48	10.29	66.46
沙壤	49	40.5	4.8	18.42	8.65	46.98
重壤	52	72.5	5	18.47	11.2	60.65
砂土	320	82.3	3.7	13.17	9.48	72.03
中壤	1846	143	2.7	17.57	13.79	78.5

(四)不同土壤类型土壤有效磷状况

如表 4-26 所示，不同土壤类型有效磷含量从风沙土(15mg/kg)、潮土(15.51mg/kg)、褐土(16.46mg/kg)、棕壤(18.59mg/kg)逐渐升高，同一土壤类型土壤有效磷含量变异系数为 56.23%～78.53%，差异较大。这表明土壤有效磷含量除受土壤类型影响，还与成土母质的组成有关。

表 4-26　不同土壤类型土壤有效磷含量

土壤类型	样本数(个)	最大值(mg/kg)	最小值(mg/kg)	平均值(mg/kg)	标准差	变异系数(%)
棕壤	502	143	4.3	18.59	14.31	76.97
褐土	1857	132.5	2.7	16.46	12.93	78.53
潮土	284	72.5	3	15.51	8.72	56.23
风沙土	64	45.8	4.1	15	8.79	58.61

(五)各行政区域土壤有效磷状况

平安、万德、文昌土壤有效磷含量均高于全区平均含量，马山、崮云湖、张夏、归德、双泉、孝里低于全区平均含量。文昌最高，为 22.3mg/kg，孝里最低，为 11.62mg/kg。主要原因是各地间施磷肥水平不一，变异系数大，且土壤类型、质地面积分布、大小不均(见表 4-27)。

表 4-27　各行政区域土壤有效磷含量

行政区域	样本数(个)	最大值(mg/kg)	最小值(mg/kg)	平均值(mg/kg)	标准差	变异系数(%)
平安	242	80.1	3	21.45	12.64	58.94
文昌	270	132.5	3.1	22.3	20.24	90.78
归德	331	65.5	3.7	16.05	9.47	59.03

续表

行政区域	样本数(个)	最大值(mg/kg)	最小值(mg/kg)	平均值(mg/kg)	标准差	变异系数(%)
孝里	256	43.3	3.2	11.62	6.97	59.96
崮云湖	71	60	4.7	15.54	11.41	73.41
张夏	232	95.3	3	13.25	10.42	78.69
万德	454	143	3.4	19.67	13.21	67.16
五峰山	246	45.7	2.7	13.81	8.56	62.03
马山	338	121.5	2.7	16.61	13.76	82.81
双泉	267	82.3	2.7	13.66	9.45	69.21

四、土壤缓效钾

土壤缓效钾一般占土壤全钾的1%～3%，高的可达5%，是土壤有效钾的直接来源，所以用土壤有效钾含量指导施用钾肥时，要参考土壤缓效钾的状况。

(一)耕层土壤缓效钾分级及面积

共检测耕层土壤样本2430个，变幅为216～1916mg/kg，标准差为198.47，变异系数为24%，耕层土壤缓效钾含量平均为826mg/kg。96.7%的耕地面积集中在2～4级3个级别，其中900～1200mg/kg的占耕地总面积的20.27%，750～900mg/kg的占耕地总面积的50.05%，500～750mg/kg的占耕地总面积的26.38%，总体属中等水平。其含量分级及面积如表4-28所示。

表4-28 耕层缓效钾分级及面积

级　别	1	2	3	4	5	6
分级标准(mg/kg)	>1200	900～1200	750～900	500～750	300～500	<300
样本数(个)	98	545	999	695	87	6
耕地面积(hm^2)	1002.23	7454.9	18405.22	9699.99	209.24	4.29
占耕地总面积(%)	2.73	20.27	50.05	26.38	0.57	0.01

(二)不同种植类型土壤缓效钾状况

不同种植类型间土壤缓效钾含量差异不大，红薯田最高，为885mg/kg，大蒜—玉米田最低，为726mg/kg(见表4-29)。

表4-29 不同种植类型土壤缓效钾含量

种植类型	样本数(个)	最大值(mg/kg)	最小值(mg/kg)	平均值(mg/kg)	标准差	变异系数(%)
小麦—玉米	1447	1823	366	831	150.42	18.11
大蒜—玉米	45	1003	400	726	139.66	19.24

续表

种植类型	样本数(个)	最大值(mg/kg)	最小值(mg/kg)	平均值(mg/kg)	标准差	变异系数(%)
红薯	172	1916	426	885	240.72	27.2
花生	375	1893	244	842	281.44	33.43
棉花	44	1198	432	768	132.9	17.31
蔬菜	49	1267	440	799	132.5	16.58
果园	298	1738	216	784	253.5	32.33

(三)不同土壤质地土壤缓效钾状况

如表4-30所示,重壤含量最高,为927mg/kg,砂土最低,为793mg/kg。质地由粗变细、由砂到黏,土壤缓效钾依次递增。一般土壤质地越黏重,含钾黏土矿物越多,土壤缓效钾含量越高。

表4-30 不同土壤质地类型土壤缓效钾含量

土壤质地	样本数(个)	最大值(mg/kg)	最小值(mg/kg)	平均值(mg/kg)	标准差	变异系数(%)
轻壤	387	1867	289	833	190.74	22.89
沙壤	43	1192	378	815	152.81	18.76
重壤	49	1588	608	927	205.96	22.21
砂土	291	1916	299	793	212.07	26.74
中壤	1646	1893	216	829	197.69	23.85

(四)不同土壤类型土壤缓效钾状况

土壤缓效钾含量主要受成土母质、土壤质地的影响,不同土壤类型间有较大差异:棕壤(894mg/kg)>潮土(841mg/kg)>褐土(809mg/kg)>风沙土(753mg/kg),如表4-31所示。

表4-31 不同土壤类型土壤缓效钾含量

土壤类型	样本数(个)	最大值(mg/kg)	最小值(mg/kg)	平均值(mg/kg)	标准差	变异系数(%)
棕壤	450	1893	185	894	266.60	29.81
褐土	1651	1916	216	809	182.62	22.58
潮土	269	1588	548	841	142.91	16.99
风沙土	61	991	539	753	108.43	14.4

(五)各行政区域土壤缓效钾状况

各行政区域土壤缓效钾含量差异较大,文昌、孝里、马山、双泉、五峰山的含量高于全区平均值。文昌土壤缓效钾含量最高,为850mg/kg,张夏最低,为702mg/kg(见表4-32)。

表 4-32 各行政区域土壤缓效钾含量

行政区域	样本数(个)	最大值(mg/kg)	最小值(mg/kg)	平均值(mg/kg)	标准差	变异系数(%)
平安	225	1048	366	732	170.93	23.35
文昌	248	1588	393	850	140.75	16.56
归德	315	1161	474	796	119.12	14.97
孝里	234	1311	553	833	132.18	15.87
崮云湖	68	1097	508	788	117.9	14.96
张夏	168	1737	289	702	206.17	29.35
万德	399	1893	216	726	170.66	23.48
五峰山	218	1703	299	827	210.77	25.49
马山	303	1512	244	841	152.25	18.1
双泉	252	1918	419	840	225.42	26.82

五、土壤速效钾

土壤速效性钾包括代换性钾和水溶性钾两部分，极易被作物根系吸收，当季利用率高，是合理施用钾肥的主要依据。

(一)耕层土壤速效钾分级及面积

共检测耕层土壤样本 2646 个，变幅为 41～349mg/kg，标准差为 45.21，变异系数为 34.14%。耕层土壤速效钾含量平均为 132mg/kg，同 1982 年土壤普查土壤速效钾含量(77mg/kg)相比，提高 55mg/kg，增加 71.43%。主要是由于含钾化肥逐年投入、秸秆还田连年不断，致使土壤速效钾含量大幅提高。占耕地总面积 75.14%的耕地其耕层土壤速效钾含量分布在 75～200mg/kg(3～6 级)范围内，总体含量处于中等水平(见表 4-33)。

表 4-33 耕层土壤速效钾分级及面积

级　别	1	2	3	4	5	6	7	8
分级(mg/kg)	>300	200～300	150～200	120～150	100～120	75～100	50～75	<50
样本数(个)	17	103	772	710	407	348	235	54
耕地面积(hm^2)	46.38	721.53	8750.4	13568.89	6628.35	5312.36	1559.42	188.53
占耕地总面积(%)	0.13	1.96	23.79	36.9	18.02	14.45	4.24	0.51

(二)不同种植类型土壤速效钾状况

不同种植类型土壤耕层速效钾含量各不相同(见表 4-34)。蔬菜田速效钾最高，其次为小麦—玉米田，明显高于棉田、果园和红薯、花生田。主要是由于蔬菜田肥料投入养分全、量大，小麦—玉米田秸秆还田覆盖率高，土壤中速效钾含量富集。同一种植类型之间差异较大，原因是农业生产中盲目施肥、不合理施肥现象突出，造成土壤速效钾含量最大值与最小值相差悬殊。故在农业生产实践中，应根据土壤中速效钾含量实际状况和作物需钾特性，制定有针对性的钾肥施用方案。

表 4-34　　不同种植类型土壤速效钾含量

种植类型	样本数（个）	最大值（mg/kg）	最小值（mg/kg）	平均值（mg/kg）	标准差	变异系数（%）
小麦—玉米	1602	349	41	140	45.18	32.21
大蒜—玉米	47	253	74	124	37.35	30.18
红薯	184	176	41	114	36.34	31.75
花生	393	190	41	110	39.92	36.42
棉花	51	317	70	135	43.92	32.47
蔬菜	52	363	66	148	48.73	32.81
果园	318	305	41	130	43.81	33.77

（三）不同土壤质地土壤速效钾状况

如表 4-35 所示，土壤速效钾含量因质地类型而有所区别：重壤（165mg/kg）＞中壤（134mg/kg）＞沙壤（128mg/kg）＞轻壤（125mg/kg）、砂土（125mg/kg）。速效钾含量随质地由细到粗、由黏至砂依次减少。同一质地之间速效钾含量差异较大，表明土壤中速效钾含量与成土母质、钾肥投入有很大关系。随着土壤质地由轻到重的变化，含钾较多的次生黏土矿物比重逐渐加大，且水溶性钾在外界条件作用下不断冲积汇集，在急水、缓水、静水情况下沉积时分别形成沙、壤、黏质土壤，即所谓“紧沙、慢淤、不紧不慢出两合土”的沉积规律。总体来看，长清区土壤速效钾含量处于中等水平，且随质地变化而变化。

表 4-35　　不同土壤质地类型土壤速效钾含量

土壤质地	样本数（个）	最大值（mg/kg）	最小值（mg/kg）	平均值（mg/kg）	标准差	变异系数（%）
轻壤	410	349	41	125	46.41	36.98
沙壤	48	190	59	128	36.65	28.63
重壤	52	319	67	165	45.11	27.37
砂土	313	253	41	125	38.98	31.07
中壤	1808	349	41	134	45.61	33.93

（四）不同土壤类型土壤速效钾状况

如表 4-36 所示，不同土壤类型耕层土壤速效钾含量不同。褐土、潮土速效钾含量相当，分别为 138mg/kg、135mg/kg，棕壤、风沙土趋于一致，褐土、潮土速效钾含量明显高于棕壤、风沙土。主要是由于长清区褐土发育在富含石灰的碳酸盐母质上、潮土发育在黄河沉积物上，具有较高的钾素供应水平，钾素低的土壤仅限于变质岩形成的棕壤及砂土质地的风沙土。

表 4-36 不同土壤类型土壤速效钾状况

土壤类型	样本数(个)	最大值(mg/kg)	最小值(mg/kg)	平均值(mg/kg)	标准差	变异系数(%)
棕壤	473	277	41	112	43.25	38.33
褐土	1830	349	41	138	43.74	31.71
潮土	279	319	45	135	47.92	35.37
风沙土	64	253	41	107	40.61	38.05

(五)各行政区域土壤速效钾状况

如表 4-37 所示,崮云湖、张夏、孝里、五峰山、马山、双泉速效钾平均值略高于全区平均值,平安、文昌、归德、万德速效钾低于全区平均值。土壤速效钾含量最高的是全部为褐土类的崮云湖,为 180mg/kg,最低的是全区棕壤分布较为集中、面积较大的万德,为 111mg/kg。

表 4-37 各行政区域土壤速效钾含量

行政区域	样本数(个)	最大值(mg/kg)	最小值(mg/kg)	平均值(mg/kg)	标准差	变异系数(%)
平安	238	215	45	124	40.59	32.69
文昌	270	317	47	132	43.41	32.8
归德	331	319	41	127	41.3	32.47
孝里	252	323	62	144	31.93	22.14
崮云湖	66	342	117	180	47.88	26.61
张夏	232	349	56	152	46.42	30.54
万德	416	326	41	111	49.62	44.78
五峰山	240	234	42	134	37.69	28.1
马山	337	345	47	135	48.42	35.77
双泉	264	284	41	135	38.84	28.73

第三节 土壤中量元素状况

一、土壤交换性钙

土壤中的钙有四种存在形态,即矿物态钙、有机态钙、水溶态钙和土壤交换性钙。四种土壤钙形态中,水溶态钙和土壤交换性钙是作物可即时利用的有效态钙。土壤矿物态钙一般占土壤总钙量的 40%~90%,是主要的钙形态,不能为作物直接利用。土壤有机态钙只有在分解后才有效。矿物态钙和有机态钙的含量多少与土壤有效钙无关。土壤供钙水平主要取决于交换性钙的供应量大小。水溶态钙在土壤溶液中的浓度是交换性钙浓度的 2%以下,水溶态钙与交换性钙在土壤中是动态平衡关系,溶液中钙量下降,交换性钙可以被代换出来进入土壤溶液；反过来也一样，溶液中钙量增加，又被吸附为交换性钙。因此通常情况下，以交换性钙的含量作为衡量土壤钙肥力的标准。

（一）耕层交换性钙分级及面积

长清区土壤多为石灰性土壤，土壤交换性钙含量较丰富（见表 4-38）。本次共检测耕层交换性钙样本 604 个，变幅为 369.7～28750mg/kg，标准差为 5101.69，变异系数为 72.57%，耕层土壤交换性钙含量平均为 7030mg/kg。耕层土壤交换性钙含量共分 9 个级别，分布极为广泛。3000～15000mg/kg（3～6 级）的面积为 29960.26hm²，占耕地总面积的 81.46%，其中 10000～15000mg/kg 的面积为 7826.89hm²，占耕地总面积的 21.28%，属较高水平；6000～10000mg/kg 的面积为 11593.04hm²，占耕地总面积的 31.52%，属中等水平；4000～6000mg/kg 的面积为 6785.96hm²，占耕地总面积的 18.45%，属中等偏低水平；3000～4000mg/kg 的面积为 3754.37hm²，占耕地总面积的 10.21%，属较低水平。

表 4-38 耕层土壤交换性钙分级及面积

级别	1	2	3	4	5	6	7	8	9
分级标准（mg/kg）	>20000	15000～20000	10000～15000	6000～10000	4000～6000	3000～4000	2500～3000	2000～2500	<2000
样本数（个）	20	21	101	149	99	68	37	44	65
耕地面积（hm²）	80.29	833.08	7826.89	11593.04	6785.96	3754.37	2152.73	1694.56	2054.94
占耕地总面积（%）	0.22	2.27	21.28	31.52	18.45	10.21	5.85	4.61	5.59

（二）不同种植类型土壤交换性钙状况

不同种植制度下，土壤交换性钙含量不同，差异较大。棉田土壤交换性钙为 10800mg/kg，含量最高，小麦—玉米田为 6757mg/kg。同种植制度下，交换性钙含量差别显著，最大值与最小值相差几十倍（见表 4-39）。

表 4-39 不同种植类型土壤交换性钙含量

种植类型	样本数（个）	最大值（mg/kg）	最小值（mg/kg）	平均值（mg/kg）	标准差	变异系数（%）
小麦—玉米	335	25500	873	6757	4684.97	67.36
大蒜—玉米	13	14206	2357	8052	4198.84	52.15
红薯	41	26000	712	6547	5481.06	83.72
花生	96	28750	370	6837	5924.94	86.66
棉花	12	23500	1145	10800	7000.28	64.82
蔬菜	13	19750	2767	9723	5153.6	53
果园	94	28250	717	7769	5661.25	72.87

（三）不同土壤质地土壤交换性钙状况

不同质地的耕层土壤交换性钙含量差异较大：重壤＞砂土＞轻壤＞沙壤＞中壤。重壤最高，为 12587mg/kg，变幅为 10063～17145mg/kg；中壤最低，为 6680mg/kg，变幅为 370～28750mg/kg（见表 4-40）。

表 4-40　不同土壤质地类型土壤交换性钙含量

土壤质地	样本数(个)	最大值(mg/kg)	最小值(mg/kg)	平均值(mg/kg)	标准差	变异系数(%)
轻壤	79	28250	1072	7275	5121.22	70.40
沙壤	6	12659	1686	6789	4494.96	66.21
重壤	7	17145	10063	12587	2463.09	19.57
砂土	78	27000	717	8320	5855.01	70.37
中壤	431	28750	370	6680	4925	73.72

（四）不同土壤类型交换性钙状况

土壤交换性钙与土壤类型也有密切关系，潮土土壤交换性钙含量最高，为 10995mg/kg，变幅为 3553～19094mg/kg。棕壤含量最低，为 3976mg/kg，变幅为 370～20750mg/kg。各土类含量高低顺序为：潮土＞风沙土＞褐土＞棕壤（见表 4-41）。

表 4-41　不同土壤类型土壤交换性钙含量

土壤类型	样本数(个)	最大值(mg/kg)	最小值(mg/kg)	平均值(mg/kg)	标准差	变异系数(%)
棕壤	119	20750	370	3976	3783.73	95.15
褐土	432	28750	711	7464	5212.69	69.83
潮土	40	19094	3553	10995	2966.88	26.98
风沙土	13	12865	3451	8342	3004.69	36.02

（五）各行政区域土壤交换性钙状况

各行政区域耕地土壤交换性钙含量差异较大，文昌、归德、孝里、崮云湖、五峰山、张夏土壤交换性钙含量高于全区平均值。张夏最高，为 9772mg/kg，万德最低，为 3427mg/kg（见表 4-42）。

表 4-42　各行政区域土壤交换性钙状况

行政区域	样本数(个)	最大值(mg/kg)	最小值(mg/kg)	平均值(mg/kg)	标准差	变异系数(%)
平安	35	19094	2309	6667	4750.74	71.26
文昌	55	19750	2518	7039	4112.88	58.43
归德	63	17145	1702	7828	4003.98	51.15
孝里	65	23000	3250	9506	4792.88	50.42
崮云湖	13	22250	4122	9519	4343.41	45.63

续表

行政区域	样本数(个)	最大值(mg/kg)	最小值(mg/kg)	平均值(mg/kg)	标准差	变异系数(%)
张夏	67	28750	1606	9772	6429.33	65.8
万德	105	19000	370	3427	3325.49	97.02
五峰山	54	25000	1399	8685	6637.15	76.42
马山	75	21500	750	5544	4076.32	73.52
双泉	73	26000	1180	7170	4998.49	69.72

二、土壤交换性镁

土壤镁含量受母质、气候、风化程度、淋溶和耕作措施等影响变化很大。土壤中的镁有矿物态镁、有机态镁、水溶性镁和交换性镁四种形态，其中镁主要以无机态存在，有机态很少。土壤中交换性镁和水溶性镁合称“土壤有效态镁”，由于水溶性镁一般含量很少，因此通常以交换性镁作为有效性镁的供应指标。

(一)耕层土壤交换性镁分级及面积

共检测分析土壤样品 585 个，变幅为 481.9～950mg/kg，标准差为 129.16，变异系数为 53.21%，土壤交换性镁含量平均为 243mg/kg。全区耕地土壤交换性镁含量主要集中在 150～400mg/kg(3～6 级)，占耕地总面积的 88.7%，交换性镁含量总体处于中等偏下水平(见表 4-43)。

表 4-43 耕层土壤交换性镁分级及面积

级别	1	2	3	4	5	6	7
分级标准(mg/kg)	>600	400～600	300～400	250～300	200～250	150～200	<150
样本数(个)	18	35	59	89	132	142	110
耕地面积(hm^2)	107.84	2802.21	4612.68	6414.47	10675.37	10919.66	1243.63
占耕地总面积(%)	0.29	7.62	12.54	17.44	29.03	29.69	3.38

(二)不同种植类型土壤交换性镁状况

不同种植制度土壤交换性镁含量不同。小麦—玉米耕层土壤交换性镁平均含量为 260mg/kg，大蒜—玉米耕层土壤交换性镁平均含量为 266mg/kg，红薯耕层土壤交换性镁平均含量为 213mg/kg，花生耕层土壤交换性镁平均含量为 180mg/kg，棉田耕层土壤交换性镁平均含量为 354mg/kg，蔬菜地耕层土壤交换性镁平均含量最高，为 392mg/kg(见表 4-44)。

表 4-44 不同种植类型土壤交换性镁含量

种植类型	样本数(个)	最大值(mg/kg)	最小值(mg/kg)	平均值(mg/kg)	标准差	变异系数(%)
小麦—玉米	334	918.7	87.6	260	124.82	47.95
大蒜—玉米	13	415.3	97	266	99.89	37.61
红薯	38	721.9	103.1	213	125.72	59.9
花生	87	618.8	81.9	180	76.47	42.54
棉花	12	950	85	354	298.61	84.32
蔬菜	13	828.1	177	392	179.46	45.75
果园	88	721.9	84.1	210	105	49.93

(三)不同土壤质地土壤交换性镁状况

不同土壤质地土壤交换性镁含量不同,砂土、中壤、轻壤、沙壤、重壤四种质地的土壤交换性镁含量逐渐增大,重壤最高,为460mg/kg,砂土最低,为235mg/kg,表明土壤交换性镁含量与土壤质地有很大关系,表现出与土壤交换性钙相同的变化规律(见表4-45)。

表 4-45 不同土壤质地类型交换性镁含量

土壤质地	样本数(个)	最大值(mg/kg)	最小值(mg/kg)	平均值(mg/kg)	标准差	变异系数(%)
轻壤	75	691	84.1	252	132.98	52.8
沙壤	6	520	141	326	131.56	40.34
重壤	7	591	333	460	78.81	17.12
砂土	77	831	84.7	235	144.78	61.52
中壤	417	950	81.9	238	123.09	51.71

(四)不同土壤类型土壤交换性镁状况

不同土壤类型下耕层土壤交换性镁含量不同,棕壤交换性镁平均含量为219mg/kg,褐土交换性镁平均含量为235mg/kg,潮土交换性镁平均含量为390mg/kg,风沙土交换性镁平均含量为249mg/kg。土壤交换性镁随土壤类型不同其养分变化规律与土壤交换性钙类同(见表4-46)。

表 4-46 不同土壤类型交换性镁含量

土壤类型	样本数(个)	最大值(mg/kg)	最小值(mg/kg)	平均值(mg/kg)	标准差	变异系数(%)
棕壤	109	722	81.9	219	108.11	49.38
褐土	423	950	84.1	235	127.31	54.23
潮土	40	591	111	390	121.58	31.18
风沙土	13	469	90	249	94.98	38.08

（五）各行政区域土壤交换性镁状况

各行政区域耕地土壤交换性镁含量差异较大。平安、文昌、归德、孝里沿黄平原高于全区土壤交换性镁平均值，崮云湖、张夏、万德、五峰山、马山、双泉低于全区平均水平。土壤交换性镁总体表现为平原地区高于山区地区。平安土壤交换性镁含量最高，为355mg/kg，崮云湖耕层土壤交换性镁含量最低，为163mg/kg（见表4-47）。

表4-47　各行政区域土壤交换性镁含量

行政区域	样本数（个）	最大值（mg/kg）	最小值（mg/kg）	平均值（mg/kg）	标准差	变异系数（%）
平安	35	776	153	355	154	43.36
文昌	55	828	102	245	122	49.87
归德	63	591	90	268	101.19	37.73
孝里	65	950	85	308	167.06	54.21
崮云湖	13	206	119	163	27.52	16.88
张夏	65	831	87	228	130.21	57.11
万德	95	675	82	214	92.06	42.93
五峰山	51	919	84	228	154.64	67.85
马山	70	722	90	217	115.56	53.21
双泉	73	644	88	206	92.51	44.89

三、土壤有效硫

土壤含硫量与土壤母质种类有关，土壤总硫量受气候、地形条件和施肥的影响而有明显的变化。在湿润多雨和受淋洗作用较强的地区含硫较低，相反在干旱、半干旱地区，由于风化产生的硫酸盐极少流失，因而土壤含硫较高。在一般耕地中，有机质丰富的土壤含硫量往往较高。土壤中存在四种形态的硫，即有机态硫、矿物态硫、水溶性硫和吸附态硫。四种形态的硫是可以互相转化的，从而构成土壤中硫的循环。硫有七种变价形态，但作物可以利用的只是游离硫酸根。土壤中的游离硫酸根是通过有机态硫的矿化、硫酸盐矿物的溶解和矿化物的氧化作用而来的。严格地说，土壤有效硫应该包括存在于土壤溶液中的硫酸盐和硫化物、吸附态硫酸根和易分解的有机态硫。

硫参与植物体中多种物质的组成。植物缺硫时，会导致蛋白质、叶绿素的合成受阻，出现生长停滞、植株矮小瘦弱、嫩叶褪绿黄化、产量降低等不良后果。土壤硫中的易溶性硫、吸附性硫和部分有机态硫为土壤有效硫，较易被植物吸收利用，是植物硫素营养的主要来源。

（一）耕层土壤有效硫分级及面积

本次共检测耕层有效硫土壤样品650个。耕层土壤有效硫含量平均为18mg/kg，变幅为5.2～202.6mg/kg，标准差为19.57，变异系数为108.52%。占耕地总面积95.15%的耕地土壤有效硫含量低于30mg/kg，总体含量水平极低。其中15～30mg/kg的面积为

14523.97hm²,占耕地总面积的39.49%,属低级水平;含量低于15mg/kg的面积为20468.13hm²,占耕地总面积的55.66%,属极低水平,在农业生产中应引起高度重视(见表4-48)。

表4-48 耕层土壤有效硫分级及面积

级 别	1	2	3	4	5	6	7
分级(mg/kg)	>100	75~100	60~75	45~60	30~45	15~30	<15
样本数(个)	9	3	5	6	42	188	397
耕地面积(hm^2)	53.39	84.5	96.06	271.29	1278.53	14523.97	20468.13
占耕地总面积(%)	0.15	0.23	0.26	0.74	3.48	39.49	55.66

(二)不同种植类型土壤有效硫状况

不同种植类型间土壤有效硫含量差异较大,蔬菜地土壤有效硫含量最高,为26.5mg/kg。大蒜作物需硫量较多且连年种植得不到有效补充,造成土壤有效硫含量平均为13.7mg/kg,明显低于平均值,今后应大力推广大蒜增硫技术(见表4-49)。

表4-49 不同种植类型土壤有效硫含量

种植类型	样本数(个)	最大值(mg/kg)	最小值(mg/kg)	平均值(mg/kg)	标准差	变异系数(%)
小麦—玉米	442	202.6	5.2	18.1	21.92	121.01
大蒜—玉米	17	20.5	7.7	13.7	3.93	28.54
红薯	23	40.3	6.9	16.9	9.31	55.14
花生	63	39.7	5.3	16.8	8.6	51.12
棉花	10	53.9	5.9	21.2	13.82	65.2
蔬菜	5	79.8	7.3	26.5	30.29	114.37
果园	54	74.6	5.6	18.3	14.35	78.23

(三)不同土壤质地土壤有效硫状况

不同土壤质地类型土壤有效硫含量不同。沙壤、中壤、砂土、轻壤、重壤有效硫含量缓慢递增,轻壤、重壤含量基本持平,相同土壤质地类型的土壤有效硫含量变化差异较大(见表4-50)。

表4-50 不同土壤质地类型土壤有效硫含量

土壤质地	样本数(个)	最大值(mg/kg)	最小值(mg/kg)	平均值(mg/kg)	标准差	变异系数(%)
轻壤	101	202.6	5.2	21.1	34.4	162.81
沙壤	11	29.9	9.4	15.8	7.9	50.24
重壤	17	55.2	5.4	21.3	12.7	59.94
砂土	78	74.6	5.2	18.1	12.7	70.43
中壤	432	184.7	5.2	17	15.3	90.12

(四)不同土壤类型土壤有效硫状况

不同土壤类型土壤有效硫含量不同:潮土(23.5mg/kg)>褐土(17.4mg/kg)>风沙土(15.9mg/kg)>棕壤(14.4mg/kg)(见表4-51)。

表4-51 不同土壤类型土壤有效硫含量

土壤类型	样本数(个)	最大值(mg/kg)	最小值(mg/kg)	平均值(mg/kg)	标准差	变异系数(%)
棕壤	80	38.1	5.5	14.4	6.82	47.48
褐土	424	184.7	5.2	17.4	17.38	93.65
潮土	115	202.6	5.2	23.5	33.17	140.92
风沙土	33	47.3	5.2	15.9	8.74	54.68

(五)各行政区域土壤有效硫状况

各行政区域土壤有效硫含量差异较大。平安、孝里、马山、双泉高于全区有效硫平均值,文昌、归德、崮云湖、张夏、万德、五峰山低于全区有效硫平均值。平安土壤有效硫含量最高,为26mg/kg,崮云湖土壤有效硫含量最低,为10.7mg/kg(见表4-52)。

表4-52 各行政区域土壤有效硫含量

行政区域	样本数(个)	最大值(mg/kg)	最小值(mg/kg)	平均值(mg/kg)	标准差	变异系数(%)
平安	110	202.6	5.2	26	39.74	152.67
文昌	89	90.6	5.6	15.4	13.46	87.34
归德	123	63.7	5.2	16.5	10.08	60.98
孝里	77	74.6	6.2	21.3	13.74	63.35
崮云湖	5	10.9	10.6	10.7	0.17	1.62
张夏	48	59.7	5.3	13.6	8.22	60.61
万德	69	36.2	6.6	13.7	6.38	46.7
五峰山	48	41.3	5.3	12.6	5.87	46.6
马山	45	101.6	5.5	19	15.95	83.99
双泉	39	37.4	6.8	18.4	7.24	39.3

第四节 土壤微量元素状况

土壤中的微量元素是指在土壤中含量很低,但作物生长发育不可缺少和不可替代的营养元素。微量元素缺乏或过量,都有可能导致作物生理性病害或产生中毒,影响作物的产量和品质。土壤中的微量元素有效态含量是评价土壤微量元素的丰缺指标,受土壤酸碱度、氧化还原电位、有机质含量等条件的制约。

本次耕地地力评价,主要调查分析了锌、硼、铜、钼、锰、铁六种微量元素及有益元素硅。通过把检测结果与第二次土壤普查时锰(6.24mg/kg)、锌(0.49mg/kg)、铜(0.98mg/kg)、铁(63.86mg/kg)检测结果的比较发现,有效态锰、锌、铜、铁的含量分别提高了160.9%、93.8%、14.3%和108.3%。其主要原因:一是耕层有机质含量的增加和有效磷含量的大幅度提高,增加了土壤微量元素的有效性;二是秸秆还田中含有的微量元素成分大量地归还到土壤中,实现了微量元素的良性循环;三是近几年商品有机肥、无机复混肥及叶面肥的大面积推广。

一、土壤有效锌

土壤全锌量与成土母质有关,由基性岩发育的土壤全锌量比酸性岩高,由石灰岩发育的土壤含锌量比片麻岩和石英岩高。作物利用土壤中的锌并不是土壤含锌量的全部,而是利用处于作物能够吸收状态的锌,称为"有效锌"。土壤有效锌包括水溶态、代换态、螯合态和稀酸态等。在这些形态中,水溶态锌含量很少,通常是代换态、螯合态和稀酸态的锌。

锌有调节植物体内氧化还原过程的作用,能促进生长素——吲哚乙酸的合成,所以缺锌时芽和茎中的生长素明显减少,植物生长受阻,叶子变小。锌还能促进光合作用,因为扩散到叶绿体中的碳酸需要以锌作活化剂的碳酸酐酶促进其分解出CO_2来参与光合作用,同时缺锌时叶绿素含量下降,造成白叶或花叶。此外,有人认为锌也影响蛋白质合成,因为信息核糖核酸的结构稳定性需要锌,而信息核糖核酸的生理作用之一是合成多肽。

果树对锌比其他作物敏感。果树缺锌常引起小叶病或叶簇病(即在枝条顶端叶片丛生成簇状),特别是落叶果树;花生也常出现小叶病和叶簇病;小麦缺锌时麦苗返青迟,拔节困难,植株矮小,叶片主脉两侧失绿,形成黄绿相间的条带,条带边缘清晰,无颗粒状斑点及霉污;玉米易产生叶片失绿,果穗缺粒秃顶。

作物缺锌时,可喷0.1%的硫酸锌溶液。

(一)土壤有效锌分级及面积

共检测样本2642个,变幅为0.1~5.52mg/kg,标准差为0.53,变异系数为56.08%,全区耕层土壤有效锌含量平均为0.95mg/kg与1982年土壤普查平均含量0.49mg/kg相比,增加了0.46mg/kg。全区共划分5个级别,其中0.5~1mg/kg的面积为24611.91hm^2,占耕地总面积的66.92%,属中等水平;1~3mg/kg的面积为11484.52hm^2,占耕地总面积的31.23%,属较高水平;含量低于0.3mg/kg的面积为14.88hm^2,占耕地总面积的0.04%,属最低水平。总之,长清区土壤有效锌含量属中等偏上水平。在农业生产实践中,要根据土壤有效锌区域分布,合理补施锌肥,特别是玉米要注意补锌(见表4-53)。

表 4-53 耕层有效锌分级及面积

级别	1	2	3	4	5
分级标准(mg/kg)	＞3	1～3	0.5～1	0.3～0.5	＜0.3
样本数(个)	25	786	1540	274	17
耕地面积(hm^2)	9.05	11484.52	24611.91	655.51	14.88
占耕地总面积(%)	0.02	31.23	66.92	1.78	0.04

(二)不同种植类型土壤有效锌状况

不同种植类型之间土壤有效锌含量差异较大，其有效锌平均变化为:蔬菜田＞大蒜—玉米田＞小麦—玉米＞棉田＞红薯田＞果园田＞花生田。蔬菜田锌肥投入量大，有效锌含量较高，平均为1.94mg/kg(见表4-54)。同一种植类型之间差异变幅也较大。这与不同作物需锌量不同和施肥量多少有关，需锌肥多的作物施用锌肥偏多或偏少，都会造成土壤中的有效锌含量偏高或偏低。在农业生产实践中，宜根据土壤中有效锌含量的高低和种植作物需锌量的不同，合理施用锌肥，以利于优质高产。

表 4-54 不同种植类型土壤有效锌含量

种植类型	样本数(个)	最大值(mg/kg)	最小值(mg/kg)	平均值(mg/kg)	标准差	变异系数(%)
小麦—玉米	1561	5.52	0.1	1.01	0.51	49.97
大蒜—玉米	45	2.6	0.6	1.18	0.47	39.69
红薯	192	4.07	0.39	0.78	0.4	51.48
花生	405	4.88	0.25	0.75	0.41	54.81
棉花	49	3.35	0.32	0.99	0.6	60.91
蔬菜	51	4.36	0.45	1.94	1.02	52.44
果园	339	3.1	0.18	0.77	0.46	59.89

(三)不同土壤质地土壤有效锌状况

不同土壤质地类型下耕层土壤有效锌含量略有不同(见表4-55)。沙壤平均含量较高，为1.05mg/kg。

表 4-55 不同土壤质地土壤有效锌含量

土壤质地	样本数(个)	最大值(mg/kg)	最小值(mg/kg)	平均值(mg/kg)	标准差	变异系数(%)
轻壤	417	4.92	0.1	0.91	0.55	59.6
沙壤	46	2.5	0.32	1.05	0.5	47.28
重壤	50	1.86	0.38	0.94	0.33	35.31
砂土	317	4.07	0.18	0.8	0.42	51.91
中壤	1797	5.52	0.23	0.98	0.55	56.01

(四)不同土壤类型土壤有效锌状况

不同土壤类型耕层土壤有效锌含量无明显差异,由风沙土、潮土、褐土、棕壤缓慢递增。同一土壤质地耕层土壤有效锌含量变化差异较大(见表 4-56)。

表 4-56 不同土壤类型土壤有效锌含量

土壤类型	样本数(个)	最大值(mg/kg)	最小值(mg/kg)	平均值(mg/kg)	标准差	变异系数(%)
棕壤	499	4.88	0.1	0.96	0.56	58.4
褐土	1810	5.52	0.21	0.95	0.54	57.06
潮土	271	3.91	0.34	0.9	0.4	44.9
风沙土	62	2.97	0.39	0.89	0.38	43.1

(五)各行政区域土壤有效锌状况

如表 4-57 所示,全区各行政区域耕层土壤有效锌含量差异较大。平安、文昌、崮云湖、张夏、万德高于全区有效锌平均值,归德、孝里、马山、双泉、五峰山低于全区土有效锌平均值。文昌、崮云湖土壤有效锌含量最高,平均值均为 1.2mg/kg,五峰山耕层土壤有效锌含量最低,平均值为 0.74mg/kg。

表 4-57 各行政区域土壤有效锌含量

行政区域	样本数(个)	最大值(mg/kg)	最小值(mg/kg)	平均值(mg/kg)	标准差	变异系数(%)
平安	229	5.52	0.37	1.1	0.6	54.62
文昌	250	4.37	0.4	1.2	0.74	61.61
归德	319	4.92	0.31	0.94	0.48	51.58
孝里	241	2.15	0.29	0.77	0.32	41.14
崮云湖	71	3.06	0.45	1.2	0.6	50.26
张夏	232	3.1	0.27	1.01	0.5	49.56
万德	451	4.88	0.1	1.05	0.59	56.34
五峰山	245	2.86	0.18	0.74	0.4	54.52
马山	337	3.58	0.3	0.82	0.36	43.74
双泉	267	4.07	0.33	0.8	0.39	49.11

二、土壤有效硼

硼是对作物产量影响较大的微量元素,硼的营养作用主要是促进作物繁殖器官的生长发育。研究表明,硼能加强花粉的萌发和花粉管的伸长,有利于受精作用,促进碳水化合物的合成和运输。缺硼会造成碳水化合物合成少,而且运输不畅,滞留在叶中,造成生长点及繁殖器官得不到足够的营养,从而导致生长点生长不良和落花、落果。硼对蛋白质的合成及叶绿素的形成有影响。此外,硼对增强根瘤菌的固氮能力有良好的影响。如大豆喷硼肥不仅能提高产量、含油率,而且根瘤数、根瘤大小都会有所增加。

作物缺硼最显著的病症是生长点死亡,不能形成或形成不正常的繁殖器官,其次是根系腐烂，形成心腐病，落花、落果。

作物缺硼时可喷施0.05%～0.1%的硼酸溶液或0.1%～0.2%的硼砂溶液。平常可进行土壤硼肥施用，但要注意用量不能多，因为土壤从缺硼到中毒的浓度范围很窄。

（一）土壤有效硼分级及面积

本次共检测土壤样品2395个。全区耕层土壤有效硼含量平均为0.27mg/kg，变幅为0.04～1.34mg/kg，标准差为0.16，变异系数为60.18%（见表4-58）。

表4-58 耕层有效硼分级及面积

级　别	1	2	3	4	5
分级标准(mg/kg)	>2	1～2	0.5～1	0.2～0.5	<0.2
样本数(个)	0	6	193	1320	876
耕地面积(hm^2)	0	0.8	553.57	26708.98	9512.51
占耕地总面积(%)	0	0.002	1.51	72.63	25.87

全区耕层有效硼含量共有2～5级4个级别，其中土壤有效硼含量为1～2mg/kg的面积仅占耕地总面积的0.002%，属高水平；土壤有效硼含量为0.5～1mg/kg的占耕地总面积的1.51%，属中等水平；土壤有效硼含量为0.2～0.5mg/kg的占耕地总面积的72.63%，属低水平；土壤有效硼含量低于0.2mg/kg的占土壤总面积的25.87%，属较低水平。总体来看，全区土壤有效硼含量处于低水平。针对这种情况，尤其是果园、棉花、蔬菜需硼量大，在生产中要重视硼肥的施用。

（二）不同种植类型土壤有效硼状况

不同种植类型土壤有效硼含量差异较大。小麦—玉米田、大蒜—玉米田、蔬菜田土壤有效硼平均含量处于全区较高水平，果园、红薯、花生田土壤有效硼平均含量处于全区低水平，棉田土壤有效硼平均含量处于全区中等水平。同一种植类型间差异也比较明显，这与全区土壤有效硼供给水平和施肥情况有关。全区土壤有效硼含量多为0.2～0.5mg/kg，供给水平相差较小，且都处于缺硼临界范围内。根据种植作物不同，有的放矢地补施硼肥，既可满足作物需肥又可维持土壤中有效硼含量的相对稳定（见表4-59）。

表4-59 不同种植类型土壤有效硼含量

种植类型	样本数(个)	最大值(mg/kg)	最小值(mg/kg)	平均值(mg/kg)	标准差	变异系数(%)
小麦—玉米	1540	1.34	0.04	0.32	0.16	49.94
大蒜—玉米	29	0.64	0.06	0.35	0.14	40.63
红薯	160	0.89	0.04	0.19	0.11	59.88
花生	372	0.67	0.04	0.16	0.1	61.88
棉花	5	0.45	0.08	0.25	0.13	53.52
蔬菜	4	0.54	0.14	0.37	0.18	48.06
果园	285	0.66	0.04	0.17	0.12	69.22

(三)不同土壤质地土壤有效硼状况

不同土壤质地之间有效硼含量平均值相差无几,均值接近,重壤稍高。同一质地之间变异系数较大,含量变化幅度大,最小值与最大值相差数十倍,说明有效硼的含量在相同质地上分布是不均衡的(见表 4-60)。

表 4-60 不同土壤质地类型土壤有效硼含量

土壤质地	样本数(个)	最大值(mg/kg)	最小值(mg/kg)	平均值(mg/kg)	标准差	变异系数(%)
轻壤	385	1.09	0.04	0.29	0.17	57.14
沙壤	45	0.64	0.06	0.28	0.14	51.51
重壤	49	0.63	0.05	0.35	0.14	40.3
砂土	282	0.89	0.04	0.23	0.16	66.75
中壤	1619	1.34	0.04	0.27	0.16	60.4

(四)不同土壤类型土壤有效硼状况

不同土壤类型耕层土壤有效硼含量差异较为明显。各类土壤有效硼含量不一,风沙土、潮土有效硼含量高,平均值均为 0.34mg/kg,褐土有效硼含量较低,棕壤土壤有效硼含量最低,分别为 0.27mg/kg、0.22mg/kg(见表 4-61)。

表 4-61 不同土壤类型土壤有效硼含量

土壤类型	样本数(个)	最大值(mg/kg)	最小值(mg/kg)	平均值(mg/kg)	标准差	变异系数(%)
棕壤	462	0.92	0.04	0.22	0.15	65.46
褐土	1604	1.34	0.04	0.27	0.16	61.48
潮土	269	1.09	0.05	0.34	0.15	42.87
风沙土	61	0.67	0.05	0.34	0.13	39.66

(五)各行政区域土壤有效硼状况

全区各行政区域耕层土壤有效硼含量差异较大。平安、文昌、归德、孝里、峀云湖、张夏高于全区土壤有效硼平均值,万德、马山、双泉、五峰山低于平均值。平安最高,为 0.38mg/kg,万德最低,为 0.19mg/kg(见表 4-62)。

表 4-62 各行政区域土壤有效硼状况

行政区域	样本数(个)	最大值(mg/kg)	最小值(mg/kg)	平均值(mg/kg)	标准差	变异系数(%)
平安	230	1.09	0.05	0.38	0.14	36.58
文昌	215	1.34	0.06	0.3	0.13	44.26
归德	274	0.65	0.04	0.29	0.13	45.21
孝里	219	0.83	0.04	0.31	0.15	49.58
峀云湖	63	0.86	0.04	0.36	0.22	60.42

续表

行政区域	样本数(个)	最大值(mg/kg)	最小值(mg/kg)	平均值(mg/kg)	标准差	变异系数(%)
张夏	215	1.27	0.04	0.28	0.21	76.34
万德	400	1.07	0.04	0.19	0.11	58.77
五峰山	226	0.83	0.04	0.26	0.16	62.18
马山	315	0.97	0.04	0.24	0.17	71.26
双泉	240	0.89	0.04	0.21	0.14	64.37

三、土壤有效锰

不同土壤的全锰量因成土母质不同而有很大差异。土壤中的全锰量不适于作为判断锰的供给指标，土壤中的有效锰才是作物可以利用的锰。土壤有效锰的多少，与土壤酸碱度、氧化还原电位、土壤质地、土壤水分状况及有机质含量等有关。

锰是形成叶绿素和维持叶绿素结构所需的元素，也是酶的活化剂，在光合作用中有很多重要功能，并参与呼吸过程。主要有四方面的作用：一是促进光合作用；二是许多酶的活化剂，如柠檬酸脱氢酶、苹果酸脱氢酶、核糖核酸聚合酶、精氨酸酶等都需要锰作活化剂，所以锰与碳素代谢、氮素代谢都有关系；三是有调节氧化还原电位的作用；四是有促进种子发芽和幼苗生长、加速花粉萌发和花粉管伸长的作用。

作物缺锰时，叶片的主脉和侧脉附近为深绿色，呈带状，叶脉间为浅绿色，这种失绿症一般出现在新的枝条上。严重缺锰时，叶脉间的失绿区域变成灰绿到灰白色，叶片薄，枝条有顶枯现象。禾本科作物缺锰则出现与叶脉平行的失绿条纹(浅绿色)，以后逐渐变成灰绿色、灰白色或红褐色。作物缺锰时，一般可喷施0.05%～0.1%的硫酸锰溶液。

(一)土壤有效锰分级及面积

共检测土壤样品2642个。耕层土壤有效锰含量平均为16.28mg/kg，变幅为4.3～84.3mg/kg，标准差为7.14，变异系数为43.86%。与1982年第二次土壤普查时相比，均值增加了10.04mg/kg。耕层土壤有效锰含量分级及面积如表4-63所示。

表4-63　耕层有效锰分级及面积

级　别	1	2	3	4
分级标准(mg/kg)	＞30	15～30	5～15	＜5
样本数(个)	156	1091	1390	5
耕地面积(hm^2)	1209.67	17775.54	17790.66	0
占耕地总面积(%)	3.29	48.33	48.38	0

全区耕层土壤有效锰含量共有1～3级3个级别，其中土壤有效锰含量高于30mg/kg的占耕地总面积的3.29%，属高水平；土壤有效锰含量为15～30mg/kg的占耕地总面积的48.33%，属较高水平；土壤有效锰含量为5～15mg/kg的占耕地总面积的48.38%，属

较低水平。总体来看，全区土壤中有效锰含量处于中等水平。

（二）不同种植类型土壤有效锰状况

不同种植类型土壤中有效锰含量差异较大。从整体来讲，小麦—玉米田、大蒜—玉米田高于蔬菜田，有效锰均值最高，其次是蔬菜田，红薯、花生、棉田有效锰均值较低。同一种植类型之间差异明显，变幅较大，这与种植区域的土壤有效锰补给水平和施肥情况有关（见表 4-64）。

表 4-64　　不同种植类型土壤有效锰含量

种植类型	样本数(个)	最大值(mg/kg)	最小值(mg/kg)	平均值(mg/kg)	标准差	变异系数(%)
小麦—玉米	1565	84.3	4.3	17.97	7.5	41.75
大蒜—玉米	45	57.9	9.5	15.7	7.21	45.91
红薯	190	39	7.4	14.1	5.19	36.81
花生	404	42.4	5.6	14.17	6.49	45.83
棉花	49	35.1	7.3	12.66	4.17	32.95
蔬菜	51	37.7	8.7	15.41	5.67	36.82
果园	338	39	4.3	12.93	4.91	37.96

（三）不同土壤质地土壤有效锰状况

不同土壤质地之间有效锰含量平均值差别较小，轻壤、沙壤、中壤均值接近，重壤次之，砂土最低，为 13.97mg/kg（见表 4-65）。

表 4-65　　不同土壤质地类型土壤有效锰含量

土壤质地	样本数(个)	最大值(mg/kg)	最小值(mg/kg)	平均值(mg/kg)	标准差	变异系数(%)
轻壤	414	84.3	4.3	16.17	7.71	47.66
沙壤	46	41.8	5.7	16.72	8.11	48.54
重壤	51	21	6.7	15.12	2.64	17.48
砂土	315	43.7	6.2	13.97	5.71	40.9
中壤	1801	58.64	4.3	16.73	7.23	43.19

（四）不同土壤类型土壤有效锰状况

不同土壤类型之间有效锰含量平均值差异较大：棕壤（18.07mg/kg）＞褐土（16.33mg/kg）＞潮土（13.59mg/kg）＞风沙土（12.27mg/kg）。同一土类之间变幅较大，表明土壤有效锰含量在各土类内分布不均衡（见表 4-66）。

表 4-66 不同土壤类型土壤有效锰含量

土壤类型	样本数(个)	最大值(mg/kg)	最小值(mg/kg)	平均值(mg/kg)	标准差	变异系数(%)
棕壤	501	51.9	5.6	18.07	8.75	48.4
褐土	1807	84.3	4.3	16.33	7.02	43.02
潮土	272	22	6	13.59	2.69	19.83
风沙土	62	22.8	6.2	12.27	3.59	29.28

(五)各行政区域土壤有效锰状况

全区各行政区域耕层土壤有效锰含量差异较大。平安、文昌、归德、崮云湖、万德、双泉高于全区土壤有效锰平均值,孝里、马山、张夏、五峰山低于全区土壤有效锰平均值。万德土壤有效锰含量最高,为 18.84mg/kg,张夏耕层土壤有效锰含量最低,为 12.65mg/kg(见表 4-67)。

表 4-67 各行政区域土壤有效锰状况

行政区域	样本数(个)	最大值(mg/kg)	最小值(mg/kg)	平均值(mg/kg)	标准差	变异系数(%)
平安	228	84.3	6	17.93	8.36	46.64
文昌	250	54	8.7	16.49	6.55	39.74
归德	321	57.9	4.4	17.71	8.43	47.61
孝里	240	29.5	6.7	13.35	3.2	24
崮云湖	71	25.8	8.5	17.27	4.06	23.48
张夏	231	46.1	4.3	12.65	4.48	35.39
万德	453	51.9	4.3	18.84	8.71	46.21
五峰山	243	36.3	5.6	14.66	5.72	39.06
马山	338	38.6	6.1	14.82	5	38.46
双泉	267	46.9	5.2	17.46	6.96	39.85

四、土壤有效铜

铜素在作物体中的生理作用大多与酶的活性有关。铜在作物体内与蛋白质结合,构成多种含铜的蛋白酶,缺少铜可直接影响蛋白酶所催化的生化反应,影响作物的正常代谢。铜的生理作用:一是叶绿体中类脂的成分,对叶绿素的合成和稳定起促进作用,作物缺铜,叶绿素含量减少;二是作物呼吸作用和氧化、磷酸化过程中的重要酶;三是亚硝酸酶和次亚硝酸酶的活化剂,参与作物体内硝酸还原过程;四是在木质素合成过程中起着重要的作用。

作物缺铜表现为新叶缺绿,出现花白斑,果穗发育不正常。禾本科作物和果树缺铜危害最大,有明显的症状,容易辨认。小麦、水稻等植株叶片变软、萎蔫,分蘖期幼叶变黄,叶尖卷曲变白,分蘖很多但是不抽穗或者穗很少,有时不能形成饱满籽实。玉米叶片失绿,变成灰色，叶片卷曲、反转，新叶叶尖死亡。番茄幼枝生长停滞，叶片弯曲，叶子呈暗蓝绿色，不能形成花芽，所以开花不足，根系发育不良。果树主要症状是顶枯，病株顶部枝条弯曲，枝条上形成斑块和瘤状物，芽的数目增多，树皮出现裂痕。

作物缺铜可施用铜肥进行调理。铜肥施用方法有三种：基施、种子处理、叶面喷施。目前应用最广的铜肥是硫酸铜。基肥，每亩施用硫酸铜 0.2～1kg；拌种，每千克种子拌硫酸铜 1g，将硫酸铜用少量水溶解，然后用喷雾器均匀喷在种子上；喷施，用 0.02%～0.2% 浓度的硫酸铜水溶液喷雾。

有效铜含量受 pH、成土母质、农业生产条件、作物种植种类等多种因素影响，不同土壤类型、质地、种植类型的耕层含量各有差异。

（一）土壤有效铜分级及面积

本次共检测土壤样品 2633 个。全区耕层土壤有效铜含量平均为 1.12mg/kg，变幅为 0.26～6.44mg/kg，标准差为 0.51，变异系数为 45.56%。与 1982 年第二次土壤普查相比均值增加了 0.14mg/kg，耕层土壤有效铜含量分级及面积如表 4-68 所示。

表 4-68 耕层有效铜分级及面积

级　别	1	2	3
分级标准(mg/kg)	>1.8	1～1.8	0.2～1
样本数(个)	217	1116	1300
耕地面积(hm^2)	1192.33	20581.09	15002.44
占耕地总面积(%)	3.24	55.96	40.79

全区耕层土壤有效铜含量共分 1～3 级 3 个级别。其中土壤有效铜含量高于 1.8mg/kg 的占耕地总面积的 3.24%，属高水平；土壤有效铜含量为 1～1.8mg/kg 的占耕地总面积的 55.96%，属中等水平；土壤有效铜含量为 0.2～1mg/kg 的占耕地总面积的 40.79%，属较低水平。整体来看，全区土壤中有效铜含量中等偏下。

（二）不同种植类型土壤有效铜状况

小麦—玉米、大蒜—玉米田土壤有效铜含量接近，无明显差异，红薯、花生、棉花、果园田土壤有效铜含量接近，无明显差异，蔬菜田较高。同一种植类型之间变幅较小，可能与全区土壤有效铜供给水平和施肥情况有关。相对而言，在土壤有效铜供给水平相差不大的情况下，蔬菜施用微肥量比大田作物多，可能造成土壤中有效铜含量比大田偏高（见表 4-69）。

表 4-69 不同种植类型土壤有效铜含量

种植类型	样本数(个)	最大值(mg/kg)	最小值(mg/kg)	平均值(mg/kg)	标准差	变异系数(%)
小麦—玉米	1554	4.46	0.28	1.23	0.47	37.74
大蒜—玉米	45	2.41	0.75	1.29	0.35	27.21
红薯	191	6.44	0.39	0.81	0.46	56.72

续表

种植类型	样本数(个)	最大值(mg/kg)	最小值(mg/kg)	平均值(mg/kg)	标准差	变异系数(%)
花生	404	5.98	0.26	0.87	0.4	45.7
棉花	49	2.17	0.44	0.99	0.3	30.76
蔬菜	51	4.84	0.76	1.65	0.69	41.86
果园	339	5.98	0.3	0.98	0.6	61.83

(三)不同土壤质地土壤有效铜状况

不同土壤质地之间有效铜含量平均值相差较大。砂土最低，为 0.95mg/kg。重壤最高，为 1.79mg/kg。质地由砂到黏、由粗到细，有效铜含量呈上升趋势。同一质地之间变幅较大，表明土壤有效铜含量与成土母质有关(见表 4-70)。

表 4-70　不同土壤质地类型土壤有效铜含量

土壤质地	样本数(个)	最大值(mg/kg)	最小值(mg/kg)	平均值(mg/kg)	标准差	变异系数(%)
轻壤	416	5.98	0.37	1.09	0.56	51.14
沙壤	46	3.95	0.3	1.43	0.57	39.84
重壤	50	3.89	0.78	1.79	0.6	33.51
砂土	317	4.46	0.3	0.95	0.41	42.88
中壤	1789	6.44	0.26	1.13	0.49	43.51

(四)不同土壤类型土壤有效铜状况

不同土壤类型土壤有效铜含量平均值相差较小：潮土(1.43mg/kg)>风沙土(1.14mg/kg)>褐土(1.09mg/kg)>棕壤(1.06mg/kg)。发育在黄泛平原区的土类含量明显高于发育在石灰岩、变质岩的土类含量，所以含量与成土母质关系密切(见表 4-71)。

表 4-71　不同土壤类型土壤有效铜含量

土壤类型	样本数(个)	最大值(mg/kg)	最小值(mg/kg)	平均值(mg/kg)	标准差	变异系数(%)
棕壤	499	5.98	0.26	1.06	0.58	55.14
褐土	1802	6.44	0.28	1.09	0.46	42.51
潮土	270	3.89	0.46	1.43	0.54	37.77
风沙土	62	4.46	0.37	1.14	0.57	50.49

(五)各行政区域土壤有效铜状况

全区各行政区域耕层土壤有效铜含量差异较小。整体来看，平安、文昌、归德、孝里沿黄平原高于崮云湖、万德、双泉、马山、张夏、五峰山等山区。文昌有效铜含量最高，为 1.46mg/kg，马山最低，为 0.92mg/kg(见表 4-72)。

表 4-72 各行政区域土壤有效铜含量

行政区域	样本数(个)	最大值(mg/kg)	最小值(mg/kg)	平均值(mg/kg)	标准差	变异系数(%)
平安	227	4.72	0.28	1.29	0.49	38.45
文昌	249	4.84	0.58	1.46	0.63	43.09
归德	321	4.46	0.37	1.18	0.48	40.98
孝里	240	2.56	0.34	1.09	0.42	38.17
崮云湖	70	2.82	0.66	1.24	0.4	32.38
张夏	230	4.2	0.42	1.04	0.39	37.18
万德	449	5.98	0.26	1.17	0.64	54.64
五峰山	243	6.44	0.3	0.95	0.49	51.56
马山	338	2.96	0.4	0.92	0.32	34.95
双泉	266	2.85	0.32	0.96	0.3	31.75

五、土壤有效铁

铁是地壳中分布最广的化学元素之一，在所有的土壤中都含有大量的铁。虽然土壤中铁的含量很高，但对作物有效的铁的含量却很少，只有总铁量的万分之几至千分之几。尤其是碱性高的石灰性土壤，铁的可给性更低。因此，在本区石灰性土壤上作物缺铁现象时有发生。土壤有效铁含量的多少，与土壤酸碱度、土壤碳酸钙及黏粒含量、土壤水饱和度、土壤有机质等因素有关。

铁相对集中分布在叶绿体中，虽然不是叶绿素的成分，但它对叶绿素的形成起酶促作用，因此，缺铁时造成植物“缺绿”或“黄化”。同时铁在植物中很难转移再利用，所以缺绿症首先出现在嫩叶上。铁是铁氧还蛋白的重要组成部分，铁氧还蛋白与叶绿体结合，在光合作用中起传递电子的作用，因此，缺铁时光合作用会受到影响。铁氧还蛋白是豆科作物根瘤中豆血红素的成分(有固氮作用)，铁还是铁钼固氮酶的成分，因而缺铁时豆科作物氮素供应受到影响，植株生长受到一定限制。此外，铁是磷酸蔗糖酶最好的活化剂，缺铁时蔗糖的形成受影响。铁也是许多氧化酶的成分，对植物呼吸有促进作用，缺铁影响呼吸，使高能物质 ATP 的形成减少。

作物缺铁的共同症状是幼叶叶脉间失绿，严重时完全失绿成白色，称为“黄化病”。

作物缺铁时可喷施 0.75%～1%的硫酸亚铁溶液，但由于亚铁容易被氧化成高价铁，很快就不能被作物吸收，而且在作物体中移动性小，并很少横向运输，所以喷施铁肥时，要喷在嫩叶上，并喷 2 次以上。试验表明，喷柠檬酸铁或枸橼酸铁铵比硫酸亚铁效果好。

(一)土壤有效铁分级及面积

共检测土壤样品 2641 个。全区耕层土壤有效铁含量平均为 14.29mg/kg，变幅为 1.8～121.7mg/kg，标准差为 7.02，变异系数为 49.13%。与 1982 年第二次土壤普查相比，均值增加了 7.43mg/kg，耕层土壤有效铁含量分级及面积如表 4-73 所示。

表 4-73　　耕层有效铁分级及面积

级　别	1	2	3	4
分级标准(mg/kg)	>20	10～20	4.5～10	<4.5
样本数(个)	368	1682	576	15
耕地面积(hm^2)	4155.29	28224.29	4396.29	0
占耕地总面积(%)	11.3	76.75	11.95	0

全区耕层土壤有效铁含量共有 3 个级别。其中有效铁含量高于 20mg/kg 的,占土壤总面积的 11.3%,属高水平;含量为 10～20mg/kg 的,占土壤总面积的 76.75%,属中等水平;含量为 4.5～10mg/kg 的,占土壤总面积的 11.95%,属较低水平。总体来看,全区土壤中有效铁含量比较丰富,分布较均匀,只有局部区域相对缺乏,且大多集中在一些老果园或林地改良后的耕地上。在农业生产实践中,针对缺铁地块应补施铁肥。

(二)不同种植类型土壤有效铁状况

小麦—玉米田土壤有效铁含量最高,为 14.81mg/kg,棉花田土壤有效铁含量最低,为 10.52mg/kg(见表 4-74)。

表 4-74　　不同种植类型土壤有效铁含量

种植类型	样本数(个)	最大值(mg/kg)	最小值(mg/kg)	平均值(mg/kg)	标准差	变异系数(%)
小麦—玉米	1563	103	1.8	14.81	6.77	45.7
大蒜—玉米	45	26.7	7.1	12.59	2.99	23.78
红薯	192	42.9	6.2	13.44	6.13	45.6
花生	403	121.7	6.4	14.54	8.73	60.06
棉花	49	28.9	5.2	10.52	4.5	42.77
蔬菜	51	38.2	6.7	13.83	5.96	43.08
果园	338	44.7	1.8	12.91	6.78	52.53

(三)不同土壤质地土壤有效铁状况

不同土壤质地土壤有效铁含量差异较大。沙壤有效铁均值最大,为 16.99mg/kg,其次为重壤,均值为 14.94mg/kg,中壤、砂土、轻壤效铁含量略有差异,分别为 14.53mg/kg、13.07mg/kg、13.87mg/kg(见表 4-75)。

表 4-75　　不同土壤质地类型土壤有效铁含量

土壤质地	样本数(个)	最大值(mg/kg)	最小值(mg/kg)	平均值(mg/kg)	标准差	变异系数(%)
轻壤	416	42.4	3.4	13.87	5.97	43.08
沙壤	46	43.3	9	16.99	8.09	47.59
重壤	51	27.3	9	14.94	4.48	30.02
砂土	316	41.3	6.4	13.07	5.76	44.11
中壤	1798	121.7	1.8	14.53	7.43	51.12

(四)不同土壤类型土壤有效铁状况

棕壤土类有效铁含量均值最高,为18.91mg/kg,褐土、潮土、风沙土土壤类型有效铁含量均值接近,同一质地之间变幅较大,说明土壤有效铁含量与土壤成土母质有关(见表4-76)。

表 4-76 不同土壤类型土壤有效铁含量

土壤类型	样本数(个)	最大值(mg/kg)	最小值(mg/kg)	平均值(mg/kg)	标准差	变异系数(%)
棕壤	500	103	6	18.91	10	52.87
褐土	1808	122	2	13.12	5.87	44.72
潮土	272	27.3	6.1	13.94	3.88	27.88
风沙土	61	23	7	12.91	3.5	27.1

(五)各行政区域土壤有效铁状况

文昌、万德、双泉土壤有效铁含量高于全区均值,平安、归德、孝里、崮云湖、张夏、五峰山、马山土壤有效铁含量低于全区均值。万德有效铁含量最高,为20.17mg/kg,张夏最低,为9.94mg/kg(见表4-77)。

表 4-77 各行政区域土壤有效铁含量

行政区域	样本数(个)	最大值(mg/kg)	最小值(mg/kg)	平均值(mg/kg)	标准差	变异系数(%)
平安	229	36.4	1.8	15.64	4.66	29.79
文昌	250	38.2	5.2	13.01	4.45	34.18
归德	321	41.1	6.1	13.72	5.32	38.78
孝里	241	21.7	6.4	11.05	2.85	25.78
崮云湖	71	30.6	5.5	12.57	3.94	31.37
张夏	230	21.7	1.8	9.94	3.06	30.75
万德	453	103	6.2	20.17	9.86	48.92
五峰山	242	31.9	6.8	12.14	3.21	26.41
马山	338	46.1	4.9	13.93	5.82	41.75
双泉	266	121.7	6.8	14.6	9.38	64.24

六、土壤有效钼

豆类作物需要钼最多,其次是十字花科作物,非豆科作物需钼最少。作物吸收进体内的硝酸根必须还原成氨才能合成蛋白质,而钼是硝酸还原酶的成分,同时豆科作物根瘤在固定空气中的氮素时需要一种含钼的固氮酶的作用。钼与锰、铜、锌等有拮抗作用,因而能减少土壤中这些元素过多而引起的植株失绿病。钼还有增进光合作用强度的作用。

作物缺钼的症状通常表现在叶片上,一般是叶缘枯焦扭曲或扭转,叶狭小,有时出现鞭状叶，叶脉间缺绿。

作物缺钼时可喷施0.05%的钼酸铵溶液。

（一）土壤有效钼分级及面积

共检测土壤样品769个。全区有效钼含量平均为0.15mg/kg，变幅为0.01～0.43mg/kg，标准差为0.07，变异系数为42.34%。耕层有效钼分级及面积如表4-78所示。

表4-78 耕层有效钼分级及面积

级别	1	2	3	4	5
分级标准(mg/kg)	>0.3	0.2～0.3	0.15～0.2	0.1～0.15	<0.1
样本数(个)	18	136	211	276	130
耕地面积(hm^2)	339.06	3379.72	11184.49	18991.47	2881.12
占耕地总面积(%)	0.92	9.19	30.41	51.64	7.83

全区耕层土壤有效钼含量共分5个级别。其中土壤有效钼含量高于0.3mg/kg的，占耕地总面积的0.92%；含量为0.2～0.3mg/kg的，占耕地总面积的9.19%；含量为0.15～0.2mg/kg的，占耕地总面积的30.41%；含量为0.1～0.15mg/kg的，占耕地总面积的51.64%；含量低于0.1mg/kg的，占耕地总面积的7.83%。整体来看，全区土壤中有效钼含量处在中等偏下水平。在农业生产中，对缺钼地块应注重增施钼肥。

（二）不同种植类型土壤有效钼状况

小麦—玉米田土壤有效钼含量最高，均值为0.17mg/kg，果园土壤有效钼含量最低，均值为0.11mg/kg(见表4-79)。

表4-79 不同种植类型土壤有效钼含量

种植类型	样本数(个)	最大值(mg/kg)	最小值(mg/kg)	平均值(mg/kg)	标准差	变异系数(%)
小麦—玉米	511	0.43	0.02	0.17	0.06	37.65
大蒜—玉米	17	0.21	0.07	0.14	0.04	28.62
红薯	35	0.22	0.01	0.12	0.05	38.61
花生	87	0.39	0.01	0.12	0.06	49.59
棉花	7	0.21	0.09	0.13	0.04	33.53
蔬菜	8	0.22	0.08	0.14	0.05	33.5
果园	82	0.29	0.03	0.11	0.04	41.43

（三）不同土壤质地土壤有效钼状况

不同土壤质地土壤有效钼含量差异不大。沙壤均值为0.2mg/kg，最大，其次为重壤，均值为0.19mg/kg，中壤、砂土、轻壤有效钼含量接近，分别为0.15mg/kg、0.14mg/kg、0.16mg/kg(见表4-80)。相同质地最小值与最大值变化幅度相差数十倍，表明在同一质地土壤中土壤有效钼含量分布是不均衡的。

表 4-80　　不同土壤质地类型土壤有效钼含量

土壤质地	样本数(个)	最大值(mg/kg)	最小值(mg/kg)	平均值(mg/kg)	标准差	变异系数(%)
轻壤	123	0.42	0.01	0.16	0.07	42.81
沙壤	14	0.3	0.07	0.2	0.08	38.45
重壤	17	0.3	0.11	0.19	0.05	27.16
砂土	96	0.33	0.03	0.14	0.05	38.92
中壤	516	0.43	0.01	0.15	0.07	42.54

(四)不同土壤类型土壤有效钼状况

不同土壤类型土壤有效钼含量均值相差不大:潮土＞风沙土＞褐土＞棕壤,均值缓慢增加。潮土有效钼含量最高,为 0.2mg/kg,棕壤有效钼含量最低,为 0.14mg/kg(见表 4-81)。

表 4-81　　不同土壤类型土壤有效钼含量

土壤类型	样本数(个)	最大值(mg/kg)	最小值(mg/kg)	平均值(mg/kg)	标准差	变异系数(%)
棕壤	108	0.43	0.03	0.14	0.06	44.66
褐土	507	0.42	0.01	0.15	0.06	41.31
潮土	120	0.42	0.04	0.2	0.07	34.45
风沙土	35	0.33	0.03	0.17	0.06	33.12

(五)各行政区域土壤有效钼状况

平安、文昌、归德、孝里土壤有效钼含量高于全区均值,崮云湖、张夏、万德、五峰山、马山、双泉土壤有效钼含量低于全区均值。整体来看,沿黄平原高于山区,平安和孝里有效钼含量最高,为 0.19mg/kg,张夏最低,为 0.11mg/kg(见表 4-82)。

表 4-82　　各行政区域土壤有效钼状况

行政区域	样本数(个)	最大值(mg/kg)	最小值(mg/kg)	平均值(mg/kg)	标准差	变异系数(%)
平安	108	0.29	0.04	0.19	0.05	26.44
文昌	89	0.37	0.08	0.17	0.05	30.2
归德	123	0.42	0.03	0.16	0.06	38.14
孝里	92	0.42	0.01	0.19	0.08	42.03
崮云湖	9	0.19	0.12	0.14	0.02	15.73
张夏	62	0.23	0.02	0.11	0.05	40.35
万德	90	0.43	0.01	0.13	0.07	53.96
五峰山	54	0.29	0.04	0.14	0.04	31.35
马山	63	0.36	0.01	0.12	0.05	45.76
双泉	60	0.34	0.02	0.12	0.06	47.52

七、土壤有效硅(土壤有益元素)

土壤有效硅又称为“活性硅”,是指土壤中可供当季作物吸收利用的硅素,包括土壤溶液中的单硅酸及各种易于转化为单硅酸的成分，是目前广泛应用的衡量土壤供硅能力的指标。硅对作物生长发育具有积极的作用，特别是在增强作物的抗逆性和抗病虫害能力方面具有明显效果。此外，硅能够减少磷在土壤中的固定，活化土壤中的磷，从而提高磷肥的利用效率。硅还能改良盐碱地和酸性土壤，有改善农产品品质的作用。

（一）耕层有效硅分级及面积

共检测土壤样品724个，变幅为31.16～1635.22mg/kg，标准差为302.37，变异系数为57.16%。耕层土壤有效硅含量平均为528.97mg/kg，属于较高水平。全区含量高于300mg/kg的面积占耕地总面积的91.55%，土壤有效硅含量比较丰富（见表4-83）。

表4-83 耕层有效硅分级及面积

级　别	1	2	3	4
分级标准（mg/kg）	＞300	200～300	150～200	＜150
样本数（个）	542	118	43	21
耕地面积（hm^2）	33669.82	2963.56	142.48	0
占耕地总面积（%）	91.55	8.06	0.39	0

（二）不同种植类型土壤有效硅状况

不同种植类型间土壤有效硅含量差异较大，小麦—玉米田土壤有效硅含量平均为579.16mg/kg，大蒜—玉米田土壤有效硅含量平均为716.738mg/kg，红薯田土壤有效硅含量平均为464.08mg/kg，花生田土壤有效硅含量平均为395.91mg/kg，棉田土壤有效硅含量平均为560.2mg/kg，蔬菜地土壤有效硅含量平均为509.53mg/kg，果园土壤有效硅含量平均为388.09mg/kg（见表4-84）。

表4-84 不同种植类型土壤有效硅含量

种植类型	样本数（个）	最大值（mg/kg）	最小值（mg/kg）	平均值（mg/kg）	标准差	变异系数（%）
小麦—玉米	478	1635.22	32.95	579.16	314.36	54.28
大蒜—玉米	13	1582.03	371.38	716.73	395.97	55.25
红薯	36	1023.79	57	464.08	239.06	51.51
花生	92	1020.37	31.16	395.91	224.98	56.83
棉花	10	876.76	266.4	560.2	206.51	36.86
蔬菜	10	866.65	212.55	509.53	231.01	45.34
果园	85	1135.5	65.28	388.09	230.66	59.43

（三）不同土壤质地土壤有效硅状况

不同土壤质地类型耕层土壤有效硅含量不同，沙壤、重壤、砂土、轻壤、中壤土壤有效硫含量依次递增。中壤有效硅含量最高，为572.57mg/kg，沙壤最低，为345.52mg/kg（见表4-85）。

表 4-85 不同土壤质地类型有效硅含量

土壤质地	样本数(个)	最大值(mg/kg)	最小值(mg/kg)	平均值(mg/kg)	标准差	变异系数(%)
轻壤	107	1266.23	32.95	451.99	262.08	57.98
沙壤	10	624.91	202.24	345.52	143.81	41.62
重壤	14	639.94	183.86	400.04	164.37	41.09
砂土	92	1441.99	103.2	416.81	272.83	65.46
中壤	498	1635.22	31.16	572.57	310.21	54.18

(四)不同土壤类型有效硅状况

不同土壤类型耕层土壤有效硅含量有差异：褐土(588.45mg/kg)＞棕壤(476.23mg/kg)＞风沙土(355.55mg/kg)＞潮土(349.09mg/kg)，如表 4-86 所示。

表 4-86 不同土壤类型有效硅含量

土壤类型	样本数(个)	最大值(mg/kg)	最小值(mg/kg)	平均值(mg/kg)	标准差	变异系数(%)
棕壤	104	1201.98	31.16	476.23	285.31	59.91
褐土	488	1635.22	57	588.45	309.35	52.57
潮土	101	856.45	32.95	349.09	159.69	45.75
风沙土	31	1441.99	146.68	355.55	279.68	78.66

(五)各行政区域土壤有效硅状况

全区行政区域耕层土壤有效硅含量差异较大。文昌、归德、孝里、崮云湖、马山、双泉高于全区土壤有效硅平均值，平安、张夏、万德、五峰山低于全区土壤有效硅平均值。马山最高，为 612.24mg/kg，万德最低，为 430.25mg/kg(见表 4-87)。

表 4-87 各行政区域土壤有效硅含量

行政区域	样本数(个)	最大值(mg/kg)	最小值(mg/kg)	平均值(mg/kg)	标准差	变异系数(%)
平安	99	1126.37	127.46	506.97	258	50.98
文昌	83	1506.23	158.48	591.8	336	56.74
归德	112	1582.03	146.68	547.2	340.42	62.21
孝里	78	1635.22	32.95	593.85	349.63	58.87
崮云湖	10	897.38	225.92	596.85	255.41	42.79
张夏	65	1201.98	103.2	448.13	242.22	54.05
万德	92	1188.77	31.16	430.25	257.23	59.79
五峰山	52	984.05	173.22	460.81	228.43	49.57
马山	68	1329.93	182.01	612.24	310.39	50.7
双泉	65	1169.99	57	550.48	298.54	54.23

第五节 土壤主要物理性状

土壤物理性状直接影响土壤的水、肥、气、热，是决定耕地地力的重要因素，主要包括土壤质地、土层厚度、土体构型、土壤容重、田间持水量及总孔隙度等方面。

一、土壤质地

土壤质地是由大小不同的固相颗粒组成的。耕层土壤质地与成土母质关系极为密切。长清区土壤质地的分布由南到北、由东到西有逐渐变细的趋势，主要分为砂土、沙壤、轻壤、中壤、重壤五种类型（见表4-88）。

表4-88 不同质地类型耕地面积

质地类型	轻 壤	砂 土	中 壤	重 壤	沙 壤
耕地面积(hm^2)	7080.65	1501.4	25122.88	1545.1	1525.85
占耕地总面积(%)	19.25	4.08	68.31	4.2	4.15

（一）砂 土

本次将石渣土、马牙砂土、砾质壤土、松砂土、粗砂土质地全部归纳为砂土。砂土耕地面积为1501.4hm^2，占耕地总面积的4.08%。

1. 粗砂土、马牙砂土

粗砂土、马牙砂土分布在双泉、马山、五峰山、张夏、万德的砂石山中上部的荒岭坡和岭坡梯田上。这两种土壤质地是直接发育在酸性母岩上的土壤，在土壤中可以看到母岩的崩解产物，如石英、长石、角闪石和其他矿物，其中主要是石英颗粒。这种矿物比较稳定，不易风化，是土壤的骨骼。这两种质地透水性很强，而毛管性能很弱，无胶结能力，无膨胀及流塑性，保水、保肥能力较低，持水量为15%。砂粒的化学组成中，氧化硅高达80%甚至以上，各种养分的含量极低。

2. 石渣土、砾质壤土

石渣土、砾质壤土依次分布在全区石灰岩（青石山）丘陵中上部的荒岭坡和丘陵中下部的岭坡梯田及部分沟谷梯田的上部，砂石山、青石山均有分布。

3. 松砂土

松砂土发育在河流沉积物上，分布在沿河高地和黄河决口主流道两侧，因其质地最松，为松砂土，物理性黏粒含量极低，无粘连性，易于随风飞扬。

（二）沙 壤

沙壤土发育在河流沉积物上，分布于沿河（黄河）高地和决口扇形地上，在山区的沿沙河两侧也有零星分布，肥力不高，土壤理化状况不好，耕地面积为1525.85hm^2，占耕地总面积的4.15%。

（三）轻 壤

此种土壤也称为"两合土"，主要分布在老济平公路以西黄泛平原中部的缓平坡地上，耕地面积为7080.65hm^2，占耕地总面积的19.25%。

（四）中 壤

中壤全区面积最大、分布最广，在山区丘陵的沟谷梯田、近山阶地、山前平原一直到黄泛平原均有分布，耕地面积为25122.88hm^2，占耕地总面积的68.31%。

（五）重　壤

重壤俗称“鸡粪土”“蒜瓣子土”或“面淤土”，主要分布在黄河泛滥尾闾一带的交接洼地上，即孝里洼、曹楼、窑头西、新屯、全福庄一带，耕地面积为 1545.1hm²，占耕地总面积的 4.2%。

二、土体构型

土体构型是指整个土体中的各种质地层次的排列组合，对土壤肥力有制约和调节作用。影响土体构型的因素主要有土壤质地、土壤结构以及施肥、耕作、灌溉等农业生产措施，而以土壤质地影响土体构型最为突出。良好的土体构型是耕作土壤的肥力基础。长清区由于成土母质多样，所以剖面质地的排列一般都比较复杂。砂、壤、黏土层互相交错，砂姜层、砾石层也不断出现，致使土体构型较复杂。根据农业生产特性和不同土壤层次，将土体构型归纳为八个类型，即极薄层型、薄层型、中层型、均质型、夹黏型、夹砂型、夹砾石层型、夹壤型（见表 4-89）。

表 4-89　不同土体构型耕地面积

土体构型		耕地面积（hm²）	占耕地总面积（%）
极薄层型	极薄层酥石棚	733.34	1.99
	极薄层硬石底	350.24	0.95
薄层型	薄层酥石棚	589.64	1.6
	薄层硬石底	740.95	2.01
中层型	中层酥石棚	3432.39	9.33
	中层硬石底	1801.03	4.91
均质型	均砂质	250.16	0.68
	均壤质	14931.66	40.61
	均黏质	852.53	2.32
夹黏型	黏心型	6454.58	17.55
	黏腰型	2649.45	7.21
夹砂型		3282.13	8.92
夹砾石层型		220.88	0.6
夹壤型	薄壤心	320.85	0.87
	厚壤心	166.04	0.45

（一）极薄层型

土体的总厚度小于 15cm，耕地面积为 883.58hm²，占耕地总面积的 2.94%，分为极薄层酥石棚、极薄层硬石底两种。

1. 极薄层酥石棚

在小于15cm的表土以下，即为半风化的酸性酥石棚母岩，耕地面积为733.34hm²，占耕地总面积的1.99%。主要分布在双泉邵家背以东，包括马山、万德南部沙石山丘的顶部。分布地形部位较高，土层浅薄，局部基岩裸露，水土流失严重。

2. 极薄层硬石底

在小于15cm的表土以下，即为石灰岩硬石底，耕地面积为350.24hm²，占耕地总面积的0.95%。分布在孝里、双泉、归德、万德、张夏的石灰岩丘陵的顶部，土浅、石多，水分流失严重。

(二)薄层型

土体总厚度为15～30cm，耕地面积为1330.59hm²，占耕地总面积的3.61%，分为薄层酥石棚、薄层硬石底两种。

1. 薄层酥石棚

此种构型是在表土以下为酸性岩酥石棚，面积为589.64hm²，占耕地总面积的1.6%。分布在双泉、马山、五峰山、张夏、万德的砂石山的荒岭坡上。一般表层为粗砂和马牙砂，土壤沙化严重，适于植树造林，发展林业生产。

2. 薄层硬石底

此类型表土以下为石灰岩硬石底，面积为740.95hm²，占耕地总面积的2.01%。主要分布在全区各丘陵的荒岭坡上，土薄石多。

(三)中层型

一般土体的厚度小于60cm，60cm以下即为母岩，耕地面积为5233.42hm²，占耕地总面积的14.24%，分为中层酥石棚、中层硬石底两种。

1. 中层酥石棚

60cm土层以下为酸性酥石棚母岩，面积为3432.39hm²，占耕地总面积的9.33%。分布在双泉、马山、五峰山、张夏、万德的砂石山的岭坡梯田上，土壤中含石英矿物多，通透性良好，但保水、保肥性能差，地力瘠薄，适于种植红薯、谷子、花生等耐旱耐瘠作物，坡度大的可发展林果。

2. 中层硬石底

60cm土层以下为石灰岩硬石底，面积为1801.03hm²，占耕地总面积的4.91%。分布在全区各石灰岩山区的岭坡梯田上，干旱、土薄，适于种植耐旱作物。

(四)均质型

耕地面积为16034.35hm²，占耕地总面积的43.61%，分为均砂质、均壤质、均黏质，主要分布在沿黄地区。这种土壤质地黏重，土体紧实，通透性不良，养分趋向积累，分解慢，适耕期短，干时硬，湿时黏，难耕作，怕旱易涝。

1. 均砂质

通体为沙壤或松砂土，耕地面积为250.16hm²，占耕地总面积的0.68%，分布在沿黄河东侧一带的风沙土及张夏的上泉一带。其特点是土壤疏松，适耕期长，通透性好，有利于作物出苗，但漏肥、漏水，养分含量低。

2. 均壤质

通体为轻壤和中壤，面积为 14931.66hm^2，占耕地总面积的 40.61%，分布于全区各地。土壤质地适中，通透性良好，土层深厚，保肥、保水性能较好，适于多种作物生长，是一种较理想的土性构型。

3. 均黏质

通体为重壤，面积为 852.53hm^2，占耕地总面积的 2.32%。

（五）夹黏型

面积为 9104.03hm^2，占耕地总面积的 24.76%。因夹黏的厚度及出现的部位不同，分为黏心、黏腰两种。

1. 黏心型

在土体中 20～60cm 部位出现黏土或重壤。有的厚度大于 30cm，形成厚黏心的土体构型，耕地面积为 6454.58hm^2，占耕地总面积的 17.55%。主要分布在平安大刘，崮云湖王府，文昌东王、吕庄、南王，归德董庄、张庄、前刘、庄楼，孝里三义、潘庄、南北凤凰，双泉高庄、后园，万德杨家峪、西夏峪、小万德、大刘、杏园等山前平原或沟谷梯田上。有的在心位出现小于 30cm 的黏土或重壤，形成薄黏心的土种，耕地面积为 6454.58hm^2，占耕地总面积的 17.55%。土壤养分含量较高，保水、保肥，但因黏土层出现的部位浅，根系下扎十分困难。黏土或重壤层有阻碍水分下渗的作用，土壤易“澥涝”，对作物生长很不利。

2. 黏腰型

在剖面 60～100cm 部位内出现厚度大于 30cm 的重壤或黏土层，面积为 2649.45hm^2，占耕地总面积的 7.21%。主要分布在省道 104 线两侧的平原和近山阶地上。这种土壤因黏土层出现的部位较深，对作物影响小。土壤上松下实，上层土壤耕性和通透性较好，易耕作，下层土壤黏重，保水、保肥，仅次于均壤质土体构型。

（六）夹砂型

此类型耕地面积为 3282.13hm^2，占耕地总面积的 8.92%，主要分布在全区南北大沙河两侧和黄河以东潮土带上。这种构型表层多为轻壤和中壤，1m 土体内有松砂层或沙壤存在，漏水、漏肥，因此土壤养分含量低，肥力差，影响作物生长。夹砂层属障碍层次之一，尤其是砂层出现部位较浅（心位）且砂层较厚的地块，对农业生产更为不利，今后应注意改良。

（七）夹砾石层型

耕地面积为 220.88hm^2，占耕地总面积的 0.6%。主要分布在山区洪积扇的上缘沟谷出口处，如五峰山讲书院、马庄北，张夏土门，崮云湖凤凰，万德义灵关等地。这种构型的土壤土体内有一层砾石层，影响作物根系下扎，是一种障碍层次。特别是在心位出现砾石层的，对各种农田基本建设也是极为不利的。因此在今后的整地时千万不能撤岗填洼，以免使砾石层裸露地表而形成乱石岗。

（八）夹壤型

耕层质地多为重壤，土壤有薄壤心和厚壤心两种。在 20～60cm 部位出现厚度大于 30cm 的壤质夹层（多为轻壤），耕地面积为 486.89hm^2，占耕地总面积的 1.32%。分布于归德翟庄北、大觉寺沙河南和文昌北小房、东仓以南一带。这种土壤因表层质地多为重壤，潜在养分含量高，但速效养分低，土壤潮、板、冷、僵，对作物的前期生长不利，建议翻土压黏，增施有机肥料，提升增产潜力。

三、土壤容重

土壤容重是在田间自然状态下，单位体积（包括土壤孔隙）的干土重，是衡量土壤疏松程度、耕性好坏的重要标志之一，也是土壤结构、通透性和松紧度的综合反映。容重一般以1.1～1.4g/cm³为较适宜。据全区253个耕地样点统计，耕层土壤容重平均为1.41g/cm³，变幅为1.1～1.75g/cm³，变异系数为7.71%。

（一）不同种植类型土壤容重状况

不同种植类型之间土壤容重无明显差异，蔬菜田因灌溉频繁容重略高，平均为1.49g/cm³（见表4-90）。

表4-90　不同种植类型土壤容重、孔隙度状况

种植类型	容重(g/cm³)			孔隙度(%)		
	平均值	最大值	最小值	平均值	最大值	最小值
小麦—玉米	1.4	1.73	1.2	47.17	54.72	34.72
红薯	1.48	1.62	1.3	44.15	50.94	38.87
花生	1.44	1.75	1.27	45.66	52.08	33.96
蔬菜	1.49	1.7	1.28	43.77	51.7	35.85
果园	1.4	1.59	1.1	47.17	58.49	40

（二）不同土壤质地土壤容重状况

土壤容重与土壤质地有密切关系，土壤容重随着质地的变化而变化。砂土容重平均为1.36g/cm³，沙壤为1.43g/cm³，轻壤为1.42g/cm³，中壤为1.42g/cm³，重壤为1.43g/cm³。同一质地随耕种历史、土壤熟化程度以及施肥尤其是秸秆还田量的不同，容重也有差异，耕种历史长、土壤熟化程度高、秸秆还田量大的土壤容重就小，反之则大（见表4-91）。

表4-91　不同土壤质地土壤容重、孔隙度状况

土壤质地	容重(g/cm³)			孔隙度(%)		
	平均值	最大值	最小值	平均值	最大值	最小值
砂土	1.36	1.45	1.29	48.68	51.32	45.28
沙壤	1.43	1.75	1.23	46.04	53.58	33.96
轻壤	1.42	1.64	1.25	46.42	52.83	38.11
中壤	1.42	1.73	1.1	46.42	58.49	34.72
重壤	1.43	1.7	1.27	46.04	52.08	35.85

(三)不同土壤类型土壤容重状况

不同土壤类型的土壤容重为:潮土＜褐土＜风沙土＜棕壤。这与土壤的质地、有机质含量和灌溉耕作都密切相关,随农事操作如灌溉、施肥、耕作深浅等的不同而经常变化(见表 4-92)。

表 4-92 不同土壤类型土壤容重、孔隙度状况

土壤类型	容重(g/cm^3)			孔隙度(%)		
	平均值	最大值	最小值	平均值	最大值	最小值
棕壤	1.47	1.62	1.3	44.53	50.94	38.87
褐土	1.4	1.75	1.1	47.17	58.49	33.96
潮土	1.39	1.7	1.23	47.55	53.58	35.85
风沙土	1.43	1.62	1.29	46.04	51.32	38.87

(四)各行政区域土壤容重状况

平安、文昌、万德、马山的土壤容重略高于全区均值,归德、孝里、崮云湖、张夏、五峰山、双泉的土壤容重略低于全区均值。万德最高,为 1.46g/cm^3,张夏最低,为 1.35g/cm^3(见表 4-93)。

表 4-93 各行政区域土壤容重、孔隙度状况

行政区域	容重(g/cm^3)			孔隙度(%)		
	平均值	最大值	最小值	平均值	最大值	最小值
平安	1.43	1.58	1.28	46.04	51.7	40.38
文昌	1.43	1.7	1.28	46.04	51.7	35.85
归德	1.41	1.62	1.25	46.79	52.83	38.87
孝里	1.37	1.55	1.22	48.3	53.96	41.51
崮云湖	1.37	1.61	1.26	48.3	52.45	39.25
张夏	1.35	1.73	1.24	49.06	53.21	34.72
万德	1.46	1.75	1.1	44.91	58.49	33.96
马山	1.45	1.62	1.27	45.28	52.08	38.87
双泉	1.4	1.75	1.1	47.17	58.49	33.96
五峰山	1.38	1.55	1.26	47.92	52.45	41.57.

四、土壤总孔隙度

土壤孔隙度是指单位体积自然状态下的土壤中,所有孔隙的容积占土壤总容积的百分数。土壤孔隙多少和大小表明土壤水分和空气的最大容量。在土质相同的条件下,孔隙多、土壤疏松,孔隙少、土壤坚实。有机质丰富,土壤疏松多孔。因此,土壤孔隙的数量和大小在农业生产中极为重要。对作物生长来说,孔隙度一般以 50%~55%为宜。据对耕层 253 个样本测定,全区耕层土壤孔隙度平均为 51.1%,变幅为 36.8%~55.1%。

土壤耕层孔隙度的高低与土壤类型、质地、有机质含量有关。土壤容重大、土质黏重、通气状况不良，总孔隙度较小。

土壤质地对土壤孔隙度的影响也较明显。砂土容重小、通气状况较好，总孔隙度较大，为 48.68%；重壤质地黏重、容重大、通气状况不良，总孔隙度较小，为 46.04%；轻壤、中壤介于两者之间。

因土壤类型不同，总孔隙度测定值差异较大：潮土(47.55%)＞褐土(47.17%)＞风沙土(46.04%)＞棕壤(44.53%)，与土壤容重恰好相反。万德土壤容重最高，土壤孔隙度均值为 44.91%，最低。张夏容重最低，土壤孔隙度均值为 49.06%，最高。

不同种植类型的土壤孔隙度中，小麦—玉米及果园地最高，均值为 47.17%，蔬菜田容重高，土壤孔隙度最低，均值为 43.77%。

第二篇　耕地地力评价分析与改良利用

第五章　耕地地力评价

耕地是土地的精华，是农业生产中不可替代的重要生产资料，是保持社会和国民经济可持续发展的重要资源。保护耕地是我们的基本国策之一，因此，及时掌握耕地资源的数量、质量及其变化，对于合理规划和利用耕地、切实保护耕地有十分重要的意义。在全面的野外调查和室内化验分析、获取大量耕地地力相关信息的基础上，进行了长清区耕地地力的综合评价。评价结果便于摸清全区耕地地力的现状及问题，为耕地资源的高效和可持续利用提供了重要的科学依据。

第一节　评价的原则、依据及流程

一、评价的原则、依据

（一）评价的原则

耕地地力就是耕地的生产能力，是在一定区域内一定的土壤类型上耕地的土壤理化性状、所处自然环境条件、农田基础设施及耕作施肥管理水平等因素的总和。根据评价的目的要求，在长清区耕地地力评价中，遵循的基本原则有四条。

1. 综合因素研究与主导因素分析相结合原则

土地是一个自然经济综合体，是人们利用的对象，对土地质量的鉴定涉及自然和社会经济多个方面，耕地地力也是各类要素的综合体现。所谓综合因素研究是指对地形地貌、土壤理化性状、相关社会经济因素之总体进行全面的研究、分析与评价，以全面了解耕地地力状况。主导因素是指对耕地地力起决定作用的、相对稳定的因子，在评价中要着重对其进行研究分析。因此，把综合因素与主导因素结合起来进行评价则可以对耕地地力作出科学准确的评定。

2. 共性评价与专题研究相结合原则

长清区耕地利用存在农田、果园、菜地等多种类型，土壤理化性状、环境条件、管理水平等不一，因此，耕地地力水平有较大的差异。考虑区域内耕地地力的系统性、可比性，针对不同的耕地利用等状况，应选用统一的、共同的评价指标和标准，即耕地地力的评价不针对某一特定的利用类型。另外，为了了解不同利用类型的耕地地力状况及其内部的差异情况，则对有代表性的主要类型如茶树地等进行专题的深入研究。这样，共性的评价与专题的研究相结合，使整个的评价和研究具有更大的应用价值。

3. 定量和定性相结合原则

土地系统是一个复杂的灰色系统，定量和定性要素共存，相互作用，相互影响。因此，为了保证评价结果的客观合理，宜采用定量和定性评价相结合的方法。在总体上，为了保证评价结果的客观合理，尽量采用定量评价方法，对可定量化的评价因子如有机质等养分含量、土层厚度等按其数值参与计算，对非数量化的定性因子如土壤表层质地、土体构型等则进行量化处理，确定其相应的指数，并建立评价数据库，以计算机进行运算和处理，尽量避免人为随意性因素影响。在评价因素筛选、权重确定、评价标准、等级确定等评价过程中，尽量采用定量化的数学模型，在此基础上则充分运用人工智能和专家知识，对评价的中间过程和评价结果进行必要的定性调整，定量与定性相结合，从而保证了评价结果的准确合理。

4. 采用卫星遥感和 GIS 支持的自动化评价方法原则

自动化、定量化的土地评价技术方法是当前土地评价的重要方向之一。近年来，随着计算机技术，特别是 GIS 技术在土地评价中的不断应用和发展，基于 GIS 技术进行自动定量化评价的方法已不断成熟，使土地评价的精度和效率大大提高。本次的耕地地力评价工作采用最新 SPOT5 卫星遥感数据提取和更新耕地资源现状信息，通过数据库建立、评价模型及其与 GIS 空间叠加等分析模型的结合，实现了全数字化、自动化的评价流程，在一定的程度上代表了当前土地评价的最新技术方法。

（二）评价的依据

耕地地力是耕地本身的生产能力，因此耕地地力的评价则依据与此相关的各类自然和社会经济要素，具体包括三个方面。

1. 耕地地力的自然环境要素

耕地地力的自然环境要素包括耕地所处的地形地貌条件、水文地质条件、成土母质条件以及土地利用状况等。

2. 耕地地力的土壤理化要素

耕地地力的土壤理化要素包括土壤剖面与土体构型、耕层厚度、质地、容重等物理性状，有机质、N、P、K、微量元素、pH、交换量等化学性状等。

3. 耕地地力的农田基础设施条件

耕地地力的农田基础设施条件包括耕地的灌排条件、水土保持工程建设、培肥管理条件等。

二、评价的流程

整个评价可分为三个方面的主要内容，按先后的次序分别为：

资料工具准备及数据库建立：即根据评价的目的、任务、范围、方法，收集准备与评价有关的各类自然及社会经济资料，进行资料的分析处理。选择适宜的计算机硬件和 GIS

等分析软件，建立耕地地力评价基础数据库。

耕地地力评价：划分评价单元，提取影响地力的关键因素并确定权重，选择相应评价方法，制定评价标准，确定耕地地力等级。

评价结果分析：依据评价结果，量算各等级耕地面积，编制耕地地力分布图，分析耕地地力问题，提出耕地资源可持续利用的措施建议。

评价的工作流程如图 5-1 所示。

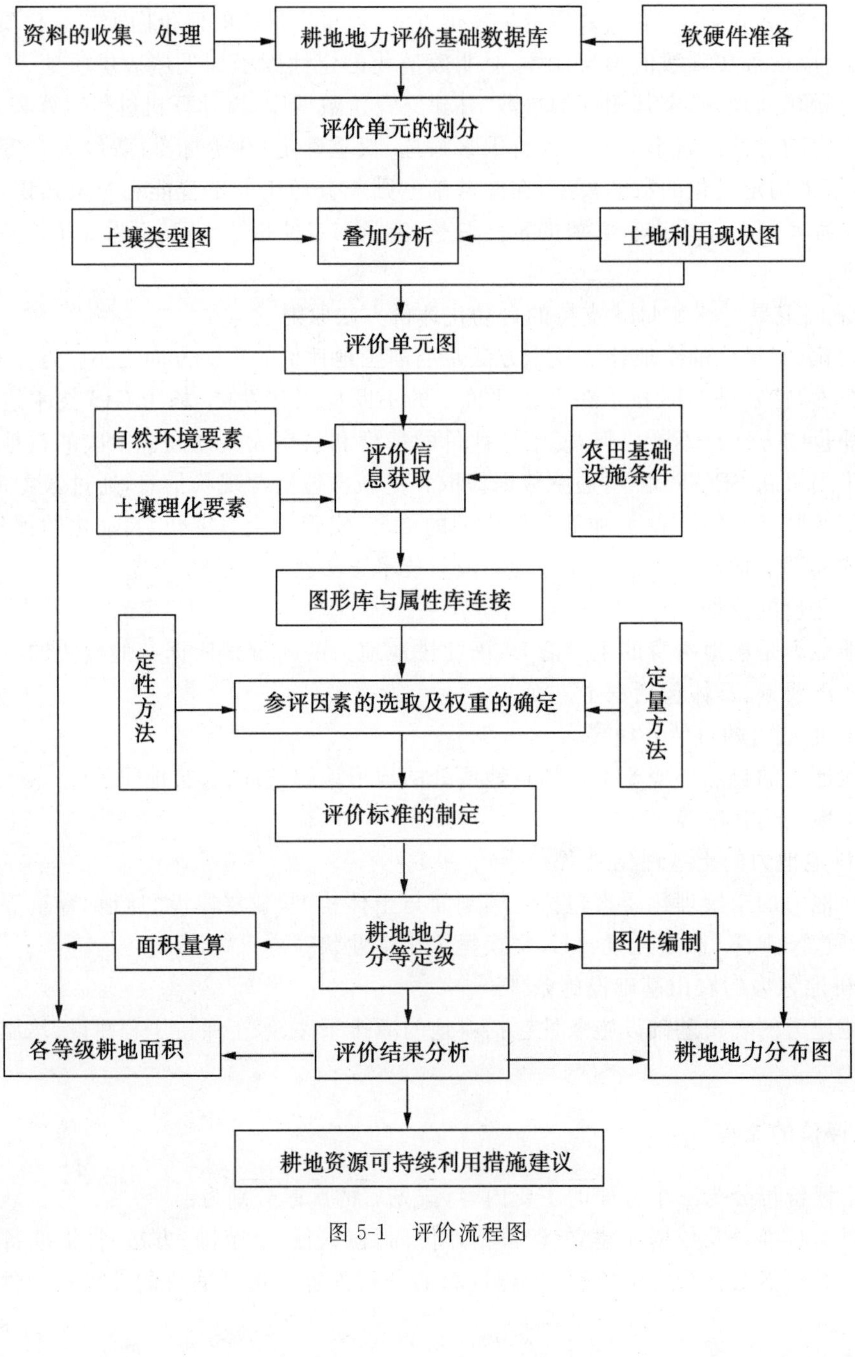

图 5-1　评价流程图

第二节　软硬件准备、资料的收集处理及基础数据库的建立

一、软硬件准备

（一）硬件准备

硬件主要包括高档计算机、A0 幅面数字化仪、A0 幅面扫描仪、喷墨绘图仪等。计算机主要用于数据和图件的处理分析，数字化仪、扫描仪用于图件的输入，喷墨绘图仪用于成果图的输出。

（二）软件准备

一是 Windows 操作系统软件，二是 FOXPRO 数据库管理、SPSS 数据统计分析/ACCESS 数据管理系统等应用软件，三是 MAPGIS、ARCVIEW、ARCMAP 等 GIS 软件。

二、资料的收集、处理

（一）资料的收集

耕地地力评价以耕地的各性状要素为基础，因此必须广泛地收集与评价有关的各类自然和社会经济因素资料，为评价工作做好数据的准备。本次耕地地力评价收集获取的资料主要包括四个方面。

1. 野外调查资料

按野外调查点获取，主要包括地形地貌、土壤母质、水文、土层厚度、表层质地、耕地利用现状、灌排条件、作物长势产量、管理措施水平等。

2. 室内化验分析资料

室内化验分析资料包括有机质、全氮、速效氮、全磷、速效磷、速效钾等大量养分含量，交换性钙、交换性镁等中量养分含量，有效锌、有效硼、有效钼等微量养分含量，以及 pH 等。

3. 社会经济统计资料

以行政区划为基本单位的人口、土地面积、作物及蔬菜瓜果面积，以及各类投入产出等社会经济指标数据。

4. 基础及专题图件资料

1∶50000 比例尺地形图、行政区划图、土地利用现状图、地貌图、土壤图等。

（二）资料的处理

获取的评价资料可以分为定量和定性资料两大部分，为了采用定量化的评价方法和自动化的评价手段，减少人为因素的影响，需要对其中的定性因素进行定量化处理，根据因素的级别状况赋予其相应的分值或数值。除此，对于各类养分等按调查点获取的数据，则需要进行插值处理，生成各类养分图。

1. 定性因素的量化处理

土壤表层质地：考虑不同质地类型的土壤肥力特征，以及与作物生长发育的关系，赋予不同质地类别以相应的分值（见表 5-1）。

表 5-1　土壤表层质地的量化处理

质地类别	中壤	轻壤	重壤	沙壤	砂土
分值	100	95	80	70	55

土体构型：根据不同的土体构型对作物生长发育的影响，赋予不同土体构型以相应的分值(见表 5-2)。

表 5-2　土体构型的量化处理

土体构型	中壤均质	中壤黏腰	轻壤黏腰	轻壤均质	中壤黏心	中壤砂姜腰	中壤砂腰	重壤均质	轻壤砂心	沙壤砂心	中层	薄层
分值	100	95	95	90	85	85	80	60	60	50	30	10

地貌类型：根据不同的地貌类型对耕地地力及作物生长的影响，赋予其相应的分值(见表 5-3)。

表 5-3　地貌类型的量化处理

地貌类型	缓平坡地	山前倾斜平地	山前缓平地	缓岗	浅平洼地	槽状洼地	河谷高地	河漫滩	河谷梯田	近山阶地	坡麓梯田	荒坡岭
分值	100	97	95	93	90	87	84	80	60	40	20	10

障碍状况：考虑影响长清区耕地地力的主要障碍状况，将其障碍状况归纳为不同的类型，并根据其对耕地地力的影响程度进行量化处理(见表 5-4)。

表 5-4　障碍状况的量化处理

障碍状况	无障碍	浅黏	夹砂或砂姜	砾质	石渣土
分值	100	90	80	60	40

2. 各类养分专题图层的生成

对于土壤有机质、氮、磷、钾、锌、硼、钼等养分数据，首先按照野外实际调查点进行整理，建立了以各养分为字段、以调查点为记录的数据库。之后进行了土壤采样样点图与分析数据库的连接，在此基础上对各养分数据进行自动的插值处理。

对比了在 MAPGIS 和 ARCVIEW 环境中的插值结果，发现 ARCVIEW 环境中的插值结果线条更为自然圆滑，符合实际。因此，本研究中所有养分采样点数据均在 ARCVIEW 环境下操作，利用其空间分析模块功能对各养分数据进行自动的插值处理，经编辑处理，自动生成各土壤养分专题栅格图层。后续的耕地地力评价也以栅格形式进行，与矢量形式相比，能够将各评价要素信息精确到栅格(像元)水平，保证了评价结果的准确性。图 5-2 和图 5-3 为在 ARCVIEW 环境下插值生成的长清区土壤有机质、全氮含量分布栅格图。

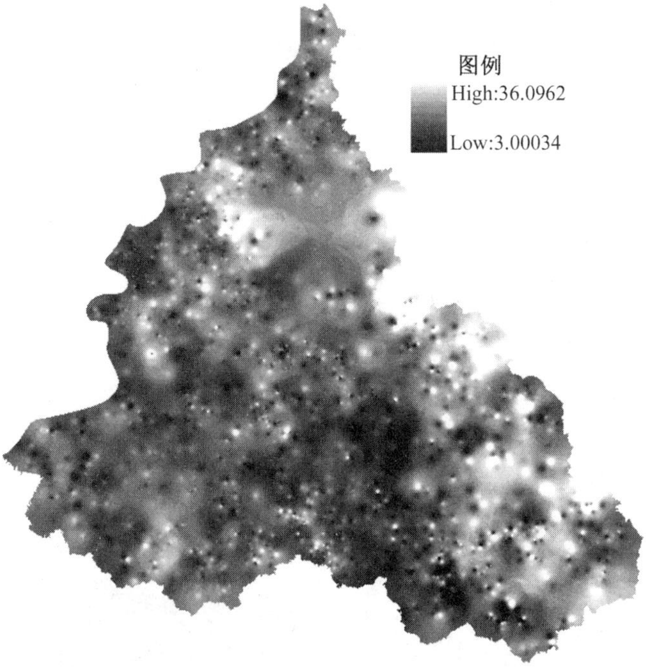

图 5-2　长清区土壤有机质含量栅格图

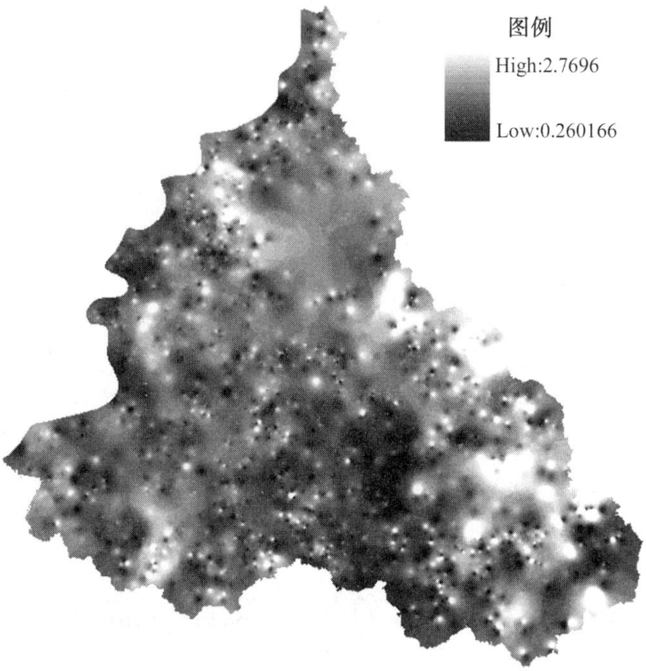

图 5-3　长清区土壤全氮含量栅格图

3. 长清区数字高程模型和坡度图的生成

利用长清区 1∶50000 地形图，扫描输入后进行矢量化，获得等高线及高程信息，自动插值生成长清区数字高程模型(DEM)，在此基础上生成长清区地形坡度，经编辑处理后形成坡度图和三维地势图(见图 5-4)。

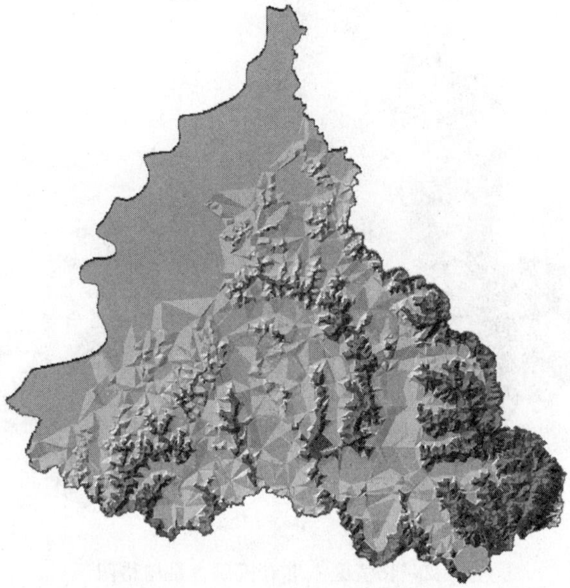

图 5-4 长清区三维地势图

三、基础数据库的建立

(一)基础属性数据库建立

为更好地对数据进行管理和为后续工作提供方便，将采样点基本情况信息、农业生产情况信息、土壤理化性状化验分析数据、土壤污染元素化验分析数据等信息以调查点为基本数据库记录进行属性数据库的建立，作为后续耕地地力评价工作的基础。

(二)基础专题图图形库建立

将扫描矢量化及插值等处理生成的各类专题图件，在 ARCVIEW 和 MAPGIS 软件的支持下，分别以栅格形式和点、线、区文件的形式进行存储和管理，同时将所有图件统一转换到相同的地理坐标系统下，以进行图件的叠加等空间操作，各专题图图斑属性信息通过键盘交互式输入或通过与属性库挂接读取，构成基本专题图图形数据库。图形库与基础属性库之间通过调查点相互连接。

第三节 评价单元的划分及评价信息的提取

一、评价单元的划分

评价单元是由对土地质量具有关键影响的各土地要素组成的空间实体，是土地评价的最基本单位、对象和基础图斑。同一评价单元内的土地自然基本条件、个体属性和经济属性基本一致，不同土地评价单元之间，既有差异性，又有可比性。耕地地力评价就是要通过对每个评价单元的评价，确定其地力级别，把评价结果落实到实地和编绘的土地资源图上。因此，土地评价单元划分的合理与否，直接关系到土地评价的结果以及工作量的大小。

目前，对土地评价单元的划分尚无统一的方法，有以土壤类型、以土地利用类型、以行政区划单位、以方里网等多种方法。本次长清区耕地地力评价土地评价单元的划分采用土壤图、土地利用现状图的叠置划分法，相同土壤单元及土地利用现状类型的地块组成一个评价单元，即“土地利用现状类型—土壤类型”的格式。其中，土壤类型划分到土种，土地利用现状类型划分到二级利用类型，制图区界以基于遥感影像的长清区最新土地利用现状图为准。为了保证土地利用现状的现实性，基于野外的实地调查对耕地利用现状进行了修正，其中菜地进一步细分到三级类型。同一评价单元内的土壤类型相同，利用方式相同，交通、水利、经营管理方式等基本一致，用这种方法划分评价单元可以反映单元之间的空间差异性，既使土地利用类型有了土壤基本性质的均一性，又使土壤类型有了确定的地域边界线，使评价结果更具综合性、客观性，可以较容易地将评价结果落实到实地。通过图件的叠置和检索，将长清区耕地地力划分为 5879 个评价单元。

二、评价信息的提取

影响耕地地力的因子非常多，并且它们在计算机中的存储方式也不相同。因此，如何准确地获取各评价单元评价信息是评价中的重要一环。鉴于此，舍弃直接从键盘输入参评因子值的传统方式，采取将评价单元与各专题图件叠加采集各参评因素的信息。具体的做法是：按唯一标识原则为评价单元编号；在 ARCVIEW 环境下生成评价信息空间库和属性数据库；在 ARCMAP 环境下从图形库中调出各化学性状评价因子的专题图，与评价单元图进行叠加计算出各因子的均值；保持评价单元几何形状不变，在耕地资源管理信息系统中直接对叠加后形成的图形的属性库进行“属性提取”操作，以评价单元为基本统计单位，按面积加权平均汇总评价单元立地条件评价因子的分值。

由此，得到图形与属性相连的、以评价单元为基本单位的评价信息，为后续耕地地力的评价奠定了基础。

第四节 参评因素的选取及其权重确定

正确地进行参评因素的选取并确定其权重，是科学地评价耕地地力的前提，直接关系到评价结果的正确性、科学性和社会可接受性。

一、参评因素的选取

参评因素是指参与评定耕地地力等级的耕地的诸属性。影响耕地地力的因素很多，在本次长清区耕地地力评价中根据长清区的区域特点，遵循主导因素原则、差异性原则、稳定性原则、敏感性原则，采用定量和定性方法结合，进行参评因素的选取。

（一）系统聚类方法

系统聚类方法用于筛选影响耕地地力的理化性状等定量指标，通过聚类将类似的指标进行归并，辅助选取相对独立的主导因子。利用 SPSS 统计软件进行土壤养分等化学性状的系统聚类。

从图 5-5 中可以看出，氯离子、全盐、硝态氮、全氮、交换性钙、有效硅、交换性镁、有效硼、有效钼、有效铁、有效锰、有效锌、有效铜、有效硫聚为一组，有效磷、速效钾、碱解氮、缓效钾聚为一组，有机质为一组，pH 为一组。

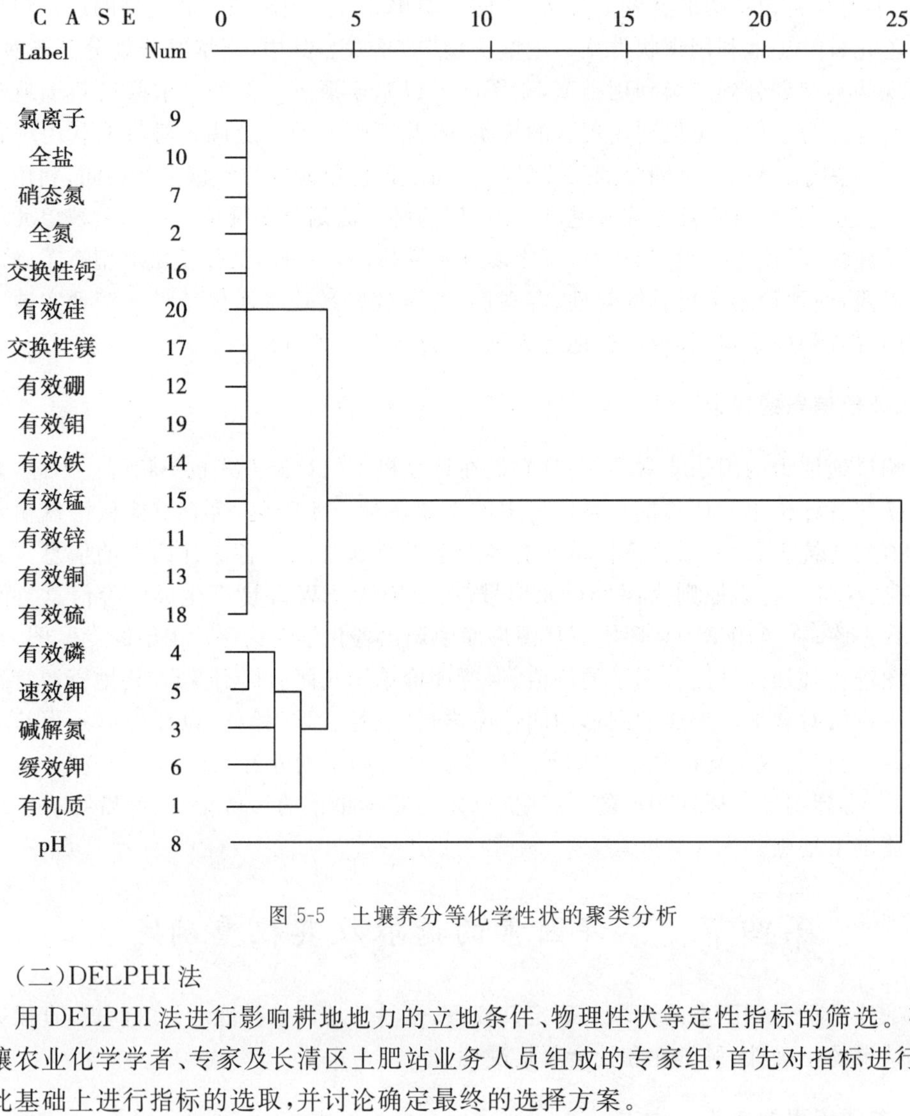

图 5-5 土壤养分等化学性状的聚类分析

（二）DELPHI 法

用 DELPHI 法进行影响耕地地力的立地条件、物理性状等定性指标的筛选。确定由土壤农业化学学者、专家及长清区土肥站业务人员组成的专家组，首先对指标进行分类，在此基础上进行指标的选取，并讨论确定最终的选择方案。

综合以上两种方法，在定量因素中根据各因素对耕地地力影响的稳定性，以及营养元素的全面性，在聚类分析第一组中选取有效锌、有效硼为参评因素，第二组中选取有效磷、速效钾为参评因素，第三组中选取有机质为参评因素。结合专家组选择结果，最后确定灌溉保证率、坡度、地形地貌、耕层质地、剖面构型、障碍层状况、土层厚度、有机质、大量元素

(速效钾、有效磷)、微量元素(有效锌、有效硼)等 12 项因素作为耕地地力评价的参评指标。

二、权重的确定

在耕地地力评价中,需要根据各参评因素对耕地地力的贡献确定权重,确定权重的方法很多,本评价中采用层次分析法(AHP)来确定各参评因素的权重。

层次分析法是在定性方法基础上发展起来的定量确定参评因素权重的一种系统分析方法,这种方法可将人们的经验思维数量化,用以检验决策者判断的一致性,有利于实现定量化评价。

(一)建立层次结构

耕地地力为目标层(G 层),影响耕地地力的立地条件、物理性状、化学性状为准则层(C 层),再把影响准则层中各元素的项目作为指标层(A 层),其结构关系如图 5-6 所示。

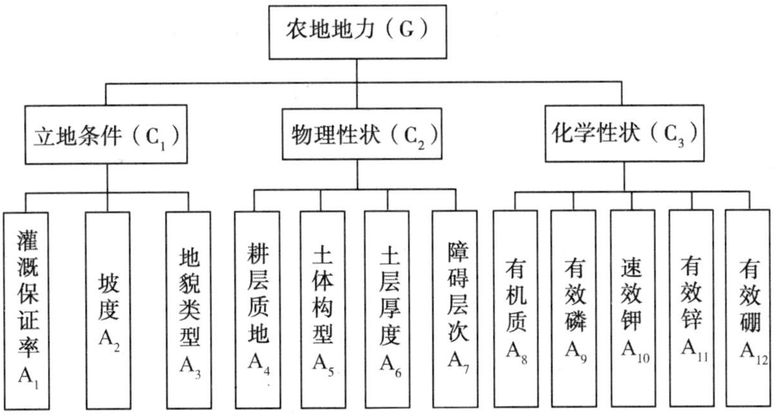

图 5-6　耕地地力影响因素层次结构

(二)构造判断矩阵

根据专家经验,确定 C 层对 G 层以及 A 层对 C 层的相对重要程度,构成 A、C_1、C_2、C_3 共 4 个判断矩阵。例如,耕层质地、土体构型、有效土层厚度、障碍层次状况对耕地物理性状的判断矩阵表示为:

$$C_2=\begin{pmatrix} a_{11} & a_{12} & a_{13} & a_{14} \\ a_{21} & a_{22} & a_{23} & a_{24} \\ a_{31} & a_{32} & a_{33} & a_{34} \\ a_{41} & a_{42} & a_{43} & a_{44} \end{pmatrix}=\begin{pmatrix} 1 & 1.25 & 0.7143 & 1.6667 \\ 0.8 & 1 & 0.5714 & 1.3333 \\ 1.4 & 1.75 & 1 & 2.3333 \\ 0.6 & 0.75 & 0.4286 & 1 \end{pmatrix}$$

其中,a_{ij}(i 为矩阵的行号,j 为矩阵的列号)表示对 C_2 而言,a_i 对 a_j 的相对重要性的数值。

(三)层次单排序及一致性检验

即求取 A 层对 C 层的权数值,可归结为计算判断矩阵的最大特征根对应的特征向量。利用 SPSS 等统计软件,得到的各权数值及一致性检验的结果如表 5-5 所示。

表 5-5　　权数值及一致性检验结果

矩　阵	特征向量					C_I	C_R
矩阵 A		0.4186	0.3488	0.2326		−0.00000537	0.00000926<0.1
矩阵 C_1		0.198	0.3564	0.4455		−0.00000369	0.00000575<0.1
矩阵 C_2	0.2159	0.2699	0.1542	0.3599		0.00000621	0.0000069<0.1
矩阵 C_3	0.0787	0.0945	0.1181	0.2362	0.4724	0.00000549	0.00000491<0.1

可以看出，$C_R<0.1$，具有很好的一致性。

(四)层次总排序及一致性检验

经层次总排序，并进行一致性检验，结果为 $C_I=0.00000369$，$C_R=0.00000402$，具有满意的一致性，最后计算 A 层对 G 层的组合权数值，得到各因子的权重，最终结果如表 5-6 所示。

表 5-6　　各因子的权重

灌溉保证率	0.2248	质地	0.079	障碍层	0.0474	速效钾	0.0556
坡度	0.1252	土体构型	0.0632	有机质	0.0834	有效锌	0.0278
地形地貌	0.0996	土层厚度	0.1106	有效磷	0.0694	有效硼	0.0139

第五节　耕地地力等级的确定

土地是一个灰色系统，系统内部各要素与耕地的生产能力之间关系十分复杂。此外，评价中也存在着许多不严格、模糊性的概念，因此在评价中引入了模糊数学方法，采用模糊评价方法来进行耕地地力等级的确定。

一、参评因素隶属函数的建立

用 DELPHI 法根据一组分布均匀的实测值评估出对应的一组隶属度，然后在计算机中绘制这两组数值的散点图，再根据散点图进行曲线模拟，寻求参评因素实际值与隶属度关系方程，从而建立起隶属函数。各参评因素的分级及其相应的专家赋值和隶属度如表 5-7 所示。

表 5-7 参评因素的分级及其分值

参评因素	分级、分值、隶属度												
地貌类型	分级	缓平坡地	山前倾斜平地	山前缓平地	缓岗	浅平洼地	槽状洼地	河谷高地	河漫滩	河谷梯田	近山阶地	坡麓梯田	荒坡岭
	分值	100	97	95	93	90	87	84	80	60	40	20	10
	隶属度	1.00	0.97	0.95	0.93	0.9	0.87	0.84	0.8	0.6	0.4	0.2	
灌溉保证率	分级	80	70	60	50	30	10	0					
	分值	100	90	80	65	40	10	0					
	隶属度	1.00	0.90	0.80	0.65	0.4	0.1	0					
坡度	分级	0	0.2	0.5	1	3	5	7	10	15	25		
	分值	98	100	98	95	90	80	60	30	10	1		
	隶属度	0.98	1	0.98	0.95	0.9	0.8	0.6	0.3	0.1	0.01		
有机质	分级	2	1.8	1.6	1.4	1.2	1	0.8	0.6				
	分值	100	98	95	90	84	78	65	50				
	隶属度	1.00	0.98	0.95	0.90	0.84	0.78	0.65	0.50				
有效磷	分级	400	300	200	110	80	60	40	30	20	15	10	5
	分值	70	80	90	100	98	96	92	90	85	80	60	40
	隶属度	0.70	0.80	0.90	1.00	0.98	0.96	0.92	0.90	0.85	0.80	0.60	0.40
速效钾	分级	400	320	240	160	120	100	80	60				
	分值	100	98	93	85	82	78	70	50				
	隶属度	1.00	0.98	0.93	0.85	0.82	0.78	0.70	0.50				
有效锌	分级	2	1.5	1.2	1	0.8	0.5	0.3					
	分值	100	92	87	85	80	70	55					
	隶属度	1.00	0.92	0.87	0.85	0.80	0.70	0.55					
有效硼	分级	1.8	1.5	1.2	1	0.8	0.5	0.2					
	分值	100	95	87	85	80	70	55					
	隶属度	1.00	0.95	0.87	0.85	0.80	0.70	0.55					
耕层质地	分级	中壤	轻壤	重壤	沙壤	砂土							
	分值	100	95	80	70	55							
	隶属度	1.00	0.95	0.80	0.70	0.55							

续表

参评因素	分级、分值、隶属度												
障碍层状况	分级	其他	浅黏	夹砂砂姜	砾质	石渣土							
	分值	100	90	80	60	40							
	隶属度	1.00	0.90	0.80	0.60	0.40							
剖面构型	分级	中壤均质	中壤黏腰	轻壤黏腰	轻壤均质	中壤黏心	中壤砂姜腰	中壤砂腰	重壤均质	轻壤砂心	沙壤砂心	中层	薄层
	分值	100	95	95	90	85	85	80	60	60	50	30	10
	隶属度	1.00	0.95	0.95	0.90	0.85	0.85	0.80	0.60	0.60	0.50	0.30	0.10
有效土层	分级	150	130	110	90	70	50	30					
	分值	100	95	88	70	55	35	10					
	隶属度	1.00	0.95	0.88	0.70	0.55	0.35	0.10					

通过模拟共得到正直线型、戒上型、戒下型三种类型的隶属函数，其中有效磷属于以上两种或两种以上的复合型隶属函数，地貌类型、质地等描述性的因素属于正直线型隶属函数，然后根据隶属函数计算各参评因素的单因素评价评语。以有机质为例绘制的散点图和模拟曲线如图 5-7 和图 5-8 所示。

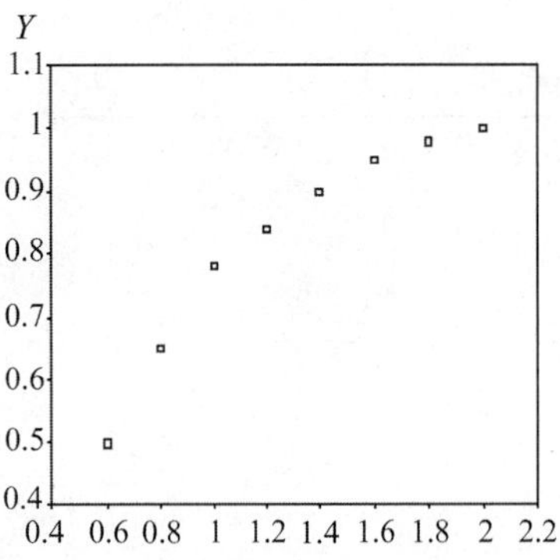

图 5-7　有机质与隶属度关系散点图

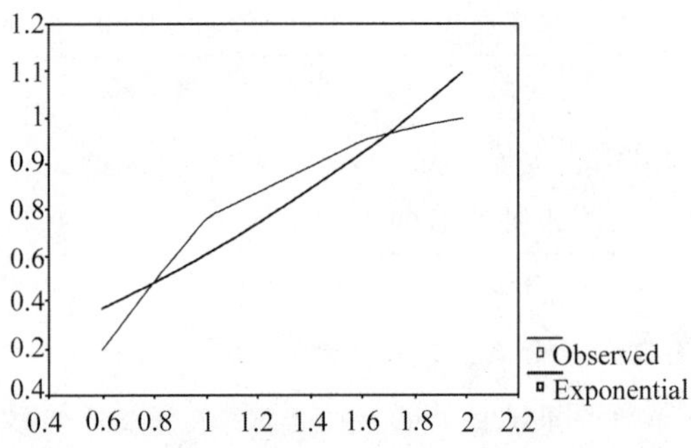

图 5-8　有机质与隶属度关系曲线

其隶属函数为戒上型，形式为：

$$y=\begin{cases}0 & (x\leqslant x_t)\\ 1/[1+A(x-C)^2] & (x_t<x<C)\\ 1 & (C\leqslant x)\end{cases}$$

各参评因素类型及其隶属函数如表 5-8 所示。

表 5-8 参评因素类型及其隶属函数

函数类型	参评因素	隶属函数	A	C	U_1	U_2
戒上型	有机质(g/kg)	$y=1/[1+A(x-C)^2]$	0.543	1.822	0.35	1.822
戒上型	速效钾(mg/kg)	$y=1/[1+A(x-C)^2]$	0.00000760	327.836	15	327.836
戒下型 >110	有效磷(mg/kg)	$y=1/[1+A(x-C)^2]$	0.0000992	80.159	3	80.159
戒上型 >110			0.00000742	111.967	111.967	450
戒上型	有效锌(mg/kg)	$y=1/[1+A(x-C)^2]$	0.245	1.924	0.1	1.924
戒上型	有效硼(mg/kg)	$y=1/[1+A(x-C)^2]$	0.251	1.879	0.1	1.879
正直线型	地貌类型(分值)	$y=Ax$	0.01	0	0	100
正直线型	剖面构型(分值)	$y=Ax$	0.01	0	0	100
正直线型	障碍层状况(分值)	$y=Ax$	0.01	0	0	100
正直线型	耕层质地(分值)	$y=Ax$	0.01	0	0	100
正直线型	坡度(分值)	$y=Ax$	0.01	0	0	100
正直线型	灌溉保证率(分值)	$y=Ax$	0.01	0	0	100
正直线型	有效土层(分值)	$y=Ax$	0.01	0	0	100

二、耕地地力等级的确定

(一)计算耕地地力综合指数

用指数和法来确定耕地的综合指数,公式为:

$$\mathrm{IFI}=\sum F_i \times C_i$$

其中,IFI(Integrated Fertility Index)代表耕地地力综合指数,F_i 为第 i 个因素评语,C_i 为第 i 个因素的组合权重。

具体操作过程:在区域耕地资源管理信息系统中,在“专题评价”模块中编辑立地条件、物理性状和化学性状的层次分析模型以及各评价因子的隶属函数模型,然后选择“耕地生产潜力评价”功能进行耕地地力综合指数的计算。

(二)确定最佳的耕地地力等级数目

计算耕地地力综合指数之后,在耕地资源管理信息系统中选择累积曲线分级法进行评价,根据曲线斜率的突变点(拐点)来确定等级的数目和划分综合指数的临界点,将长清耕地地力共划分为六个级别,各等级耕地地力综合指数如表 5-9 所示,综合指数分布如图 5-9 所示。

表 5-9 长清区耕地地力等级综合指数

IFI	>0.87	0.78～0.87	0.7～0.78	0.6～0.7	0.49～0.6	<0.49
耕地地力等级	一级地	二级地	三级地	四级地	五级地	六级地

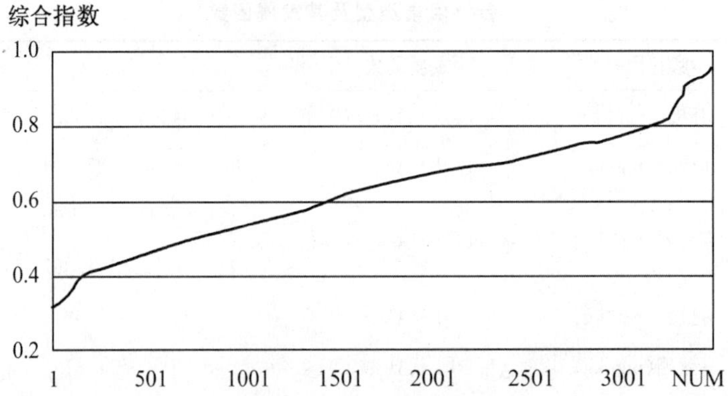

图 5-9　长清区综合指数分布图

第六节　成果图编制及面积量算

一、图件的编制

为了提高制图的效率和准确性，在地理信息系统软件 MAPGIS 的支持下，进行长清区耕地地力评价图及相关图件的自动编绘处理，其步骤大致分以下几步：扫描矢量化各基础图件→编辑点、线→点、线校正处理→统一坐标系→区编辑并对其赋属性→根据属性赋颜色→根据属性加注记→图幅整饰输出。另外还充分发挥 MAPGIS 强大的空间分析功能，用评价图与其他图件进行叠加，从而生成其他专题图件，如评价图与行政区划图叠加，进而计算各行政区划单位内的耕地地力等级面积等。

(一)专题图地理要素底图的编制

专题地图的地理要素内容是专题图的重要组成部分，用于反映专题内容的地理分布，并作为图幅叠加处理等的分析依据。地理要素的选择应与专题内容相协调，考虑图面的负载量和清晰度，应选择基本的、主要的地理要素。

以长清区最新的土地利用现状图为基础，对此图进行制图综合处理，选取主要的居民点、交通道路、水系、境界线等及其相应的注记，进而编辑生成 1∶50000 各专题图地理要素底图。

(二)耕地地力评价图的编制

以耕地地力评价单元为基础，根据各单元的耕地地力评价等级结果，对相同等级的相邻评价单元进行归并处理，得到各耕地地力等级图斑。在此基础上，分两个层次进行图面耕地地力等级的表示：一是颜色表示，即赋予不同耕地地力等级以相应的颜色。二是代号表示，用罗马数字Ⅰ、Ⅱ、Ⅲ、Ⅳ、Ⅴ、Ⅵ表示不同的耕地地力等级，并在评价图相应的耕地地力图斑上注明。将评价专题图与以上的地理要素图复合，整饰得出长清区 1∶50000 耕地地力评价图。

（三）其他专题图的编制

对于有机质、速效钾、有效磷、有效锌等其他专题要素地图，则按照各要素的分级分别赋予相应的颜色，并标注相应的代号，生成专题图层。之后与地理要素图复合，编辑处理生成专题图件，并进行图幅的整饰处理，得出最终专题图。

二、面积的量算

面积的量算可通过与专题图相对应的属性库的操作直接完成。对耕地地力等级面积的量算，则可在 FOXPRO 数据库的支持下，对图件属性库进行操作，检索相同等级的面积，然后汇总得出各类耕地地力等级的面积，根据长清区图幅理论面积进行平差，得到准确的面积数值。对于不同行政区划单位内部、不同的耕地利用类型等的耕地地力等级面积的统计，则通过耕地地力评价图与相应的专题图进行叠加分析，由其相应属性库统计获得。

第六章　耕地地力分析

按照农业部耕地质量调查和评价的规程及相关标准，结合当地实际情况，选取对耕地地力影响较大、区域内变异明显、在时间序列上具有相对稳定性、与农业生产有密切关系的12个因素，进行耕地地力分析，建立评价指标体系。以土壤图与土地利用现状图叠加形成评价单元，应用模糊综合评判方法，通过综合分析，将全区耕地共划分为6个等级，根据评价结果进行耕地地力的系统分析。

第一节　耕地地力等级与分布

一、耕地地力等级面积统计

利用MAPGIS软件，对评价图属性库进行操作，检索统计耕地各等级的面积和图幅总面积。以2009年长清区耕地总面积为基准，按面积比例进行平差，统计得出各耕地地力等级面积。

长清区耕地总面积为36755.87hm^2。其中一级地和二级地占耕地总面积的38.68%，三级地和四级地占耕地总面积的46.37%，五级地和六级地占耕地总面积的14.95%。三级地分布面积最大，占耕地总面积的27.93%，六级地分布面积最小，约占耕地总面积的2.33%（见表6-1）。

表6-1　耕地地力等级面积统计表

等　级	一级地	二级地	三级地	四级地	五级地	六级地
面积（hm^2）	6633.89	7590.14	10270.94	6780.5	4642.78	857.61
占耕地总面积（%）	18.04	20.64	27.93	18.44	12.62	2.33

二、耕地地力空间分布分析

（一）耕地地力等级分布

一级地和二级地主要分布于长清区西北部地区，且分布比较集中，其中一级地占耕地总面积的18.04%，二级地占耕地总面积的20.64%。

三级地、四级地分布比较分散，主要集中在长清区中部和东南部，分布较为分散，其中三级地占耕地总面积的27.93%，四级地占耕地总面积的17.44%。

五级地、六级地主要集中在长清区东南部，其中五级地占耕地总面积的12.62%，六级地占耕地总面积的2.33%。

从各等级的分布地域特征可以看出，等级的高低与地貌类型、土壤类型及海拔高度之间存在着密切的关系，呈现出明显的地域分布规律。随着耕地地力等级的降低，地貌类型沿着黄河冲积平原、山前平原、低山丘陵方向过渡，土壤类型沿着潮土、褐土、棕壤、褐土性土、棕壤性土转化。

（二）耕地地力等级的区域划分

1. 耕地地力等级的行政区域划分

将耕地地力等级分布图与长清区行政区划图进行叠加分析，从耕地地力等级行政区域分布数据库中，按权属字段检索出各等级的记录，统计出1～6级地在各地的分布状况。一级地、二级地所占比例较高的为归德镇、文昌街道办事处、平安街道办事处、崮云湖街道办事处、孝里镇，三级地、四级地所占比例较高的主要为万德镇、马山镇、五峰山街道办事处、张夏镇、孝里镇，五级地、六级地所占比例较高的为万德镇、双泉镇、张夏镇、马山镇、五峰山街道办事处（见表6-2）。

表6-2 长清区耕地地力等级行政区域分布

行政区域		一级地	二级地	三级地	四级地	五级地	六级地	总 计
平安	面积(hm^2)	1695.33	1368.53	171.1	64.62	6.48	0	3306.07
	百分比(%)	51.28	41.39	5.18	1.95	0.2	0	
文昌	面积(hm^2)	2080.68	852.4	564.46	60.72	51.77	9.35	3619.38
	百分比(%)	57.49	23.55	15.6	1.68	1.43	0.26	
崮云湖	面积(hm^2)	165.42	719.51	661.91	243.44	93.06	22.53	1905.88
	百分比(%)	8.68	37.75	34.73	12.77	4.88	1.18	
归德	面积(hm^2)	2672.2	1384.13	828.08	497.54	341.24	84.95	5808.13
	百分比(%)	46.01	23.83	14.26	8.57	5.88	1.46	
孝里	面积(hm^2)	20.26	2003.21	708.32	726.98	656.92	169.41	4285.1
	百分比(%)	0.47	46.75	16.53	16.97	15.33	3.95	
张夏	面积(hm^2)	0	244.75	890.91	1170.87	521.42	79.27	2907.23
	百分比(%)	0	8.42	30.64	40.27	17.94	2.73	
五峰山	面积(hm^2)	0	462.38	1397.62	813.51	478.8	43.07	3195.38
	百分比(%)	0	14.47	43.74	25.46	14.98	1.35	
马山	面积(hm^2)	0	128.62	1851.79	694.23	531	66.66	3272.3
	百分比(%)	0	3.93	56.59	21.22	16.23	2.04	

续表

行政区域		一级地	二级地	三级地	四级地	五级地	六级地	总　计
双泉	面积(hm^2)	0	0	667.67	1291.65	665.2	114.5	2739.01
	百分比(%)	0	0	24.38	47.16	24.29	4.18	
万德	面积(hm^2)	0	426.6	2529.07	1216.95	1296.89	267.87	5737.39
	百分比(%)	0	7.44	44.08	21.21	22.6	4.67	

2. 耕地地力等级的微地貌类型、土壤类型、土壤质地、土体构型等区域划分

耕地地力等级微地貌类型区域面积分布中，一级地山前缓平地最高(37.38%)，其次为缓平坡地(32.29%)(见表6-3)。

表6-3　耕地地力等级微地貌类型区域面积分布

微地貌类型		一级地	二级地	三级地	四级地	五级地	六级地
缓平坡地	耕地面积(hm^2)	2141.94	1645.81	346.16	71.28	0	0
	占本级面积(%)	32.29	21.68	3.37	1.05	0	0
	占耕地总面积(%)	5.82	4.48	0.94	0.19	0	0
交接洼地	耕地面积(hm^2)	338.53	706.22	316.45	0	0	0
	占本级面积(%)	0.37	0.68	0.23	0	0	0
	占耕地总面积(%)	0.92	1.92	0.86	0	0	0
山前缓平地	耕地面积(hm^2)	2479.59	520.88	4.57	0	0	0
	占本级面积(%)	37.38	6.86	0.04	0	0	0
	占耕地总面积(%)	6.74	1.42	0.01	0	0	0
河滩高地	耕地面积(hm^2)	8.99	471.88	456.64	6.4	0	0
	占本级面积(%)	0.14	6.22	4.45	0.09	0	0
	占耕地总面积(%)	0.02	1.28	1.24	0.02	0	0
山前倾斜平地	耕地面积(hm^2)	1325.94	468.05	40.24	2.98	0	0
	占本级面积(%)	19.99	6.17	0.39	0.04	0	0
	占耕地总面积(%)	3.61	1.27	0.11	0.01	0	0
近山阶地	耕地面积(hm^2)	22.03	897.13	672.24	124.54	28.98	0.84
	占本级面积(%)	0.33	11.82	6.55	1.84	0.62	0.1
	占耕地总面积(%)	0.06	2.44	1.83	0.34	0.08	0
近山高阶地	耕地面积(hm^2)	316.88	1289.32	3158.71	1361.06	371.93	50.95
	占本级面积(%)	4.78	16.99	30.75	20.07	8.01	5.94
	占耕地总面积(%)	0.86	3.51	8.59	3.7	1.01	0.14

续表

微地貌类型		一级地	二级地	三级地	四级地	五级地	六级地
岭坡梯田	耕地面积(hm^2)	0	1318.67	3373.69	4267.52	3747.60	365.17
	占本级面积(%)	0	17.37	32.85	62.94	80.72	42.58
	占耕地总面积(%)	0	3.59	9.17	11.6	10.19	0.99
荒岭坡	耕地面积(hm^2)	0	0	57.5	33.61	115.88	409.9
	占本级面积(%)	0	0	0.56	0.5	2.5	47.8
	占耕地总面积(%)	0	0	0.16	0.09	0.32	1.11
沟谷梯田	耕地面积(hm^2)	0	247	1390.07	846.68	338.62	22.3
	占本级面积(%)	0	3.25	13.53	12.49	7.29	2.6
	占耕地总面积(%)	0	0.67	3.78	2.3	0.92	0.06
坡麓梯田	耕地面积(hm^2)	0	25.18	454.67	66.42	39.77	7.61
	占本级面积(%)	0	0.33	4.43	0.98	0.86	0.89
	占耕地总面积(%)	0	0.07	1.24	0.18	0.11	0.02
裸岩地	耕地面积(hm^2)	0	0	0	0	0	0.84
	占本级面积(%)	0	0	0	0	0	0.1
	占耕地总面积(%)	0	0	0	0	0	0

耕地地力等级土壤类型区域面积分布中，一级地所占比例最高的为褐土(65.7%)，其次为潮土(34.3%)；二级地所占比例最高的也为褐土(60.82%)，其次为潮土(31.05%)(见表6-4)。

表6-4　　耕地地力等级土壤类型区域面积分布

土壤类型		一级地	二级地	三级地	四级地	五级地	六级地
潮土	耕地面积(hm^2)	2275.3	2356.51	651.16	24.27	0	0
	占本级面积(%)	34.3	31.05	6.34	0.36	0	0
	占耕地总面积(%)	6.19	6.41	1.77	0.07	0	0
褐土	耕地面积(hm^2)	4358.58	4616.1	6972.03	4392.78	1931.32	478.76
	占本级面积(%)	65.7	60.82	67.88	64.79	41.6	55.82
	占耕地总面积(%)	11.85	12.55	18.96	11.94	5.25	1.3
棕壤	耕地面积(hm^2)	0	326.8	2156.93	2309.32	2711.46	378.85
	占本级面积(%)	0	4.31	21	34.06	58.4	44.18
	占耕地总面积(%)	0	0.89	5.87	6.28	7.37	1.03

续表

土壤类型		一级地	二级地	三级地	四级地	五级地	六级地
风沙土	耕地面积(hm^2)	0	290.74	490.82	54.12	0	0
	占本级面积(%)	0	3.83	4.78	0.80	0	0
	占耕地总面积(%)	0	0.79	1.33	0.15	0	0

耕地地力等级土壤质地区域面积分布中，一级地所占比例最高的为中壤(73.51%)，其次为轻壤(13.85%)；二级地所占比例最高的也为中壤(57.12%)，其次为轻壤(27.03%)(见表6-5)。

表 6-5　耕地地力等级土壤质地区域面积分布

土壤质地		一级地	二级地	三级地	四级地	五级地	六级地
轻壤	耕地面积(hm^2)	919.04	2051.78	1647.78	1105.42	993.81	362.82
	占本级面积(%)	13.85	27.03	16.04	16.3	21.41	42.31
	占耕地总面积(%)	2.5	5.58	4.48	3.01	2.7	0.99
砂土	耕地面积(hm^2)	0	290.74	671.87	387.99	150.8	0
	占本级面积(%)	0	3.83	6.54	5.72	3.25	0
	占耕地总面积(%)	0	0.79	1.83	1.06	0.41	0
中壤	耕地面积(hm^2)	4876.76	4335.63	7745.51	5082.14	3041	41.83
	占本级面积(%)	73.51	57.12	75.41	74.95	65.5	4.88
	占耕地总面积(%)	13.26	11.79	21.06	13.82	8.27	0.11
重壤	耕地面积(hm^2)	835.48	583.52	101.83	24.28	0	0
	占本级面积(%)	12.59	7.69	0.99	0.36	0	0
	占耕地总面积(%)	2.27	1.59	0.28	0.07	0	0
沙壤	耕地面积(hm^2)	2.62	328.47	103.96	180.67	457.18	452.95
	占本级面积(%)	0.04	4.33	1.01	2.66	9.85	52.82
	占耕地总面积(%)	0.01	0.89	0.28	0.49	1.24	1.23

耕地地力等级土体构型区域面积分布中，一级地所占比例最高的为夹黏型(45.54%)，其次为均质型(41.26%)，五级地、六级地所占比例最高的为夹砂型(见表6-6)。

表 6-6　　耕地地力等级土体构型区域面积分布

土体构型		一级地	二级地	三级地	四级地	五级地	六级地
夹壤型	耕地面积(hm^2)	249.04	240.09	244.81	544.53	236.1	0
	占本级面积(%)	3.75	3.16	2.38	8.03	5.09	
	占耕地总面积(%)	0.68	0.65	0.67	1.48	0.64	0
夹砂型	耕地面积(hm^2)	626.04	667.25	1031.04	2233.59	3538.42	857.61
	占本级面积(%)	9.44	8.79	10.04	32.94	76.21	100
	占耕地总面积(%)	0.03	0.02	0.03	0.09	0.21	0.27
夹黏型	耕地面积(hm^2)	3021.36	2119.21	3213.94	973.97	108.8	0
	占本级面积(%)	45.54	27.92	31.29	14.36	2.34	
	占耕地总面积(%)	8.22	5.76	8.74	2.65	0.3	0
均质型	耕地面积(hm^2)	2737.44	4563.6	5781.14	3028.4	759.46	0
	占本级面积(%)	41.26	60.13	56.29	44.66	16.36	
	占耕地总面积(%)	7.44	12.41	15.72	8.23	2.07	0

耕地地力等级土层厚度区域面积分布中，一级地所占比例最高的为 120cm 土层厚度，占 64.52%，五级地、六级地土层厚度普遍较小(见表 6-7)。

表 6-7　　耕地地力等级土层厚度区域面积分布

土层厚度(cm)		一级地	二级地	三级地	四级地	五级地	六级地
120	耕地面积(hm^2)	4280.49	2635.7	3379.33	1089.73	141.07	0
	占本级面积(%)	64.52	34.73	32.9	16.07	3.04	0
	占耕地总面积(%)	11.64	7.17	9.19	2.96	0.38	0
100	耕地面积(hm^2)	2353.41	3540.82	5649.98	3856.69	1146.35	0
	占本级面积(%)	35.48	46.65	55.01	56.88	24.69	0
	占耕地总面积(%)	6.4	9.63	15.36	10.49	3.12	0
35	耕地面积(hm^2)	0	312.72	569.05	326.61	374.85	25.81
	占本级面积(%)	0	4.12	5.54	4.82	8.07	3.01
	占耕地总面积(%)	0	0.85	1.55	0.89	1.02	0.07
10	耕地面积(hm^2)	0	1100.9	672.58	1497.15	2537.78	551.5
	占本级面积(%)	0	14.5	6.55	22.08	54.66	64.31
	占耕地总面积(%)	0	2.99	1.83	4.07	6.9	1.50

续表

土层厚度(cm)		一级地	二级地	三级地	四级地	五级地	六级地
5	耕地面积(hm^2)	0	0	0	10.32	442.73	280.3
	占本级面积(%)	0	0	0	1.41	60.37	38.22
	占耕地总面积(%)	0	0	0	0.03	1.2	0.76

耕地地力等级坡度区域面积分布中，一级地所占比例最高的为0.2°，占47.65%，其次为0.5°，占42.44%，一级地坡度较小(见表6-8)。

表6-8 耕地地力等级坡度区域面积分布

坡度		一级地	二级地	三级地	四级地	五级地	六级地
0°	耕地面积(hm^2)	8.16	51.84	52.26	0	0	0
	占本级面积(%)	0.12	0.68	0.51	0	0	0
	占耕地总面积(%)	0.02	0.14	0.14	0	0	0
0.2°	耕地面积(hm^2)	3161.24	1491.67	285.72	60.28	3.11	0
	占本级面积(%)	47.65	19.65	2.78	0.89	0.07	0
	占耕地总面积(%)	8.6	4.06	0.78	0.16	0.01	0
0.5°	耕地面积(hm^2)	2815.53	2089.92	965.62	57.9	1.41	0
	占本级面积(%)	42.44	27.53	9.4	0.85	0.03	0
	占耕地总面积(%)	7.66	5.68	2.63	0.16	0	0
1°	耕地面积(hm^2)	279.4	662.82	344.91	169.81	0	0
	占本级面积(%)	4.21	8.73	3.36	2.50	0	0
	占耕地总面积(%)	0.76	1.8	0.94	0.46	0	0
3°	耕地面积(hm^2)	364.35	3104.82	6198.37	1555.7	91.03	28.46
	占本级面积(%)	5.49	40.91	60.35	22.94	1.96	3.32
	占耕地总面积(%)	0.99	8.44	16.85	4.23	0.25	0.08
5°	耕地面积(hm^2)	0	108.52	1500.73	1170.01	152.26	19.24
	占本级面积(%)	0	1.43	14.61	17.26	3.28	2.24
	占耕地总面积(%)	0	0.3	4.08	3.18	0.41	0.05
7°	耕地面积(hm^2)	5.2	24.95	709.5	1078.8	401.68	36.37
	占本级面积(%)	0.08	0.33	6.91	15.91	8.65	4.24
	占耕地总面积(%)	0.01	0.07	1.93	2.93	1.09	0.1

续表

坡　度		一级地	二级地	三级地	四级地	五级地	六级地
10°	耕地面积(hm^2)	0	24.4	120.24	1741.7	1695.74	160.94
	占本级面积(%)	0	0.32	1.17	25.69	36.52	18.77
	占耕地总面积(%)	0	0.07	0.33	4.74	4.61	0.44
15°	耕地面积(hm^2)	0	0	25.12	659.7	1176.86	270.31
	占本级面积(%)	0	0	0.24	9.73	25.35	31.52
	占耕地总面积(%)	0	0	0.07	1.79	3.2	0.74
25°	耕地面积(hm^2)	0	31.19	68.46	286.61	1120.7	342.28
	占本级面积(%)	0	0.41	0.67	4.23	24.14	39.91
	占耕地总面积(%)	0	0.08	0.19	0.78	3.05	0.93

耕地地力等级障碍层区域分布中，前五级地所占比例最高的均为其他类型障碍层（见表 6-9）。

表 6-9　　　耕地地力等级障碍层区域分布

障碍层		一级地	二级地	三级地	四级地	五级地	六级地
其他	耕地面积(hm^2)	3285.21	4705.37	7578.49	5263.55	3241.47	98.55
	占本级面积(%)	49.52	61.99	73.79	77.63	69.82	11.49
	占耕地总面积(%)	8.93	12.79	20.61	14.31	8.81	0.27
浅黏	耕地面积(hm^2)	2339.65	1635.22	2011.99	896.32	141.07	0
	占本级面积(%)	35.27	21.54	19.59	13.22	3.04	0
	占耕地总面积(%)	6.36	4.45	5.47	2.44	0.38	0
夹砂砂浆	耕地面积(hm^2)	628.68	819.99	638.57	619.91	1260.24	759.06
	占本级面积(%)	9.48	10.8	6.22	9.14	27.14	88.51
	占耕地总面积(%)	1.71	2.23	1.74	1.69	3.43	2.06
深夹	耕地面积(hm^2)	380.36	429.56	41.9	0.71	0	0
	占本级面积(%)	5.73	5.66	0.41	0.01	0	0
	占耕地总面积(%)	1.03	1.17	0.11	0	0	0

耕地地力等级灌溉次数区域分布中，一级地所占比例最高的为 4 次灌溉，占 93.8%（见表 6-10）。

表 6-10 耕地地力等级灌溉次数区域分布

灌溉次数		一级地	二级地	三级地	四级地	五级地	六级地
0	耕地面积(hm^2)	0	0	0	1704.63	1366.62	382.07
	占本级面积(%)	0	0	0	25.14	29.44	44.55
	占耕地总面积(%)	0	0	0	4.64	3.72	1.04
1	耕地面积(hm^2)	0	0	4499.74	3491.58	2742.1	387.95
	占本级面积(%)	0	0	43.81	51.49	59.06	45.24
	占耕地总面积(%)	0	0	12.24	9.49	7.46	1.05
2	耕地面积(hm^2)	0	2513.6	4426.34	1386.9	450.15	87.59
	占本级面积(%)	0	33.12	43.1	20.45	9.7	10.21
	占耕地总面积(%)	0	6.83	12.04	3.77	1.22	0.24
3	耕地面积(hm^2)	411.31	3219.94	897.45	167.93	43.91	0
	占本级面积(%)	6.2	42.42	8.74	2.48	0.95	0
	占耕地总面积(%)	1.12	8.76	2.44	0.46	0.12	0
4	耕地面积(hm^2)	6222.58	1856.6	447.41	29.46	40.01	0
	占本级面积(%)	93.8	24.46	4.36	0.43	0.86	0
	占耕地总面积(%)	16.92	5.05	1.22	0.08	0.11	0

第二节 耕地地力等级分述

一、一级地

(一)面积与分布

一级地综合评价指数高于 0.87,耕地面积为 6633.89hm^2,占全区耕地总面积的 18.04%。其中水浇地 5823.87hm^2,占一级地面积的 87.79%;旱地 724.88hm^2,占一级地面积的 10.93%;此外有少部分菜地 85.15hm^2,仅占一级地面积的 1.28%(见表 6-11)。

表 6-11 一级地各利用类型面积

利用类型	评价单元(个)	面积(hm^2)	占耕地总面积(%)	占一级地面积(%)
水浇地	944	5823.87	15.84	87.79
旱地	186	724.88	1.97	10.93
菜地	24	85.15	0.23	1.28
合计	1154	6633.89	18.04	100

一级地主要分布于归德、文昌、平安,崮云湖、孝里面积较小,其余地区没有一级地分布。

（二）主要属性分析

一级地土壤类型以褐土、潮土为主。其中褐土 4358.58hm^2，占一级地面积的 65.7％；潮土 2275.3hm^2，占一级地面积的 34.3％。土壤表层质地中，中壤占一级地面积的 73.51％，轻壤占一级地面积的 13.85％，重壤占一级地面积的 12.59％。土体构型中，均质型占一级地面积的 41.26％，夹黏型占一级地面积的 45.54％，无明显障碍层次。微地貌类型以山前缓平地、缓平坡地为主，坡度为 0.2°～0.5°，土壤理化性状良好，可耕性强。农田水利设施较为完善，灌排条件好，灌溉保证率均达到 100％，土壤养分含量较高，除有效硫较低，其他各养分状况均处于中等及偏上水平（见表 6-12）。

表 6-12　　一级地主要养分含量

项　目	平均值	范围值	含量水平
有机质(g/kg)	14.4	9.3～21	中偏上
有效磷(mg/kg)	22	7.1～87.6	中偏上
速效钾(mg/kg)	129	54～256	中等
有效锌(mg/kg)	1.15	0.49～3.41	中偏上
有效硼(mg/kg)	0.32	0.14～0.89	中偏上
缓效钾(mg/kg)	814	479～1448	中等
碱解氮(mg/kg)	81	42～130	中等
有效锰(mg/kg)	19.28	9.07～42.38	中等
有效铜(mg/kg)	1.34	0.73～3.45	中等
有效铁(mg/kg)	14.84	7.86～33.15	中等
pH	8.1	7.1～8.5	中等碱性
有效钼(mg/kg)	0.17	0.05～0.35	中等
有效硫(mg/kg)	15.9	6.2～70.3	较低
有效硅(mg/kg)	556.88	184.85～1280.93	丰富
全氮(g/kg)	1.01	0.59～1.51	中等
交换性镁(mg/kg)	299	154～773	中等偏上
交换性钙(mg/kg)	6748	1896～17330	中等偏上

（三）存在问题

一是全区高产稳产粮菜基地复种指数高，土壤利用率高，地力消耗大，有机肥投入不足，化肥施用量较大；二是施肥、用药种类与比例不合理，缺乏针对性，盲目性较大；三是耕作多为机械旋耕，致使犁底层加厚、耕层变浅，制约农产品产量的进一步提高；四是水源条件好，农田灌溉存在大水漫灌现象，造成水资源的严重浪费；五是该地区是全区经济较好地区，工矿企业相对较多，点源污染程度有所加重，影响耕地的质量和农产品的品质。

(四)合理利用

一级地是全区综合性能最好的耕地,各项评价指标均属良好型。土层厚,排灌性好,易于耕作,养分含量高,保肥、保水性好,适于各种作物生长。利用方向是结合各类耕地质量提升等项目建设,努力改善基础条件,实行区域化、标准化生产,提升产出水平。建立小麦、玉米主要粮食作物高产稳产田 20000hm^2,蔬菜种植发展面积 4000hm^2。为此,在生产上应结合高产创建、科技入户、配方施肥等工程,加大宣传力度,转变观念,提高认识,加大农业投入,提升农业综合生产能力;实施深耕,打破犁底层,增施有机肥,增加土壤有机质含量,实施平衡施肥,防止土壤污染,适量补施微肥,提高耕地质量;加大检测力度,确保施肥、用药安全,维护生态环境;完善防渗渠道,发展移动管道、喷灌、滴灌等节水灌溉模式,节约水资源;科学规划,严格控制建设用地,加强保护,做到用养结合、可持续利用。

二、二级地

(一)面积与分布

二级地综合评价指数为 0.78～0.87,耕地面积为 7590.14hm^2,占全区耕地总面积的 20.64%。其中灌溉水田 5.76hm^2,仅占二级地面积的 0.08%;水浇地 4106.31hm^2,占二级地面积的 54.1%;旱地 3419.45hm^2,占二级地面积的 45.05%;菜地 58.63hm^2,占二级地面积的 0.77%(见表 6-13)。

表 6-13 二级地各利用类型面积

利用类型	评价单元(个)	面积(hm^2)	占耕地总面积(%)	占二级地面积(%)
灌溉水田	4	5.76	0.02	0.08
水浇地	722	4106.31	11.17	54.1
旱地	508	3419.45	9.3	45.05
菜地	23	58.63	0.16	0.77
总计	1257	7590.14	20.64	100

二级地主要分布在孝里、归德、平安、文昌、崮云湖,其中以孝里分布面积最大,为 2003.21hm^2,占该镇耕地面积的 46.75%,占二级地的 26.39%。五峰山、马山、万德、张夏、双泉有少量分布。

(二)主要属性分析

二级地土壤类型以褐土、潮土为主,兼有少量棕壤。其中褐土 4616.4hm^2,占二级地面积的 60.8%;潮土 2356.51hm^2,占二级地面积的 31.05%;棕壤 326.8hm^2,占二级地面积的 4.31%。土壤表层质地主要是轻壤和中壤。其中轻壤 2051.78hm^2,占二级地面积的 27.03%;中壤 4335.63hm^2,占二级地面积的 57.12%。土体构型以轻壤均质、中壤均质、中壤厚黏心为主。微地貌类型以缓平坡地、岭坡梯田、近山高阶地为主,坡度为 0.2°～5°,土壤理化性状良好,可耕性较强。农田水利设施较为完善,灌排条件良好,灌溉保证率在 75%左右。除有效硫较低,土壤养分含量均处于中等水平以上(见表 6-14)。

表 6-14 二级地主要养分含量

项　目	平均值	范围值	含量水平
有机质(g/kg)	13.8	6.7～25	中偏上
有效磷(mg/kg)	16.3	5～48.2	中等
速效钾(mg/kg)	139	54～385	中偏上
有效锌(mg/kg)	1	0.49～2.89	中偏上
有效硼(mg/kg)	0.32	0.09～0.71	中偏上
缓效钾(mg/kg)	808	379～1289	中等
碱解氮(mg/kg)	77	40～147	中等
有效锰(mg/kg)	16.13	6.46～46.43	中等偏下
有效铜(mg/kg)	1.22	0.61～2.86	中等
有效铁(mg/kg)	13.28	5.25～45.4	中等
pH	8.1	5.9～8.5	中等碱性
有效钼(mg/kg)	0.18	0.06～0.57	中等
有效硫(mg/kg)	19.3	5～172.8	较低
有效硅(mg/kg)	539.47	180.77～1544.45	丰富
全氮(g/kg)	0.98	0.59～1.48	中等偏下
交换性镁(mg/kg)	292	142～719	中等
交换性钙(mg/kg)	8240	1269～28278	中等偏上

(三)存在问题

一是分布在孝里、归德、平安、文昌的部分二级地,因地处黄泛平原的缓平坡地和部分交接洼地上,地势低洼,地下水不断受黄河泛滥和山洪补给影响,内排不畅,外排不良,有的地片是质地不良的重壤,“干时像把刀,湿时一包糟”,适耕期较短,作物不好拿全苗,影响作物产量,部分地区耕层中存在浅黏等障碍性层次;二是分布在五峰山、马山、万德、张夏、双泉的少量二级地,因地处岭坡梯田、近山高阶地上,灌水设施不完善,轮灌周期过长;三是随着耕作制度的改变,复种指数日益提高,产量显著增加,土壤中养分的循环加快,有机质较低,满足不了用地、养地的需要,加上石灰岩地带土壤中的游离磷素被土壤中的钙质固定,致使土壤中缺磷少氮,无法满足高产的需要。

(四)合理利用

该区域是长清区粮食主产区,改良利用方向是搞好规划,建设高产稳产粮田。以黄河标准化堤防工程为基础,以改善生态环境、提高农业产出和效益为重点,发展水产业、林业、牧业、湿地旅游等特色主导产业。合理改良利用的措施为增施有机肥料,实行秸秆直接还田或过腹还田,不断培肥地力。采取深耕、深松等措施,破除犁底层,改良土壤质地和构型,以利于作物根系伸展。同时与农田基础建设相结合,兴修水利,大力推广节水灌溉技术,扩大灌溉面积。因地制宜地推广测土配方施肥技术,着重补施磷肥。

三、三级地

(一)面积与分布

三级地综合评价指数为0.7～0.78,是长清区分布面积最大的土地级别,耕地面积为10270.94hm²,占全区耕地总面积的27.93%。其中旱地7995.38hm²,占三级地面积的77.84%;水浇地2214.34hm²,占三级地面积的21.56%;菜地47.55hm²,占三级地的0.46%;灌溉水田13.67hm²,仅占三级地面积的0.13%(见表6-15)。

表6-15　三级地各利用类型面积

利用类型	评价单元(个)	面积(hm²)	占耕地总面积(%)	占三级地面积(%)
灌溉水田	5	13.67	0.04	0.13
水浇地	380	2214.34	6.02	21.56
旱地	988	7995.38	21.74	77.84
菜地	12	47.55	0.13	0.46
合计	1385	10270.94	27.93	100

三级地主要分布在万德、马山、五峰山、张夏、孝里、双泉、崮云湖,其中以万德分布面积最大,为2529.07hm²,占该镇耕地面积的44.08%,占三级地的24.62%。归德、文昌、平安有少量分布。

(二)主要属性分析

三级地土壤类型以褐土、棕壤土为主,兼有少量潮土、风沙土。其中褐土6972.03hm²,占三级地面积的67.9%;棕壤2156.93hm²,占三级地面积的21%;潮土651.16hm²,占三级地面积的6.3%。土壤表层质地主要是中壤、轻壤和砂土。其中中壤7745.51hm²,占三级地面积的75.41%;轻壤1647.78hm²,占三级地面积的16.04%;砂土671.87hm²,占三级地面积的6.54%。土体构型以中壤均质、中壤厚黏心、轻壤均质、中壤黏腰为主,有少量中层和砂均质。微地貌类型主要是岭坡梯田、近山高阶地、沟谷、梯田、近山阶地,有少量荒岭坡,坡度为0.5°～10°。灌溉保证率在50%左右。全氮、碱解氮、有效锰、有效钼、有效硫土壤养分中等偏下,其他均为中等或中等偏上(见表6-16)。

表6-16　三级地主要养分含量

项　目	平均值	范围值	含量水平
有机质(g/kg)	12.9	4.6～20.9	中等
有效磷(mg/kg)	16.4	4.9～82.5	中等
速效钾(mg/kg)	134	48～429	中偏上
有效锌(mg/kg)	0.94	0.4～3.28	中等
有效硼(mg/kg)	0.27	0.06～1.03	中等
缓效钾(mg/kg)	828	384～1947	中等

续表

项 目	平均值	范围值	含量水平
碱解氮(mg/kg)	67	26～128	中等偏下
有效锰(mg/kg)	16.28	5.69～41.29	中等偏下
有效铜(mg/kg)	1.13	0.5～2.93	中等
有效铁(mg/kg)	14.16	5.03～42.33	中等
pH	7.9	5.1～8.5	中等碱性
有效钼(mg/kg)	0.15	0.04～0.54	中等偏下
有效硫(mg/kg)	15.5	6.1～90.4	较低
有效硅(mg/kg)	536.11	174.57～1393.98	丰富
全氮(g/kg)	0.96	0.53～1.57	中等偏下
交换性镁(mg/kg)	242	117～598	中等
交换性钙(mg/kg)	6798	817～27445	中等偏上

(三)存在问题

三级地是平原向山区过渡的等级类型,各种属性介于两者之间,部分耕地灌溉条件受一定限制。耕地大平小不平,地块微有倾斜,耕地养分存在不平衡现象。砂土面积为671.87hm^2,相对较大。

(四)合理利用

一是搞好农田基本建设,维护和建设水利设施,大力推广节水灌溉,提高灌溉保证率;二是平田整地,深翻改土,加深耕层厚度,改善土壤物理性状;三是增施有机肥,改善土壤养分状况。

四、四级地

(一)面积与分布

四级地综合评价指数为0.6～0.7,耕地面积为6780.5hm^2,占全区耕地总面积的18.44%。其中旱地6430.54hm^2,占四级地面积的94.84%;水浇地343.49hm^2,占四级地面积的5.07%;菜地6.47hm^2,占四级地面积的0.1%(见表6-17)。

表6-17 四级地各利用类型面积

利用类型	评价单元(个)	面积(hm^2)	占耕地总面积(%)	占四级地面积(%)
水浇地	73	343.49	0.93	5.07
旱地	936	6430.54	17.49	94.84
菜地	1	6.47	0.02	0.1
合计	1010	6780.5	18.44	100

四级地主要分布双泉、张夏、万德、五峰山、孝里、马山、归德、崮云湖，其中以双泉分布面积最大，为1291.65hm²，占该镇耕地面积的47.16%，占四级地面积的19.05%。文昌、平安有少量分布。

（二）主要属性分析

四级地土壤类型以褐土、棕壤为主，兼有少量潮土。其中褐土4392.78hm²，占四级地面积的64.8%；棕壤2309.32hm²，占四级地面积的34.1%；潮土24.27hm²，占四级地面积的0.36%。土壤表层质地主要是轻壤、中壤和砂土。其中中壤5082.14hm²，占四级地面积的74.95%；轻壤1150.42hm²，占四级地面积的16.3%；砂土387.99hm²，占四级地面积的5.72%。土体构型以轻壤均质、中壤均质、中壤厚砂底、中壤厚黏心为主，耕层中含有砂姜等明显障碍性层次。微地貌类型以岭坡梯田、近山高阶地、沟谷梯田、近山阶地为主，有少量坡麓梯田和荒岭坡，地形坡度为3°～25°。少部分地区灌溉保证率能达到50%，土壤养分含量与三级地相比，基本持平（见表6-18）。

表6-18 四级地主要养分含量

项　目	平均值	范围值	含量水平
有机质(g/kg)	13.4	6.8～28.7	中等
有效磷(mg/kg)	14.5	5.2～70.9	中偏下
速效钾(mg/kg)	129	41～298	中偏下
有效锌(mg/kg)	0.91	0.37～2.96	中等
有效硼(mg/kg)	0.25	0.08～0.94	中等
缓效钾(mg/kg)	840	414～3437	中等
碱解氮(mg/kg)	63	32～111	中等偏下
有效锰(mg/kg)	15.96	8.12～37.64	中等偏下
有效铜(mg/kg)	1.02	0.51～3.32	中等偏下
有效铁(mg/kg)	14.23	4.51～46.27	中等
pH	7.7	4.9～8.4	中等碱性
有效钼(mg/kg)	0.14	0.03～0.47	中等偏下
有效硫(mg/kg)	15.9	4.6～89.4	较低
有效硅(mg/kg)	548.12	181.57～1348.16	丰富
全氮(g/kg)	0.98	0.63～1.62	中等偏下
交换性镁(mg/kg)	219	107～708	中等偏下
交换性钙(mg/kg)	6753	1115～31466	中等偏上

（三）存在问题

该级地耕层中存在浅黏、夹砂砂姜等障碍性层次，阻碍作物的正常发育。地形坡度较大，不宜种植作物，容易引起水土流失等地质灾害。农田水利设施不完善，灌溉条件较差。

土壤养分有效硅、交换性钙较高,其他养分含量处于中等偏下水平,对作物生长不利。

(四)合理利用

修筑梯田,平整土地,增施有机肥,改善土壤环境;调整种植业结构,大力发展旱作农业,利用山区环境好、无污染的特点,引导鼓励农民发展果品生产,大力拓展中药材、茶叶种植等新兴产业;进一步兴修农田水利,提高雨水利用率;增施磷、钾肥和微肥,改善土壤养分状况。

五、五级地

(一)面积与分布

五级地综合评价指数为 0.49～0.6,面积为 4642.78hm²,占全区耕地总面积的 12.62%。其中旱地 4575.89hm²,占五级地面积的 98.56%;水浇地 66.89hm²,占五级地面积的 1.44%(见表 6-19)。

表 6-19 五级地各利用类型面积

利用类型	评价单元(个)	面积(hm²)	占耕地总面积(%)	占五级地面积(%)
水浇地	12	66.89	0.18	1.44
旱地	779	4575.89	12.44	98.56
合计	791	4642.78	12.62	100

五级地主要分布在万德、孝里、双泉、张夏、马山、五峰山、归德,其中以万德分布面积最大,为 1269.89hm²,占该镇耕地面积的 22.60%,占五级地的 27.35%。崮云湖、文昌、平安有少量分布。

(二)主要属性分析

五级地土壤类型以棕壤、褐土为主。其中褐土 1931.32hm²,占五级地面积的 41.6%;棕壤 2711.46hm²,占五级地面积的 58.4%。土壤表层质地以中壤、轻壤和沙壤为主。其中中壤 3041hm²,占五级地面积的 65.5%;轻壤 993.81hm²,占五级地面积的 21.41%;沙壤 457.18hm²,占五级地面积的 9.8%。土体构型以中壤厚砂腰、中壤均质和轻壤厚砂腰为主,有少量中壤薄壤心和沙壤薄砂心。耕层中含有砂姜等明显障碍性层次。微地貌类型以岭坡梯田、近山高阶地、沟谷梯田和荒岭坡为主,有少量坡麓梯田和近山阶地。地形坡度为 3°～25°。少部分地区灌溉保证率能达到 50%,绝大部分无灌溉条件。土壤养分含量有效硅、交换性钙较高,其他中等或中等偏下(见表 6-20)。

表 6-20 五级地主要养分含量

项 目	平均值	范围值	含量水平
有机质(g/kg)	13.3	6.5～30	中等
有效磷(mg/kg)	14.1	4.8～37	中偏下
速效钾(mg/kg)	122	39～281	中偏下

续表

项　目	平均值	范围值	含量水平
有效锌(mg/kg)	0.89	0.27～2.49	中等
有效硼(mg/kg)	0.22	0.06～0.63	中等偏下
缓效钾(mg/kg)	835	265～3184	中等
碱解氮(mg/kg)	60	31～101	较缺乏
有效锰(mg/kg)	15.57	7.71～34.62	中等偏下
有效铜(mg/kg)	0.98	0.43～2.64	中等偏下
有效铁(mg/kg)	14.83	5.94～38.94	中等
pH	7.6	4.2～8.5	中等碱性
有效钼(mg/kg)	0.13	0.03～0.56	中等偏下
有效硫(mg/kg)	16	6～71.8	较低
有效硅(mg/kg)	511.3	166.39～1114.82	丰富
全氮(g/kg)	0.97	0.51～1.56	中等偏下
交换性镁(mg/kg)	214	105～625	中等偏下
交换性钙(mg/kg)	6467	939～26465	中等偏上

(三)存在问题及合理利用

这部分耕地近年来一直是长清区中低产田改造的重点。因该级地主要分布在山丘地区的荒山岭和近山高阶地上，灌溉条件差，耕层中存在障碍性层次，地形坡度较大，不宜大面积开发整理成耕地，应根据实际情况发展林果业，种植核桃、板栗、苹果、桃、樱桃、玉杏等果品。同时加大荒山治理力度，综合整治山水林田路。

合理利用措施是整修梯田，营造水土保持林，提高综合控制水土的能力，因土制宜地调整农业种植结构，发展耐旱、耐土壤贫瘠的作物；扩大油菜种植面积，发展观光农业；栽植经济林木，实行多种经营，增加农民收入。

六、六级地

(一)面积与分布

六级地综合评价指数低于 0.49，耕地面积为 857.61hm²，占全区耕地总面积的 2.33%，是全区面积最小的土地级别。其中旱地 855.74hm²，占六级地面积的 99.78%；水浇地 1.87hm²，仅占六级地面积的 0.22%(见表 6-21)。

表 6-21　六级地各利用类型面积

利用类型	评价单元(个)	面积(hm²)	占耕地总面积(%)	占六级地面积(%)
水浇地	1	1.87	0.01	0.22
旱地	281	855.74	2.33	99.78
合计	282	857.61	2.33	100

六级地主要分布在万德、孝里、双泉、归德、张夏、马山，其中以万德分布面积最大，为267.87hm^2，占该镇耕地面积的4.67%，占六级地的31.23%。五峰山、崮云湖、文昌有少量分布，平安无六级地分布。

（二）主要属性分析

六级地土壤类型全部为褐土性土或棕壤性土。褐土性土478.76hm^2，占六级地面积的55.8%；棕壤性土378.85hm^2，占六级地面积的44.2%。土壤表层质地以沙壤为主，部分为轻壤。土体构型为沙壤砂心或中壤砂腰。耕层中含有砂姜等明显障碍性层次。微地貌类型以荒岭坡、岭坡梯田、近山高阶地为主，有少量沟谷梯田。地形坡度大于10°。灌溉保证水平低，有大量的无灌溉区。土壤养分含量与五级地基本持平，有效硅、交换性钙含量较高，其他养分含量均较低（见表6-22）。

表6-22 六级地主要养分含量

项 目	平均值	范围值	含量水平
有机质(g/kg)	13	7～25.1	中等
有效磷(mg/kg)	13	5.3～29.6	中偏下
速效钾(mg/kg)	126	46～246	中偏下
有效锌(mg/kg)	0.84	0.31～2.04	中偏下
有效硼(mg/kg)	0.2	0.07～0.52	中偏下
缓效钾(mg/kg)	829	405～1850	中等
碱解氮(mg/kg)	59	32～108	较缺乏
有效锰(mg/kg)	14.81	7.59～29.08	中等偏下
有效铜(mg/kg)	0.96	0.43～2.15	中等偏下
有效铁(mg/kg)	14.06	7.86～34.69	中等
pH	7.7	4.8～8.4	中等碱性
有效钼(mg/kg)	0.13	0.04～0.39	较缺乏
有效硫(mg/kg)	17.7	6.8～69.6	较低
有效硅(mg/kg)	515.64	201.12～1082.64	丰富
全氮(g/kg)	0.95	0.54～1.71	中等偏下
交换性镁(mg/kg)	215	129～560	中等偏下
交换性钙(mg/kg)	7365	1174～27585	中等偏上

（三）存在问题及合理利用

六级地土壤物理条件较差，大部分存在砂姜、深夹等障碍性层次，较大的地形坡度使得灌溉水平极低，大部分只能靠天吃饭，不宜种植大田作物。改良利用上应重点因地制宜地充分利用山区自然条件，修筑塘坝，大力开辟水源，克服干旱威胁。

合理利用方向是调整种植业结构，适当发展经济林、用材林，实行多种经营，同时起到改善土壤环境条件、防止水土流失、保护自然植被的作用。

第七章　耕地资源管理信息系统

第一节　建库单位组成

一、项目来源及目的意义

长清区耕地资源管理信息系统数据库建设工作，是农业部沃土工程“科学施用化肥”即测土配方施肥工作的重要组成部分，是国家实现农业科学种田，促进粮食稳定生产，实现农业科学施肥经常化、普及化的重要工作，是实现农业耕地地力评价成果资料统一化、标准化的重要计划，是实现综合农业信息资料共享的技术手段。长清区耕地资源管理信息系统数据库建设工作是对最新的土地利用现状调查成果，第二次土壤普查的土壤、地貌等，以及本次耕地地力评价工作中采集的土壤化学分析成果进行汇总，建立一个集空间数据库和属性数据库的存储、管理、查询、分析、显示为一体的数据库，为科学种田及施肥、农业的可持续发展、深化农业科学管理工作服务。

二、建库单位组成

为加快长清区耕地地力评价及耕地资源管理信息系统数据库建设，依据农业部区域耕地资源管理信息系统数据库建设要求，由多年来一直从事农业测土施肥管理、研究、耕地地力评价、数据库建设等有一定经验的单位组成联合工作组。

山东省土壤肥料总站：负责耕地地力评价及建库工作组织、协调、标准制定、土壤图成果资料的归属核查处理等。

山东农业大学资源与环境学院：负责耕地地力评价图、土壤化学微量元素系列图及研究报告编制等。

山东天地亚太国土遥感有限公司：负责土地、土壤、坡度、地貌、灌溉分区等图件扫描矢量化及几何校正处理等编图工作，耕地地力评价所有建库资料统一化、标准化处理，空间数据库和属性数据库建设，耕地地力评价成果图件修改编辑及图件输出、数据库建设报告编制等工作。

三、建库工作的软硬件环境

（一）主要硬件

计算机 10 台，HP5000 和 HP3500 绘图仪各 1 台。

（二）软　件

MAPGIS 6.7 软件 10 套，ARCGIS 9.2 软件 2 套，区域耕地资源管理信息系统软件 2 套，ENVI 4.5 遥感图像处理与分析软件 1 套。

第二节　建库内容及建库工作中主要问题的处理

一、建库内容

依据农业部耕地地力评价数据库建设的要求，长清区耕地资源管理信息系统数据库包括空间数据库和属性数据库两部分内容。属性数据库依据区域耕地资源管理信息系统数据字典、建库区提供的有关资料、山东省第二次土壤普查土种归属表及土壤分类代码编制。空间数据库包括土地利用现状图、土壤图、坡度图、灌溉分区图、地貌图、耕地地力调查点点位图、耕地地力评价等级图、土壤化学微量元素系列图等。

二、建库工作中的主要问题

长清区耕地资源管理信息系统数据库建设工作由于涉及的内容多，加之部分资料为第二次土壤普查的资料，与区域耕地资源管理信息系统数据字典的要求对比存在以下问题：

（1）第二次土壤普查的土壤、地貌等成果均为纸介质图，因图纸折叠和自然伸缩的影响，图件变形大，形成较大的误差。

（2）土地利用现状图为 2008 年以前的现状，近年来交通用地和蔬菜地出现较大的变化等。

（3）长清区土壤图中的土种名称与山东省土种归属要求不一致。

（4）长清区的地貌图为微地貌图，与区域耕地资源管理信息系统数据字典中地貌划分的名称不能一一对应。

（5）已有资料坐标系不统一问题，如第二次土壤普查图件为 1954 年北京坐标系，土地利用现状图或行政区划图为 1980 年西安坐标系等。

（6）已有成果资料专业内容和地名注释错漏等。

（7）没有统一的土壤分类与代码。

三、建库工作中有关问题的处理

（1）依据 1：50000 标准分幅地形图，对所有建库的纸介质成果图全部进行几何校正处理，以消除纸介质成果图的误差。

（2）依据较新的航天卫星资料，对近年来变化的公路、铁路等进行修改补充。

(3)为使长清区土种的名称与省归属要求相对应，在耕地资源管理信息系统数据库建设前，首先对土壤图中所有图斑内容进行检查统计，对错漏注释及边界问题交项目区进行修改补充及编制土种归属表，最后由省土肥站进行土种归属复查处理。为方便区域土壤图的利用和对比，建库后的图中仍保留了原区域土壤图的土种编码，编制了省标、区土壤名称及代码对比表，属性挂接为区域土种代码。

(4)由于区域耕地资源管理信息系统数据字典中划分的地貌名称少，其地貌名称不能一一对应，在建库时尽量选择与数据字典中相近的地貌名称进行编码，为方便地貌图的利用和对比，在地貌图中保留了原地貌图的名称和代码，图例中增加了建库数据字典中规定的地貌名称、代码与区原地貌名称、代码的对比表，属性挂接为数据字典中规定的地貌名称和代码。

(5)对已有资料坐标系不统一问题，依据数据库建设要求，所有成果全部统一到高斯—克吕格投影，6 度分带，1954 年北京坐标系中。

(6)对已有成果资料专业内容和地名注释错漏问题，全部打印成图件和文字交项目区进行全面检查和补充，依据项目区的检查稿逐条进行修改。

(7)对没有统一的土壤分类与代码问题，编制了全省统一的土类、亚类、土属代码及区域土种代码。

由于 20 世纪 80 年代山东省第二次土壤普查汇总时没有制定全省统一的区域土壤代码，无法满足目前全国开展的耕地地力评价及区域耕地资源管理信息系统建库工作统一化、标准化和科学实施测土施肥的需要，为了满足其建库和科学施肥工作的需要，依据区域耕地资源管理信息系统数据字典中土壤类型代码要求及山东省第二次土壤普查土种归属的要求，以满足本次建库工作的需要为基础，编制了山东省第二次土壤普查分类的土类、亚类、土属、土种的代码。其中土类、亚类、土属的代码以山东省第二次土壤普查土种归属表为准，土种代码以每个区级为单元，按土种的顺序编制。

分类原则与方法：本次编码工作依据山东省第二次土壤普查土种归属的要求，以科学性、完整性、统一化、标准化、可扩展性等为原则，在山东省第二次土壤普查土种归属分类单元中仅对土类、亚类、土属的三个层级进行编码。第四层级的土种编码，每个区域为独立的单元编码。

代码结构与编码方法：代码结构，采用四个层次的编码方法对山东省第二次土壤普查区域成果进行编码，其代码结构为土类、亚类、土属、土种四个层次。编码方法，土类代码用第一层两位阿拉伯数字表示(每一个土类用两位阿拉伯数字表示，从“01”开始)。亚类代码用第二层两位阿拉伯数字表示，从“01”开始。土属代码用第三层两位阿拉伯数字表示，从“01”开始。土种代码用第四层两位阿拉伯数字表示，按每个区域的土种顺序从“01”开始。

山东省第二次土壤普查土种归属表中未列内容处理：裸岩是山东省第二次土壤普查土种归属表中未列内容，但是山丘区的部分区土壤图中出现了裸岩图斑，由于中国土壤分类与代码国标中也没有裸岩内容，本次编码不分裸岩岩石类型，相当于增加一个土壤类型处理(土类、亚类、土属、土种)。

第三节 数据库标准化

一、标准引用

区域耕地资源管理信息系统数据字典中规定的国标及行业有关技术标准：

1. GB/T 2260—2002 《中华人民共和国行政区划代码》
2. NY/T 309—1996 《全国耕地类型区、耕地地力等级划分》
3. NY/T 310—1996 《全国中低产田类型划分与改良技术规范》
4. GB/T 17296—2000 《中国土壤分类与代码》
5. 全国农业区划委员会 《土地利用现状调查技术规程》
6. 国土资源部 《土地利用现状变更调查技术规程》
7. GB/T 13989—1992 《国家基本比例尺地形图分幅与编号》
8. GB/T 13923—1992 《国土基础信息数据分类与代码》
9. GB/T 17798—1999 《地球空间数据交换格式》
10. GB 3100—1993 《国际单位制及其应用》
11. GB/T 16831—1997 《地理点位置的纬度、经度和高程的标准表示方法》
12. GB/T 10113—2003 《分类与编码通用术语》
13. GB/T 10114—2003 《县级以下行政区划代码编制规则》
14. GB/T 9648—1988 《国际单位制代码》
15. 农业部 《全国耕地地力调查与评价技术规程》
16. 农业部 《测土配方施肥技术规范(试行)》(2008 年)
17. 农业部 《测土配方施肥专家咨询系统编制规范(试行)》
18. 山东省区域土种归属标准
19. 山东省区域耕地地力评价标准
20. 山东省第二次土壤普查土种归属及代码等

二、空间坐标系及建库平台

(一)空间数据坐标系

投影:高斯—克吕格,6 度分带。1954 年北京坐标系,1956 年黄海高程系。比例尺为:1∶50000。

(二)数据库采集模板和数据库文件格式

为使所有建库资料达到统一化和标准化,以及满足所有成果图件的输出和耕地资源地力评价工作的需要,对建库资料的扫描矢量化和几何校正处理工作均采用 MAPGIS 平台,数据库的文件格式为 MAPGIS 的点、线、面文件。待数据库成果评审验收和修改后,将 MAPGIS 的点、线、面格式转换为 shape 格式,由 ARCGIS 平台进行数据库规范化处理,最后将数据库资料导入区域耕地资源管理信息系统。

第四节 数据库结构

一、空间数据库图层划分

空间数据库图层划分是严格按照区域耕地资源管理信息系统数据字典要求分层的，每层只反映属性相同的内容。长清区耕地资源管理信息系统数据库建设包括土地利用现状图、第二次土壤普查成果和耕地地力评价等三部分内容，山东省空间数据库图层划分情况如表 7-1 所示。

表 7-1 耕地资源管理信息系统空间数据库分层表

序号	图层代码	图层名称	序号	图层代码	图层名称
1	AD101	行政区划图	18	SP103	耕层土壤有效磷等值线图
2	AD102	区乡村位置图	19	SP104	耕层土壤速效钾等值线图
3	AD103	行政界线图	20	SP105	耕层土壤缓效钾等值线图
4	AD201	辖区边界图	21	SP106	耕层土壤有效锌等值线图
5	AD202	装饰边界图	22	SP108	耕层土壤有效钼等值线图
6	GE103	面状水系图	23	SP109	耕层土壤有效铜等值线图
7	GE104	线状水系图	24	SP110	耕层土壤有效硅等值线图
8	GE105	道路图	25	SP111	耕层土壤有效锰等值线图
9	GE201	坡度图	26	SP112	耕层土壤有效铁等值线图
10	GE203	地貌类型分区图	27	SP201	耕层土壤 pH 等值线图
11	LM102	灌溉分区图	28	SP113	耕层土壤交换性钙等值线图
12	LU101	土地利用现状图	29	SP114	耕层土壤交换性镁等值线图
13	SB101	土壤图	30		耕层土壤有效硫等值线图
14	SB203	地下水矿化度等值线图	31		耕层土壤水解性氮等值线图
15	SB302	耕地地力调查点点位图	32		耕地地力评价等级图
16	SP101	耕层土壤有机质等值线图	33		耕层土壤有效硼等值线图
17	SP102	耕层土壤全氮等值线图			

注：本表为山东省统一的分层情况，济南市长清区为部分图件。

二、属性数据库结构

属性数据结构内容严格按区域耕地资源管理信息系统数据字典及建库区提供的资料编制，属性数据库结构如表 7-2 所示。

表 7-2 耕地资源管理信息系统属性数据库结构表

图 名	属 性 数 据 结 构	字段类型
行政区划图	内部标识码:系统内部 ID 号 实体类型:point,polyline,polygon 实体面积:系统内部自带 实体长度:系统内部自带 区内行政码:根据国家统计局“统计上使用的区以下行政区划代码编制规则”编制	长整型,9 文本型,8 双精度,19,2 长整型,10 长整型,6
区乡村位置图	内部标识码:系统内部 ID 号 实体类型:point,polyline,polygon X 坐标:无,Y 坐标:无 区内行政码:根据国家统计局“统计上使用的区以下行政区划代码编制规则”编制 标注类型:村标注,乡标注,区标注	长整型,9 文本型,8 双精度,19,2 长整型,6 字符串,6
行政界线图	内部标识码:系统内部 ID 号 实体类型:point,polyline,polygon 实体长度:系统内部自带 界线类型:根据国家基础信息标准(GB13923—92)填写	长整型,9 文本型,8 长整型,10 文本型,40
辖区边界图	内部标识码:系统内部 ID 号 实体类型:point,polyline,polygon 实体面积:系统内部自带 实体长度:系统内部自带 要素代码:依据《国家基础地理信息数据分类与代码》编制要素代码 要素名称:依据《国家基础地理信息数据分类与代码》编制要素名称 行政单位名称:单位的实际名称填写	长整型,9 文本型,8 双精度,19,2 长整型,10 长整型,5 文本型,40 文本型,20
装饰边界图	内部标识码:系统内部 ID 号	长整型,9
面状水系图	内部标识码:系统内部 ID 号 实体类型:point,polyline,polygon 实体面积:系统内部自带 实体长度:系统内部自带 要素代码:依据《国家基础地理信息数据分类与代码》编制要素代码 要素名称:依据《国家基础地理信息数据分类与代码》编制要素名称 面状水系码:自定义编码 面状水系名称:依据 2006 年 10 月版山东省地图册编制 湖泊储水量:依据 1:50000 地形图	长整型,9 文本型,8 双精度,19,2 长整型,10 长整型,5 文本型,40 字符串,5 字符串,20 字符串,8
线状水系图	内部标识码:系统内部 ID 号 实体类型:point,polyline,polygon 实体长度:系统内部自带 要素代码:依据《国家基础地理信息数据分类与代码》编制要素代码 要素名称:依据《国家基础地理信息数据分类与代码》编制要素名称 线状水系码:自定义编码 线状水系名称:依据 2006 年 10 月版山东省地图册编制 河流流量:无	长整型,9 文本型,8 长整型,10 长整型,5 文本型,40 长整型,4 文本型,20 长整型,6

续表

图 名	属 性 数 据 结 构	字段类型
道路图	内部标识码:系统内部 ID 号 实体类型:point,polyline,polygon 实体长度:系统内部自带 要素代码:依据《国家基础地理信息数据分类与代码》编制要素代码 要素名称:依据《国家基础地理信息数据分类与代码》编制要素名称 公路代码:根据国家标准《公路路线命名编号和编码规则命名和编号规则》编制 公路名称:根据国家标准《公路路线命名编号和编码规则命名和编号规则》编制	长整型,9 文本型,8 长整型,10 长整型,5 文本型,40 文本型,11 文本型 20
地貌类型分区图	内部标识码:系统内部 ID 号 实体类型:point,polyline,polygon 实体面积:系统内部自带 实体长度:系统内部自带 地貌类型:数据引用自"中国科学院生物多样性委员会 地貌类型代码库"(四类码)	长整型,9 文本型,8 双精度,19,2 长整型,10 文本型,18
灌溉分区图	内部标识码:系统内部 ID 号 实体类型:point,polyline,polygon 实体面积:系统内部自带 实体长度:系统内部自带 灌溉水源:区局提供数据 灌溉水质:无 灌溉方法:区局提供数据 年灌溉次数:区局提供数据 灌溉条件:无 灌溉保证率:无 灌溉模数:无 抗旱能力:无	长整型,9 文本型,8 双精度,19,2 长整型,10 文本型,10 文本型,4 文本型,18 文本型,2 文本型,4 长整型,3 双精度,5,2 长整型,3
土地利用现状图	内部标识码:系统内部 ID 号 实体类型:point,polyline,polygon 实体面积:系统内部自带 实体长度:系统内部自带 地类号:国土资源部发布的《全国土地分类》三级类编码 平差面积:无	长整型,9 文本型,8 双精度,19,2 长整型,10 长整型,3 双精度,7,2
土壤图	内部标识码:系统内部 ID 号 实体类型:point,polyline,polygon 实体面积:系统内部自带 实体长度:系统内部自带 土壤省标码:土壤类型省及区分类系统编码	长整型,9 文本型,8 双精度,19,2 长整型,10 长整型,8
地下水矿化度等值线图	内部标识码:系统内部 ID 号 实体类型:point,polyline,polygon 实体长度:系统内部自带 地下水矿化度:依据区级矿化度图实际数据填写	长整型,9 文本型,8 长整型,10 双精度,5,1

续表

图　名	属　性　数　据　结　构	字段类型
耕地地力调查点点位图	内部标识码:系统内部 ID 号 实体类型:point,polyline,polygon X 坐标:北京 54 坐标系 Y 坐标:北京 54 坐标系 点区内编号 AP310102:自定义编号	长整型,9 文本型,8 双精度,19,2 双精度,19,2 长整型,8
行政区基本情况数据表	区内行政码 SH110102:根据国家统计局“统计上使用的区以下行政区划代码编制规则”编制 省名称:山东省 区名称:××市,××区,××区 乡名称:××乡,××镇,××街道 村名称:××村,××委员会 行政单位名称:××市,××区,××区,××乡,××镇,××街道,××村,××委员会 总人口:无 农业人口:无 非农业人口:无 国民生产总值 GNP:无	长整型,6 字符串,6 字符串,8 字符串,18 字符串,18 字符串 20 字符串 7 字符串 7 字符串 7 双精度,11,2 字符串,20
区级行政区划代码表	行政单位名称:××市,××区,××区,××乡××镇××街道××村××委员会 区内行政码 SH110102:根据国家统计局“统计上使用的区以下行政区划代码编制规则”编制	长整型,6 长整型 9
土地利用现状地块数据表	内部标识码:系统内部 ID 号 地类号:国土资源部发布的《全国土地分类》三级类编码 地类名称:国土资源部发布的《全国土地分类》三级类名称 计算面积:无 地类面积:无 平差面积:无 报告日期:无	长整型 9 字符串,3 字符串,20 双精度,7,2 双精度,7,2 双精度,7,2 日期型,10
土壤类型代码表	土壤省标码:土壤类型省标分类系统编码 土壤省标名:土壤类型省标分类系统名称	字符串,8 字符串,20
耕地地力调查点基本情况及化验结果数据表	灌溉水源:区提供数据 灌溉方法:区提供数据 调查点国内统一编号:自定义编号 调查点区内编号:自定义编号 调查点自定义编号 AP310103:自定义编号 调查点类型:耕地地力调查点 户主联系电话:区号一本地电话号码 调查人联系电话:区号一本地电话号码	字符串,10 字符串,18 字符串,14 字符串,8 字符串,40 字符串,20 字符串,13 字符串,13

续表

图　名	属 性 数 据 结 构	字段类型
耕地地力调查点基本情况及化验结果数据表	调查人姓名:××××	字符串,8
	调查日期:采集当天日期	日期型,10
	≥0℃积温:无	字符串,5
	≥10℃积温:无	字符串,5
	年降水量:区提供数据	字符串,4
	全年日照时数:无	字符串,4
	光能辐射总量:无	字符串,4
	无霜期:区提供数据	字符串,3
	干燥度 CW210107:无	双精度,4,2
	东经:区提供数据	双精度,9,5
	北纬:区提供数据	双精度,8,5
	坡度:地形坡度海拔:海拔高度	双精度,6,1
	坡向:缺少数据	双精度,4,1
	地形部位:数据引用自《全国耕地类型区、耕地地力等级划分》和《全国中低产田类型划分与改良技术规范》	字符串,4
	田面坡度:依据田面实际坡度	字符串,50
	灌溉保证率:无	双精度,4,1
	排涝能力:无	字符串,3
	梯田类型:无	字符串,2
	梯田熟化年限:无	字符串,10
	保护块面积:无	字符串,3
	土壤侵蚀类型:无	双精度,7,2
	土壤侵蚀程度:无明显侵蚀,轻度侵蚀	字符串,8
	污染源企业名称:无	字符串,20
	污染源企业地址:无	字符串,50
	液体污染物排放量:无	字符串,50
	粉尘污染物排放量:无	双精度,6,1
	污染面积 LE220105:无	双精度,6,1
	污染物类型:无	双精度,9,2
	污染范围:无	字符串,20
	污染造成的损害:无	字符串,40
	距污染源距离:无	字符串,30
	污染物形态:无	字符串,5
	污染造成的经济损失:无	字符串,4
	省名称:山东省	字符串,9
	区名称:××市,××区,××区	字符串,8
	乡名称:××乡,××镇,××街道	字符串,18
	村名称:××村,××委员会	字符串,18
	户主姓名	字符串,8
	土壤类型代码(国标):根据区提供数据填写	字符串,8
	土类名称(区级):区提供数据	字符串,20

续表

图　名	属性数据结构	字段类型
耕地地力调查点基本情况及化验结果数据表	亚类名称(区级):区提供数据	字符串,20
	土属名称(区级):区提供数据	字符串,20
	土种名称(区级):区提供数据	字符串,20
	剖面构型:土层符号代码表、土层后缀符号代码表、剖面构型数据编码表是根据《中国土种志》整理	字符串,10
		字符串,8
	质地构型:无	字符串,2
	耕层厚度:区提供数据	字符串,10
	障碍层类型:无	字符串,3
	障碍层出现位置:无	字符串,3
	障碍层厚度:无	字符串,30
	成土母质:数据引用于《土壤调查与制图》(第二版),农业出版社	字符串,6
	质地:中壤土,重壤土,沙壤土	双精度,4,2
	容重:区提供数据	字符串,2
	田间持水量:区提供数据	双精度,4,1
	pH:依据土壤化学分析 pH 值耕地地力等级评价成果填写	双精度,4,1
	CEC:依据土壤化学分析 CEC 值耕地地力等级评价成果填写	双精度,5,1
	有机质:依据土壤化学分析有机质值耕地地力等级评价成果填写	双精度,6,3
	全氮:依据土壤化学分析全氮值耕地地力等级评价成果填写	字符串,5
	全磷:依据土壤化学分析全磷值耕地地力等级评价成果填写	双精度,5,1
	有效磷:依据土壤化学分析有效磷值耕地地力等级评价成果填写	字符串,4
	缓效钾:依据土壤化学分析缓效钾值耕地地力等级评价成果填写	字符串,3
	速效钾:依据土壤化学分析速效钾值耕地地力等级评价成果填写	双精度,5,2
	有效锌:依据土壤化学分析有效锌值耕地地力等级评价成果填写	双精度,4,2
	水溶态硼:依据土壤化学分析水溶态硼值耕地地力等级评价成果填写	双精度,6,2
	有效硅:依据土壤化学分析有效硅值耕地地力等级评价成果填写	双精度,4,2
	有效钼:依据土壤化学分析有效钼值耕地地力等级评价成果填写	双精度,5,2
	有效铜:依据土壤化学分析有效铜值耕地地力等级评价成果填写	双精度,5,1
	有效锰:依据土壤化学分析有效锰值耕地地力等级评价成果填写	双精度,6,1
	有效铁:依据土壤化学分析有效铁值耕地地力等级评价成果填写	双精度,6,1
	交换性钙:依据土壤化学分析交换性钙值耕地地力等级评价成果填写	双精度,5,1
	交换性镁:依据土壤化学分析交换性镁值耕地地力等级评价成果填写	双精度,5,1
	有效硫:依据土壤化学分析有效硫值耕地地力等级评价成果填写	双精度,5,1
	盐化类型:无	字符串,20
	1m 土层含盐量:无	双精度,5,1
	耕层土壤含盐量:无	双精度,5,1
	水解性氮:依据土壤化学分析水解性氮值耕地地力等级评价成果填写	双精度,5,3
	旱季地下水位:无	字符串,3
	采样深度:区提供数据	字符串,7
耕层土壤有机质等值线图	内部标识码:系统内部 ID 号	长整型,9
	实体类型:point,polyline,polygon	文本型,10
	实体长度:系统内部自带	长整型,10
	有机质:依据土壤化学分析有机质值耕地地力等级评价成果填写	双精度,5,1

续表

图 名	属 性 数 据 结 构	字段类型
耕层土壤全氮等值线图	内部标识码:系统内部 ID 号 实体类型:point,polyline,polygon 实体长度:系统内部自带 全氮:依据土壤化学分析全氮值耕地地力等级评价成果填写	长整型,9 文本型,10 长整型,10 双精度,4,2
耕层土壤有效磷等值线图	内部标识码:系统内部 ID 号 实体类型:point,polyline,polygon 实体长度:系统内部自带 有效磷:依据土壤化学分析有效磷值耕地地力等级评价成果填写	长整型,9 文本型,10 长整型,10 双精度,5,1
耕层土壤速效钾等值线图	内部标识码:系统内部 ID 号 实体类型:point,polyline,polygon 实体长度:系统内部自带 速效钾:依据土壤化学分析速效钾值耕地地力等级评价成果填写	长整型,9 文本型,10 长整型,10 长整型,3
耕层土壤缓效钾等值线图	内部标识码:系统内部 ID 号 实体类型:point,polyline,polygon 实体长度:系统内部自带 缓效钾:依据土壤化学分析缓效钾值耕地地力等级评价成果填写	长整型,9 文本型,10 长整型,10 长整型,4
耕层土壤有效锌等值线图	内部标识码:系统内部 ID 号 实体类型:point,polyline,polygon 实体长度:系统内部自带 有效锌:依据土壤化学分析有效锌值耕地地力等级评价成果填写	长整型,9 文本型,10 长整型,10 双精度,5,2
耕层土壤有效钼等值线图	内部标识码:系统内部 ID 号 实体类型:point,polyline,polygon 实体长度:系统内部自带 有效钼:依据土壤化学分析有效钼值耕地地力等级评价成果填写	长整型,9 文本型,10 长整型,10 双精度,4,2
耕层土壤有效铜等值线图	内部标识码:系统内部 ID 号 实体类型:point,polyline,polygon 实体长度:系统内部自带 有效铜:依据土壤化学分析有效铜值耕地地力等级评价成果填写	长整型,9 文本型,10 长整型,10 双精度,5,2
耕层土壤有效硅等值线图	内部标识码:系统内部 ID 号 实体类型:point,polyline,polygon 实体长度:系统内部自带 有效硅:依据土壤化学分析有效硅值耕地地力等级评价成果填写	长整型,9 文本型,10 长整型,10 双精度,6,2
耕层土壤有效锰等值线图	内部标识码:系统内部 ID 号 实体类型:point,polyline,polygon 实体长度:系统内部自带 有效锰:依据土壤化学分析有效锰值耕地地力等级评价成果填写	长整型,9 文本型,10 长整型,10 双精度,5,1
耕层土壤有效铁等值线图	内部标识码:系统内部 ID 号 实体类型:point,polyline,polygon 实体长度:系统内部自带 有效铁:依据土壤化学分析有效铁值耕地地力等级评价成果填写	长整型,9 文本型,10 长整型,10 双精度,5,1

续表

图 名	属 性 数 据 结 构	字段类型
耕层土壤pH等值线图	内部标识码:系统内部ID号 实体类型:point,polyline,polygon 实体长度:系统内部自带 pH:依据土壤化学分析pH值耕地地力等级评价成果填写	长整型,9 文本型,10 长整型,10 双精度,4,1
耕层土壤交换性钙等值线图	内部标识码:系统内部ID号 实体类型:point,polyline,polygon 实体长度:系统内部自带 交换性钙:依据土壤化学分析交换性钙值耕地地力等级评价成果填写	长整型,9 文本型,10 长整型,10 双精度,6,1
耕层土壤交换性镁等值线图	内部标识码:系统内部ID号 实体类型:point,polyline,polygon 实体长度:系统内部自带 交换性镁:依据土壤化学分析交换性镁值耕地地力等级评价成果填写	长整型,9 文本型,10 长整型,10 双精度,5,1
耕层土壤有效硫等值线图	内部标识码:系统内部ID号 实体类型:point,polyline,polygon 实体长度:系统内部自带 有效硫:依据土壤化学分析有效硫值耕地地力等级评价成果填写	长整型,9 文本型,10 长整型,10 双精度,5,1
耕层土壤水解性氮等值线图	内部标识码:系统内部ID号 实体类型:point,polyline,polygon 实体长度:系统内部自带 水解性氮:依据土壤化学分析水解性氮值耕地地力等级评价成果填写	长整型,9 文本型,10 长整型,10 双精度,5,3
耕地地力评价等级图	内部标识码:系统内部ID号 实体类型:point,polyline,polygon 实体面积:系统内部自带 等级(区内):'120'	长整型,9 文本型,10 双精度,19,2 文本型,2
耕层土壤有效硼等值线图	内部标识码:系统内部ID号 实体类型:point,polyline,polygon 实体长度:系统内部自带 有效硼:依据土壤化学分析有效硼值耕地地力等级评价成果填写	长整型,9 文本型,10 长整型,10 双精度,4,2
土壤全盐含量分布图	内部标识码:系统内部ID号 实体类型:point,polyline,polygon 实体长度:系统内部自带 全盐:依据土壤化学分析全盐值耕地地力等级评价成果填写	长整型,9 文本型,10 长整型,10 双精度,4,1
耕层土壤有效镁等值线图	内部标识码:系统内部ID号 实体类型:point,polyline,polygon 实体长度:系统内部自带 有效镁:依据土壤化学分析有效镁值耕地地力等级评价成果填写	长整型,9 文本型,10 长整型,10 长整型,2
耕层土壤有效钙等值线图	内部标识码:系统内部ID号 实体类型:point,polyline,polygon 实体长度:系统内部自带 有效钙:依据土壤化学分析有效钙值耕地地力等级评价成果填写	长整型,9 文本型,10 长整型,10 长整型,2

第五节 建库工作方法

一、数据库质量控制

数据库质量涉及三个方面的工作：一要满足耕地地力评价工作的需要，二要满足耕地资源管理信息系统数据库建设的需要，三要满足建库所有成果图件输出的需要。为满足以上三个方面的要求，在数据库建设工作开展前，首先在有关国标、部标和行业标准的基础上，制定了统一的工作平台、工作方法和流程，成果图件图名、图例和色彩编制要求，成果质量检查工作方法，对耕地地力评价基础性图件首先在建库单位初步检查后，交项目区进行全面检查和修改补充错漏内容，返回建库单位对所有成果图件安排专人进行全面检查和修改，从而保证了数据库的成果质量。

二、建库工作有关规定

为保证建库工作按时及保质完成，成立了建库项目组。

建库项目组：设立技术负责一人，全面负责建库工作有关规程的学习、日常建库工作安排、工作进度、质量检查、建库数据库资料汇总、MAPGIS 格式建库成果经 ARCGIS 规范化处理、导入区域耕地资源管理信息系统等工作。

质量检查组：安排具有工作经验的人员成立检查组，负责所有建库资料的质量检查及修改工作。

制定建库工作标准：在建库工作前，首先对建库图形子图的大小、线的粗细及线型、面的色彩搭配、图件分层、工作方法和流程下发到每一个建库工作人员手中，统一了建库图形扫描矢量化的技术要求。

最终成果检查：所有成果图待评审验收后，依据专家意见，由建库组和耕地地力评价组依据专家和甲方意见进行成果图和数据库修改补充，最后输出成果图件和导入区域耕地资源管理信息系统。

三、建库资料精度及建库工作流程

（一）建库资料精度

为保证建库资料的数学精度，首先形成大于长清区范围的 1∶50000 标准图幅理论图框，拼接形成区域的 1∶50000 理论图框，以 1∶50000 标准分幅地形图为基础，在地形图和区域土地利用现状图上选择同名地物点（主要为农村道路交叉点等）为几何校正点。为保证区域图件的精度，长清区选不少于 30 个几何校正点，每一个几何校正点选择地形图附近的四个公里网交叉点，将其校正到区域的理论图框上，形成满足 1∶50000 精度要求的区域地理底图。以该图为基础，将所有建库成果图件校正到区域地理底图上。

（二）建库工作流程

第一步：首先按照建库工作的基本要求对土地利用现状、土壤、灌溉分区、地貌、采样点位等图件进行扫描矢量化和几何校正处理、建库组错漏自查和交项目区进行错漏检查、返回建库组修改及编辑、拓扑检查、属性挂接处理等;第二步:将以上成果交耕地地力评价组进行耕地地力评价工作;第三步:耕地地力评价组将其评价成果资料再返回建库组,由建库组按照区域耕地资源管理信息系统数据库建设要求,对所有建库成果资料进行全面的质量检查及编辑处理、拓扑处理、属性挂接,最后由 MAPGIS—ARCGIS—区域耕地资源管理信息系统及时输出成果图件。

(三)主要空间数据库说明

行政区划图(地理底图):以土地利用现状图为背景,分别提取乡镇、村庄、主要工矿企业建设用地,主要道路、河流、境界、行政区划等内容。参考地图或 1:50000 地形图,对主要道路、双线河流等地物进行连接并加注地物注记。依据卫星影像等资料,对近年来增加的主要道路进行更新。

土壤图:依据土壤调查研究报告、土壤志、山东省土壤分类归属标准,编制土种归属对比表和省标与区级对比表图例。在土壤图上保留土壤图原始代码,属性挂接为新编的区域土种代码,可满足各级政府工作的需要。

地貌图:由于地貌图为微地貌图,为满足各级政府使用及建库工作的需要,在地貌图中保留了原地貌代码,其属性尽量对应到数据字典中的名称及代码,在图例中增加了对比表,以满足各项工作的需要。

(四)属性库编制方法

严格按照建库数据字典中的要求及建库单位提供的资料编制各种成果图属性代码。

第六节 建库成果

长清区耕地资源管理信息系统数据库建设成果包括农业部规定格式的数据库和 MAPGIS 格式的成果,共计 24 幅图(见表 7-3)。

表 7-3 长清区耕地资源管理信息系统数据库建设成果表

序号	成果图名称	备注
1	长清区土地利用现状图	
2	长清区地貌图	
3	长清区土壤图	
4	长清区坡度图	
5	长清区耕地地力调查点点位图	
6	长清区灌溉分区图	
7	长清区土壤 pH 分布图	
8	长清区土壤有机质含量分布图	
9	长清区土壤全氮含量分布图	
10	长清区耕地地力评价等级图	

续表

序　号	成 果 图 名 称	备注
11	长清区土壤碱解氮含量分布图	
12	长清区土壤有效磷含量分布图	
13	长清区土壤缓效钾含量分布图	
14	长清区土壤速效钾含量分布图	
15	长清区土壤交换性钙含量分布图	
16	长清区土壤交换性镁含量分布图	
17	长清区土壤有效硫含量分布图	
18	长清区土壤有效锌含量分布图	
19	长清区土壤有效硼含量分布图	
20	长清区土壤有效锰含量分布图	
21	长清区土壤有效铜含量分布图	
22	长清区土壤有效铁含量分布图	
23	长清区土壤有效钼含量分布图	
24	长清区土壤有效硅含量分布图	

长清区耕地资源管理信息系统数据库建设包括空间数据库和属性数据库两部分内容。空间数据库全部是按照区域耕地资源管理信息系统数据字典要求进行的。属性数据库由于部分资料难以收集到(如土地平差面积等),属性数据仅按照区域耕地资源管理信息系统数据字典要求编制了部分内容。再者,例如耕地地力评价土壤采样点位图,利用GPS坐标展绘到地理底图上的点与实际点位误差较大,达不到精度要求,所以耕地地力评价土壤调查采样点位图是依据野外采样点位图经扫描矢量化后形成的,属性挂接为GPS定点的坐标。

第八章　耕地资源合理利用与改良

第一节　利用与改良的耕地资源现状、特征

根据调查和评价结果，从耕地状况、耕地利用状况、耕地存在的主要问题三个方面对耕地资源进行分析。

一、耕地资源现状

长清区地处济南市的西南部，是集农业、工业、旅游业为一体的新城区。截至2009年年底，全区耕地面积为36775.87km^2。

耕地类型：全区分为棕壤、褐土、潮土、风沙土4个土类，8个亚类（棕壤性土、棕壤、褐土性土、褐土、潮褐土、潮土、湿潮土），11个土属，68个土种。其中褐土土类耕地面积为22749.58hm^2，占耕地总面积的61.86%，分布于全区的低山丘陵区和中部的山麓平原，是面积最大、分布最广的一个土类。棕壤土类耕地面积为7883.36hm^2，占耕地总面积的21.44%，分布于东南部与泰山山体相连的酸性片麻岩和花岗岩山丘地区。潮土土类耕地面积为5307.25hm^2，占耕地总面积的14.43%，分布于沿黄的平安、文昌、归德、孝里西部。风沙土耕地面积为835.68hm^2，仅占耕地总面积的2.27%，分布在沿河高地和黄河决口主流道两侧（见表8-1）。

表8-1　不同土壤类型耕地面积

土壤类型	棕壤	褐土	潮土	风沙土	合计
耕地面积（hm^2）	7883.36	22749.58	5307.25	835.68	36775.87
占耕地总面积（%）	21.44	61.86	14.43	2.27	100

耕地地力状况：根据调查结果，将全区耕地分为6个级别。其中一级地和二级地占耕地总面积的38.68%，三级地和四级地占耕地总面积的46.37%，五级地和六级地占耕地总面积的14.95%。三级地分布面积最大，占耕地总面积的27.93%。六级地分布面积最小，占耕地总面积的2.33%。

二、耕地土壤养分状况

如表8-2所示，长清区耕地土壤养分状况主要有六大特点。

表 8-2 长清区耕地地力评价土壤养分统计

项目	样本数	最大值	最小值	平均值	变异系数
有机质(g/kg)	2707	36.1	3	13.3	25.6
pH(众数)	2281	8.5	4.6	7.9	7.38
碱解氮(mg/kg)	2562	182	31	69.2	31.37
有效磷(mg/kg)	2707	143	2.7	16.7	76.4
速效钾(mg/kg)	2646	349	41	132	34.14
全氮(g/kg)	2471	1.98	0.26	0.97	21.92
缓效钾(mg/kg)	2430	1916	216	826	24
有效铜(mg/kg)	2633	6.44	0.26	1.12	45.56
有效锌(mg/kg)	2642	5.52	0.1	0.95	56.08
有效铁(mg/kg)	2641	121.7	1.8	14.29	49.13
有效锰(mg/kg)	2642	84.3	4.3	16.28	43.86
有效硼(mg/kg)	2395	1.34	0.04	0.27	60.18
有效硅(mg/kg)	724	1635.22	31.16	528.97	57.16
有效钼(mg/kg)	769	0.43	0.01	0.15	42.34
有效硫(mg/kg)	650	202.6	5.2	18	108.52
交换性钙(mg/kg)	604	28750	369.7	7030	72.57
交换性镁(mg/kg)	585	950	81.9	243	53.21
容重(g/cm^3)	253	1.75	1.1	1.41	7.71

(1)土壤有机质状况:长清区耕地土壤有机质含量平均为13.3g/kg,变幅为3～36.1g/kg。与1982年第二次土壤普查时相比,土壤有机质含量平均增加了5.7g/kg,提高了75%。耕地土壤有机质含量在一级范围内的仅占0.61%,二级范围内的占17.76%。耕作土壤类型主要有棕壤、褐土、潮土、风沙土四个土类,有机质含量分别为12.7%、13.4%、13.7%、12.2%,其含量差异不大。

(2)土壤全氮养分状况:耕层全氮平均含量为0.97g/kg,变幅为0.26～1.98g/kg。与1982年第二次土壤普查相比含量增加了0.39g/kg,提高了67.24%。在全区各类型的土壤中,氮素差异不大,含量最高的是潮土,为0.99g/kg,中壤最低,为0.93g/kg。

(3)土壤磷素状况:变幅为2.7～143mg/kg,标准差为12.77,变异系数为76.4%,有效磷平均含量为16.7mg/kg,与1982年第二次土壤普查(5.7mg/kg)时相比,增加了11mg/kg,提高了192.98%。

(4)土壤钾素状况:全区速效钾含量平均为132mg/kg,变幅为41～349mg/kg。与1982年第二次土壤普查(77mg/kg)时相比,增加了55mg/kg,提高了78.57%。

(5)土壤微量元素状况:有效锌含量平均为0.95mg/kg,有效铜含量平均为

1.12mg/kg，有效铁含量平均为14.29mg/kg，有效锰含量平均为16.28mg/kg，有效硼含量平均为0.27mg/kg。

(6)土壤pH：全区土壤为中性偏碱，pH众数为7.9。

三、耕地利用状况

2009年，耕地总面积为36775.87hm^2。其中水浇地面积为12556.77hm^2，占耕地总面积的34.14%，旱地面积为24001.88hm^2，占耕地总面积的65.26%，菜地面积为197.8hm^2，占耕地总面积的0.54%。2009年，农作物播种面积为69968hm^2。其中粮食作物54639hm^2，占播种面积的78.1%，油料作物5037hm^2，占播种面积的7.2%，蔬菜9129hm^2，占播种面积的13%，其他作物463hm^2，占播种面积的0.7%。

四、耕地资源存在的主要问题

(一)人增地减矛盾突出

人口作为一种外界压力对耕地数量的变化起着重要的调控作用。人口的增加，一方面要占用更多的耕地建设生产、生活设施，另一方面又需要更多的耕地保证农业生产安全。数据资料显示，1990年长清区人口为52.74万，到2009年末已达56.38万；而耕地面积却逐年在减少，从人均0.077hm^{2}减到0.065hm^2，低于全国人均0.093hm^{2}的水平。随着经济、社会的快速发展，特别是人口数量的不断增加，人地矛盾日趋突出，人口、耕地、粮食三者间的矛盾愈加尖锐，成为耕地资源利用中的突出问题。

耕地减少的主要原因是国民经济建设(道路、城市、工矿、乡村等)占用耕地、生态退耕、农业产业结构调整、自然灾害等导致耕地减少。除生态退耕大部分为非耕地或劣质耕地，国民经济建设和农业产业结构调整用地为国家划定的基本农田，直接影响到农民的生活和生产。

(二)耕地养分失衡

由于长期以来农民施肥存在重用地、轻养地，重化肥、轻有机肥，重产出、轻投入，重眼前利益、轻长远利益，对耕地保护不够，甚至是采取掠夺式经营，使耕地超负荷应用，导致长清区耕地养分非均衡化现象日趋严重。大量、中量和微量元素之间比例失调，耕作层变浅，理化性状变差。非改良耕地面积为462.16hm^2，占耕地总面积的1.26%。其中缺乏有机质的耕地面积为7148.48hm^2，占耕地总面积的19.43%；缺乏钾素的耕地面积为6332.53hm^2，占耕地总面积的17.22%；缺乏磷素的耕地面积为18582.14hm^2，占耕地总面积的50.53%；缺乏硼素的耕地面积为36313.71hm^2，占耕地总面积的98.75%。缺乏单一养分的耕地面积为12840.32hm^2，占耕地总面积的34.92%；同时缺乏两种养分的耕地面积为16172hm^2，占耕地总面积的43.98%。

(三)耕地旱涝并存

长清区水源不足，大部分土地处于常年季节性干旱。老济平公路以东是山峦起伏、沟壑纵横的丘陵地区，近80%的耕地“挂在山坡上，搁在脊背上”，水利工程设施标准和水源保证程度较低，有的只能满足所谓的“救命水”，有的不能灌溉，无法适时浇上丰产水。在老济平公路以西的沿黄地带，属黄河的滞洪区，又属“旱减收，涝不收，风调雨顺半个秋”的潮土涝洼地。全区东旱西涝，严重阻碍着农业生产的发展。

（四）耕层浅薄贫瘠

土地主要分布在丘陵中部和上部，土层较薄，质地粗，砾石含量多，土壤漏肥、漏水，各种养分都较低，易受气候、地形等难以改变的大环境影响。据调查，全区土壤耕层多在15cm左右，而第二次土壤普查时多在15～20cm。加之近年来多采用旋耕犁耕作，造成犁底层低于15cm，在此之下形成较坚实的犁底层，使作物根系下扎困难，作物吸收范围变窄。山区丘陵土层浅薄，砾石含量多，保水、保肥性能差，极易发生旱灾，农业生产无保证。

（五）水土流失严重

水土流失比较严重的地区集中在南部山区丘陵地带，面积达到86000hm^2。位于该地区的梯田遇到雨水较多的年份，易造成地堰坍塌，土随水流，土层逐年变薄，岩石裸露的面积已达10000hm^2以上，占山丘总面积的11.6%，使得原本就十分脆弱的生态环境，变得更加不堪一击。

耕地质量出现的诸多问题导致：粮食生产能力低而不稳；农产品成本高、效益低，生产同样多的产品，低肥力土壤要施用更多的肥料，且耕地不良、缺水干旱，也都需要增加劳力、机械或水利的投入；科技进步的作用被削减，许多新品种、新技术由于土壤肥力低下，难以发挥生产潜力，不能达到预期产量；农产品的质量安全受到影响；生态环境恶化加速，如土壤结构不良，抗蚀力弱，风蚀、水蚀严重，土壤保肥力差，肥料易流失，污染水体和空气等。

第二节　耕地改良的实践与效果

长清区在生产实践过程中，结合实际，根据耕地质量、利用方向、利用方式、利用潜力和改良措施上的相似性和差异性，以及农业生产的地域性，结合测土配方施肥分区，将全区划分为三个改良区，即南部山区瘠薄型耕地改造区、中部平原丰产方深耕养分协调区和西部沿黄耕地综合治理区。

一、南部山区瘠薄型耕地改造区

该区位于老济平公路以东的丘陵地带上，面积为88257.93hm^2，占可利用面积的88.15%。土壤为褐土和棕壤，分布在全区的岭坡梯田和沟谷梯田上端与部分的近山高阶地上。该区特点是既有地势高、坡度大、土层浅薄、养分低、干旱多风、水土流失严重的种植区，又有灌溉条件相对较差、历经多年土壤熟化、养分较高的精耕细作区，是长清区强化山区生态功能，发挥自然景观、人文资源和特色农产品优势，突出涵养水源、培植增绿、生态观光旅游，大力发展花生规范化生产、优质小杂粮开发、林果生产、无公害蔬菜、畜牧养殖、长清茶、中药材等特色产业区。

其改良利用措施应采取因地制宜、因土制宜的原则，修建库、塘、堰、蓄水工程，以及田间和坡面水系，整治山、水、林、田、路。以植树、养草保护水土，精耕细作，增用肥料，培肥地力，合理施用氮、磷、钾肥，深耕改土，加深活土层，平地修堰，积极推广喷灌、滴灌等新技术，科学用水。搞好树粮间作，改善农田小气候，提高抗旱能力。积极推广抗旱耐旱作物品种及配套栽培技术、地膜覆盖栽培技术、机械化秸秆还田技术和培肥地力、以肥调水技术，深耕、蓄水、保墒及农机农艺结合的耕作技术，夏季拦蓄及节水补充灌溉技术，抗旱、保水等化学制剂应用技术。

二、中部平原丰产方深耕养分协调区

该区分布于平安、文昌、归德的老济平公路、省道104线之间和崮云湖王府管区及孝里镇老济平公路两侧，面积为12450.87hm^2，占总面积的10.68%。土壤为褐土和部分潮褐土，是长清区发展现代农业的核心区，是粮、瓜、菜主要的丰产高产基地。这部分耕地土壤养分含量高，灌溉水源充足，复种指数高，应在发展优质商品粮基地、常规种子繁育基地、设施农业建设、标准化生产基地等方面下工夫。

其改良利用措施应以培肥地力、深耕活化土壤、加厚耕作层、提高耕地生产能力为主。配方施肥，因土施肥，是解决目前氮、磷、钾肥料施用比例失调的根本措施。在摸清土壤条件、养分状况的基础上，确定最佳肥料配比和最佳用量，以最小的投资获得最大的经济效益，使粮食产量稳中有增。坚持以有机肥为主、化肥为辅的施肥原则，合理进行秸秆还田，大力推广粮菜等间作，是用养结合的良好方法，是改善土壤理化性状、增加土壤养分、培肥地力的有效措施，但必须切实掌握好秸秆还田技术，确定合理的翻压时期。

三、西部沿黄耕地综合治理区

该区地处老济平公路以西，文昌、归德、孝里、平安黄泛平原的缓平坡地和部分交接洼地及沿黄高地上，面积为15838.47hm^2，占总面积的13.59%。本区的特点是地下水资源丰富，又是引黄灌区，灌溉条件较好，宜发展灌溉农业。耕地起伏不平，以砂质、壤质潮土为主，耕层通透性好，易耕、易种，适种作物多，地理位置优越，交通便利，适宜瓜菜产生的发展，是长清区重点提升传统农业产出能力和水平，发展水产业、林业、牧业、湿地旅游等特色主导产业的重点区域。

其改良利用措施主要是采取生物措施、农业耕作措施、工程措施。生物措施包括营造农田防护林；农业耕作措施主要有平整土地、覆盖耕作、增施有机肥、不同作物带状间作、免耕及高留茬种植等；工程措施是以黄河标准化堤防工程为基础，加大水利改良措施，包括挖沟（或暗沟）排水、打井排水、“井灌井排，以灌代排”等灌溉配套工程，对易遭受洪涝灾害的地区要整修农田、疏通渠道，保证汛期不受危害，在旧河床及河漫滩可种植季节菜或耐涝的树种。此外应增施肥料，提高土壤养分，坚持有机、无机并重的原则，合理搭配氮、磷、钾肥料比例，提高肥料利用率。

第三节　耕地资源合理利用的对策

一、增加经济投入，加大耕地保护力度

农业是既要承担自然风险又要承担市场风险的弱质产业，保护农业是国民经济发展中面临的重大问题。由于调控体制不健全，受比较利益驱使，各层次资金投入重点向非农

业倾斜，资金投入不足已成为农业生产发展的主要制约因素。要达到农业增产的途径就要增加耕地投入，加强中低产田改造，不断提高耕地的质量，从而提高耕地利用的经济效益。

长清区宜进一步加强对耕地改良利用的投入，通过对耕地的改良逐步消除制约耕地生产力的限制因素，培肥地力，改善农业生产条件和农田生态环境。一是应进一步健全完善耕地用养结合方面的扶持政策，把有效解决土壤板结、提高耕地质量作为"功在当代，利在千秋"的基本方针，形成保护耕地人人有责的良好氛围，鼓励农民自觉养地，确保农业生产的可持续发展；二是加大对耕地质量监测设施的投入力度，在区级土肥部门建立耕地质量监测站，对耕地质量进行长期定位监测，提高监测手段的现代化水平，保证耕地质量建设工作正常开展，保证监测效果；三是在大型农业机械深松深翻、秸秆还田、农业基础设施建设、轮作休耕等方面加大资金补贴和补助投入。

二、平衡施肥，用养结合，增施有机肥料，培肥地力

长期以来，长清区在耕地开发利用上"重利用、轻投入，重化肥、轻有机肥"现象明显，全区化肥施用量已呈逐年增加的趋势，但有机肥投入比重却逐年减少，严重不足，引发土壤养分特别是有效磷含量偏低和有效硼含量偏低，导致耕地肥力失衡。因此要持续提高中低产耕地的基础地力，为农作物生长创造高产基础，将用土与养土妥善结合起来，广辟有机肥源，重视有机肥的施用和施用有机、无机复混肥。同时应利用中低产耕地调查评价成果，科学指导化肥的调配，采用科学优化平衡施肥，重视合理增施钾肥和补充微肥，不断培肥地力，实现中低产耕地资源的永续利用。

三、加强水利建设，改善灌溉条件，注重农田基本设施建设

水是作物生长的必要条件，灌排条件与耕地的基础地力有着密切的关系。因而可以通过采取以下措施，实现自然降水的空间聚集，改善区域农田的土壤水分状况，推广节水灌溉技术，改善和扩大灌溉面积。

(1)健全灌溉工程，改善灌区输水、配水设备，加强灌溉作业管理，改进地面灌溉技术，采用增产、增值的节水灌溉方法和灌溉技术。加强水利建设，修筑田埂，防止水土冲刷，制定实施好水利规划，修好水渠，防止渗漏，加强管理，提高引灌水的利用率。

(2)人工富集天然降水，建造大、中、小型蓄水池、塘等蓄水体系，将集纳雨水、拦截径流和蓄水有效结合起来，在作物需水的关键时期进行灌溉，解决作物需求和降水错位间矛盾，以充分发挥水分的增产效果。

(3)改善土壤结构，增加土壤的蓄水能力，通过深耕深松、施用有机肥、秸秆还田、应用土壤改良剂等措施，改良土壤结构，增强土壤结构的稳定性，提高土壤对降水的入渗速率和持水量。

四、采用农业措施改良土壤质地，改善土体结构

长清区南部山区耕地土壤限制性因素主要为土层薄、水土流失严重，要从调整土地利用结构和建设基本农田起步，改广种薄收为集约经营，改单一经营为农、林、牧、副全面发

展，因地制宜，全面规划，综合治理，连续治理，实行生物措施与工程措施相结合，坡地治理与沟道治理相结合，田间工程和蓄水保土耕作相结合。在不宜种粮的粗骨土、棕壤性土和褐土性土上，因地制宜地大力发展林果药土特产，在土层较厚的地方，可以发展茶叶、果粮间作，以尽快提高经济效益，在交通不便的山区选种板栗、核桃、枣树等。

五、集约化利用耕地资源，发展生态型可持续农业，改善生态环境

耕地生态环境质量的高低是保证农作物持续稳产、高产、优产、高效的重要前提。根据长清区资源优势以及生态环境的特点，因地制宜地利用耕地资源，通过合理轮作、科学间作套种等措施，提高复种指数，努力提高耕地资源的利用率；注重多物种、多层次、多时序、多级质能、多种产业的有机结合，农、林、牧、副、渔并举，建立生态型可持续农业系统，达到经济、生态和社会效益的高度统一。此外，应充分利用土地流转机制，培育种植、养殖大户，进一步探讨和发展建立公司联农户加基地订单捆绑农业，极力壮大专业化合作组织等耕地规模集约经营模式，提高全区耕地资源的集约经营和经济效益。

第三篇　测土配方施肥技术应用与推广

第九章　测土配方施肥

第一节　测土配方施肥的概念

测土配方施肥：以土壤测试和肥料田间试验为基础，根据作物需肥规律、土壤供肥性能和肥料效应，在合理施用有机肥料的基础上，提出氮、磷、钾及中微量元素等肥料的施用品种、数量、施肥时期和施用方法。

配方肥料：以土壤测试、肥料田间试验为基础，根据作物需肥规律、土壤供肥性能和肥料效应，用各种单质肥料和（或）复混肥料为原料，配制成适合于特定区域、特定作物品种的肥料。

肥料效应：肥料对作物产量或品质的作用效果，通常以肥料单位养分的施用量所能获得的作物增产量和效益表示。

施肥量：施于单位面积耕地或单位质量生长介质中的肥料或养分的质量或体积。

常规施肥：即习惯施肥，指当地有代表性的农户前三年平均施肥量（主要指氮、磷、钾肥）、施肥品种、施肥方法和施肥时期，可通过农户调查确定。

空白对照：无肥处理，用于确定肥料效应的绝对值，评价土壤自然生产力和计算肥料利用率等。

优化施肥：指针对当地（一定区域）的土壤肥力水平、作物需肥特点、肥料利用效率和相关配套栽培技术而建立的作物高产高效或优质适产施肥种类、时期、数量、比例和方法。

地力：指在当前管理水平下，由土壤本身特性、自然背景条件和农田基础设施等要素综合构成的耕地生产能力。

耕地地力评价：耕地地力是指根据耕地所在地的气候、地形地貌、成土母质、土壤理化性状、农田基础设施等要素相互作用表现出的综合特征。耕地地力评价是对耕地生态环境优劣、农作物种植适宜性、耕地潜在生物生产力高低进行评价。

肥料利用率：指作物吸收来自所施肥料的养分占所施肥料养分总量的百分率。

第二节　测土配方施肥的意义

一、提高作物产量，保证粮食生产安全

通过土壤养分测定，并根据作物需要，正确确定施用肥料的种类和用量，才能不断改善土壤营养状况，使作物获得持续稳定的增产，从而保证粮食生产安全。

二、降低农业生产成本，增加农民收入

肥料在农业生产资料的投入中约占50%，但是施入土壤的化学肥料大部分不能被作物吸收，未被作物吸收利用的肥料在土壤中发生挥发、淋溶，被土壤固定。因此，提高肥料利用率、减少肥料的浪费，对提高农业生产的效益至关重要。

三、节约资源，保证农业可持续发展

采用测土配方施肥技术，提高肥料的利用率是构建节约型社会的具体体现。据测算，如果氮肥利用率提高10%，则可以节约$2.5\times10^{8}m^{3}$的天然气或节约375万吨的原煤。所以，在能源和资源极其紧缺的当代，进行测土配方施肥具有非常重要的现实意义。

四、减少污染，保护农业生态环境

不合理的施肥会造成肥料的大量浪费，浪费的肥料必然进入环境中，造成大量原料和能源的浪费，还破坏生态环境，如氮、磷的大量流失可造成富养分化。所以，使施入土壤中的化学肥料尽可能多地被作物吸收，尽可能减少在环境中的滞留，对保护农业生态环境也是有益的。

第十章 建立测土配方施肥指标体系的基本流程

第一节 田间试验与大田示范方案设计

一、田间试验方案设计

为建立完善长清区测土配方施肥指标体系，力求试验数据规范性与科学性，采用“3414”方案设计，并在实施过程中根据研究目的的不同，分别选用“3414”完全实施方案和部分实施方案。

(一)“3414”完全实施方案

“3414”方案设计吸收了回归最优设计处理少、效率高的优点，是目前应用较为广泛的肥料效应田间试验方案。“3414”是指氮、磷、钾3个因素、4个水平、14个处理。4个水平的含义：“0”水平指不施肥，“2”水平指当地推荐施肥量，“1”水平(指施肥不足)＝“2”水平×0.5，“3”水平(指过量施肥)＝“2”水平×1.5。为便于汇总，同一作物、同一区域内施肥量要保持一致。如果需要研究有机肥料和中微量元素肥料效应，可在此基础上增加处理(见表10-1)。

表10-1 “3414”试验方案处理

试验编号	处 理	N	P	K
1	$N_0P_0K_0$	0	0	0
2	$N_0P_2K_2$	0	2	2
3	$N_1P_2K_2$	1	2	2
4	$N_2P_0K_2$	2	0	2
5	$N_2P_1K_2$	2	1	2
6	$N_2P_2K_2$	2	2	2
7	$N_2P_3K_2$	2	3	2
8	$N_2P_2K_0$	2	2	0
9	$N_2P_2K_1$	2	2	1

续表

试验编号	处　理	N	P	K
10	$N_2P_2K_3$	2	2	3
11	$N_3P_2K_2$	3	2	2
12	$N_1P_1K_2$	1	1	2
13	$N_1P_2K_1$	1	2	1
14	$N_2P_1K_1$	2	1	1

该方案可应用 14 个处理进行氮、磷、钾三元二次效应方程拟合，还可分别进行氮、磷、钾中任意二元或一元效应方程拟合。

例如进行氮、磷二元效应方程拟合时，可选用处理 2～7、11、12，求得以 K_2 水平为基础的氮、磷二元二次效应方程；选用处理 2、3、6、11 可求得以 P_2K_2 水平为基础的氮肥效应方程；选用处理 4～7 可求得以 N_2K_2 水平为基础的磷肥效应方程；选用处理 6、8～10 可求得以 N_2P_2 水平为基础的钾肥效应方程。此外，通过处理 1 可以获得基础地力产量，即空白区产量。

（二）“3414”部分实施方案

试验氮、磷、钾某一个或两个养分的效应，或因其他原因无法实施“3414”完全实施方案时，可在“3414”方案中选择相关处理，即“3414”的部分实施方案。这样既保持了测土配方施肥田间试验总体设计的完整性，又考虑到不同区域土壤养分特点和不同试验目的要求，可满足不同层次的需要。如有些区域重点要试验氮、磷效果，可在 K_2 作肥底的基础上进行氮、磷二元肥料效应试验，但应设置 3 次重复。具体处理及其与“3414”方案处理编号对应如表 10-2 所示。

表 10-2　　氮、磷二元二次肥料试验设计与“3414”方案处理编号对应表

处理编号	“3414”方案处理编号	处　理	N	P	K
1	1	$N_0P_0K_0$	0	0	0
2	2	$N_0P_2K_2$	0	2	2
3	3	$N_1P_2K_2$	1	2	2
4	4	$N_2P_0K_2$	2	0	2
5	5	$N_2P_1K_2$	2	1	2
6	6	$N_2P_2K_2$	2	2	2
7	7	$N_2P_3K_2$	2	3	2
8	11	$N_3P_2K_2$	3	2	2
9	12	$N_1P_1K_2$	1	1	2

上述方案也可分别建立氮、磷一元效应方程。

在肥料试验中，为了取得土壤养分供应量、作物吸收养分量、土壤养分丰缺指标等参数，一般把试验设计为5个处理：空白对照(CK)、无氮区(PK)、无磷区(NK)、无钾区(NP)和氮、磷、钾区(NPK)(见表10-3)。这5个处理分别是“3414”完全实施方案中的处理1、2、4、8和6。如要获得有机肥料的效应，可增加有机肥处理区(M)；试验某种中(微)量元素的效应，在N、P、K基础上，进行加与不加该中(微)量元素处理的比较。试验要求测试土壤养分和植株养分含量，进行考种和计产。试验设计中，氮、磷、钾、有机肥等用量应接近肥料效应函数计算的最高产量施肥量或用其他方法推荐的合理用量。

表10-3　常规5处理试验设计与“3414”方案处理编号对应表

处理区	“3414”方案处理编号	处　理	N	P	K
空白对照	1	$N_0P_0K_0$	0	0	0
无氮区	2	$N_0P_2K_2$	0	2	2
无磷区	4	$N_2P_0K_2$	2	0	2
无钾区	8	$N_2P_2K_0$	2	2	0
氮、磷、钾区	6	$N_2P_2K_2$	2	2	2

二、大田示范方案设计

示范设置常规施肥对照区和测土配方施肥区两个处理，另外加设一个不施肥的空白处理，其中测土配方施肥、农民常规施肥处理面积不少于200m^2，空白对照(不施肥)处理不少于30m^2。其他参照一般肥料试验要求。通过田间示范，综合比较肥料投入、作物产量、经济效益、肥料利用率等指标，客观评价测土配方施肥效益，为测土配方施肥技术参数的校正及进一步优化肥料配方提供依据。示范设计各处理布置如图10-1所示。

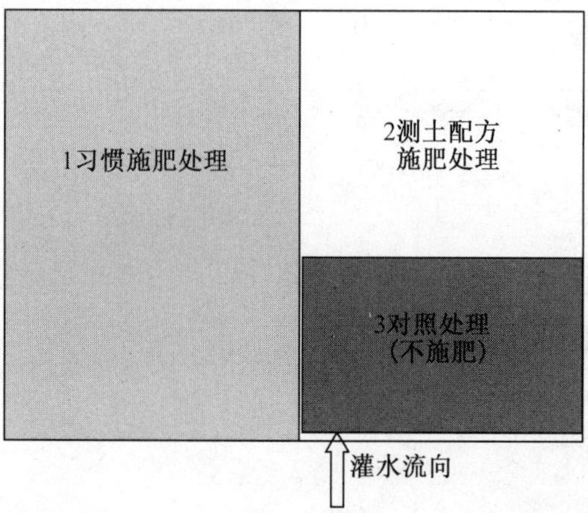

注：习惯施肥处理完全由农民按照当地施肥习惯进行施肥管理；测土配方施肥处理只是按照试验要求改变施肥数量和方式，对照处理则不施任何化学肥料，其他管理与习惯处理相同。处理间要筑田埂及排灌沟，单灌单排，禁止串排、串灌。

图10-1　示范设计各处理布置图

第二节 利用“3414”试验建立测土配方施肥指标体系

一、建立施肥指标体系的注意事项

（一）“3414”试验中第二水平（相对合理施肥量）的确定

“3414”试验中的第二水平的确定非常重要。这是因为，如果第二水平太低，则有可能造成得到的方程出现外推情况（最佳施肥量超出第三水平）；如果第二水平太高，又会造成设计的施肥水平远远偏离最佳施肥量，不能准确地捕捉到最佳施肥量的情况。本区通过归纳和总结近年来的田间试验结果，并根据试验田可能获得的目标产量，来设计第二水平。

（二）“3414”试验中肥料运筹方案

肥料运筹方案决定肥料在作物一生中的分配比例，可分为一次基肥和多次追肥。在本区小麦、玉米试验中，磷、钾肥作为基肥施用，而氮肥要分期施肥，习惯将基追比例按并重的理念（各占 1/2）来进行分配。然而提高氮肥利用效率的一个关键措施是同步作物的氮素需求与土壤、肥料的氮素供应，传统的氮肥基追比例需要修正，本区通过校正试验，对氮肥运筹方案进行试验并加以调整。

（三）试验田设置

“3414”试验有 14 个处理，由于本区多为丘陵地区，为尽量减少试验小区过多所带来的试验管理和实施困难，因而并未设置重复，校正试验面积均在 667m^2 以上。

（四）试验田选择

试验点尽量覆盖本区高、中、低不同肥力水平的土壤，强调区域内选点的随机性和代表性，同时也要保障试验管理的可靠性。

（五）基础土样采集、保存与测试

为确保试验获得的结果尽可能完整，建立测土施肥指标体系，对试验土样进行妥善保存，以备复查。

二、土壤丰缺指标及参数的最佳施肥量的分析方法

“3414”试验结果资料的统计分析主要内容包括回归分析、方差分析、施肥参数计算等。

回归分析：主要是通过建立产量与施肥量之间的二次回归方程，寻找某个养分的最佳施肥量。

方差分析：是通过 F 检验与多重比较，判断回归模式的回归效果。

施肥参数计算：主要包括肥料利用率、土壤养分校正系数、作物养分需要量、土壤养分丰缺指标等施肥参数的计算，目的是为了获取构建区域性测土配方施肥信息系统需要的有关参数。

(一)施肥参数计算

1. 丰缺指标的获取

(1)第一步:将某一较大的生态区域内的所有田间试验按土壤类型进行分类、汇总;对某一特定作物,至少有30个点的“3414”完全或部分实施田间试验。

(2)计算各试验中缺氮、磷、钾的相对产量。

缺氮的相对产量=[处理2($N_0P_2K_2$)产量/处理6($N_2P_2K_2$)产量]×100%

缺磷的相对产量=[处理4($N_2P_0K_2$)产量/处理6($N_2P_2K_2$)产量]×100%

缺钾的相对产量=[处理8($N_2P_2K_0$)产量/处理6($N_2P_2K_2$)产量]×100%

(3)将每处试验的相对产量与土壤养分测定值配对。

(4)选择回归模型,对配对数据进行回归分析,建立两者的函数关系。常用模型为$y=a+b\ \ln x$,模型选定通常以相关系数大小为依据。

(5)利用函数计算相对产量分别为50%、70%、90%、95%时对应的土壤养分值。

(6)建立土壤养分值指标,如表10-4所示。

表10-4 土壤养分的分级评价标准

相对产量(%)	<50	50~70	70~90	90~95	>95
评价	极低	低	中	高	极高

2. 参数的计算方法

(1)目标产量:目标产量可采用平均单产法来确定。平均单产法是利用施肥区前三年平均单产和年递增率为基础确定目标产量,其计算公式是:

目标产量=(1+递增率)×前三年平均单产

一般粮食作物的递增率为10%~15%,露地蔬菜为20%,设施蔬菜为30%。

(2)作物需肥量:通过对正常成熟的农作物全株养分的分析,测定各种作物百千克经济产量所需养分量,乘以目标常量即可获得作物需肥量。

$$作物目标产量所需养分量=\frac{目标产量}{100}\times 百千克产量所需养分量$$

(3)土壤供肥量:土壤供肥量可以通过测定基础产量、土壤有效养分校正系数两种方法估算。

通过基础产量估算(处理1产量):不施肥区作物所吸收的养分量作为土壤供肥量。

$$土壤供肥量=\frac{不施养分区农作产量}{100}\times 百千克产量所需养分量$$

(4)肥料利用率:一般通过差减法来计算,利用施肥区作物吸收的养分量减去不施肥区农作物吸收的养分量,其差值视为肥料供应的养分量,再除以所用肥料养分量就是肥料利用率。

$$肥料利用率=\frac{施肥区农作物吸收养分量-缺素区农作物吸收养分量}{肥料施用量\times 肥料中养分含量}\times 100\%$$

(二)不同生产条件下的适宜施肥量分析

不同生产条件下的适宜施肥量主要通过“3414”试验结果资料的回归分析来获取。主要目的是建立产量与施肥量之间的二次回归方程，然后通过方程确定最大施肥量与最佳施肥量，根据施肥量预测产量。运用“3414”完全实施方案14个处理，建立N、P、K三个因素与产量的三元二次效应方程；部分实施方案（或选择完全实施方案的部分处理）可建立某一个或某两个因素与产量的一元二次或二元二次效应方程。

1. 三元二次肥料效应回归分析

标准的“3414”试验的三元二次方程为：

$$y=b_0+b_1X_1+b_2X_2+b_3X_3+b_4X_1^2+b_5X_2^2+b_6X_3^2+b_7X_1X_2+b_8X_1X_3+b_9X_2X_3$$

最高施肥量自变量 $x_j(j=1,2,3,\cdots)$ 的边际效应等于0。

$$b_1+2b_4x_1+b_7x_2+b_8x_3=0$$

$$b_2+2b_5x_2+b_7x_1+b_9x_2=0$$

$$b_3+2b_6x_3+b_8x_1+b_9x_2=0$$

求解上述方程组，获取最高施肥量 $x_{1,2,3}$。

最佳施肥量自变量 $x_j(j=1,2,3,\cdots)$ 的边际效应等于投入价格与产出价格比

$$b_1+2b_4x_1+b_7x_2+b_8x_3=Px_1/Py$$

$$b_2+2b_5x_2+b_7x_1+b_9x_2=Px_2/Py$$

$$b_3+2b_6x_3+b_8x_1+b_9x_2=Px_3/Py$$

求解上述方程组，获取最佳施肥量 $x_{1,2,3}$。

试验数据统计分析计算采用现成的计算机软件来完成，包括利用网络工具进行运算和利用Excel进行计算。网络工具是中国肥料信息网的“3414”三元二次效应函数处理软件。

2. 一元二次肥料效应回归分析（以磷、钾为例）

首先逐点计算每处试验条件下的适宜施肥量，利用方案中 $N_2P_0K_2$ $N_2P_1K_2$ $N_2P_2K_2$ $N_2P_3K_2$（$N_2P_2K_0$ $N_2P_2K_1$ $N_2P_2K_2$ $N_2P_2K_3$）四个处理，分析最佳施磷（钾）量。分析方法分四步。

步骤一：通过散点图观察产量随施肥量的变化，如无规律，则暂时按该点不需施肥处理。

步骤二：简单计算不同处理产量的差异。如不超过5%，则视为该点不需施肥，最佳施肥量为零；超过5%，但施肥处理间产量差异不超过5%，则最佳施肥量为最低设计施肥水平。

步骤三：如产量变化有规律，则进行一元回归分析。回归方法一是Excel散点图添加趋势线法，二是Excel回归计算法。

步骤四：用回归方程计算最佳施肥量。

利用极值原理，计算最大施肥量：

$$\frac{\partial y}{\partial N}=0 \qquad \frac{\partial y}{\partial P}=0 \qquad \frac{\partial y}{\partial K}=0$$

利用极值原理，计算最佳施肥量：

$$\frac{\partial y}{\partial N}=\frac{C_N}{P_y} \qquad \frac{\partial y}{\partial P}=\frac{C_P}{P_y} \qquad \frac{\partial y}{\partial K}=\frac{C_K}{P_y}$$

3. 不同生产条件下的适宜施肥量分析

(1)计算不同产量水平下的最佳施肥量。将试验点按高、中、低产量水平分类,统计计算每一产量水平所有试验点最佳施肥量的变幅和平均值。

(2)计算不同土壤养分等级情况下的最佳施肥量。将试验点按土壤养分等级分类,统计计算每一土壤养分等级内所有试验点最佳施肥量的变幅和平均值。

土壤养分等级分级标准:按某作物的丰缺指标分析结果分级。

第十一章　主要作物测土配方施肥指标体系的建立

第一节　小麦测土配方施肥指标体系

一、主要施肥参数的分析计算

（一）小麦形成100kg籽粒养分吸收量的分析计算

利用小麦测产时的植株取样干重和植株全量养分分析结果，计算小麦形成100kg籽粒的养分吸收量。本区通过对不同产量下“3414”小区试验 $N_2P_2K_2$ 处理的样品进行分析，分析结果如表11-1所示。通过分析发现，随着产量水平的提高，小麦所形成100kg籽粒所需养分量也逐渐增加。本区小麦形成100kg籽粒所需养分量，平均需氮2.759kg，需五氧化二磷1.015kg，需氧化钾2.492kg。

表11-1　　长清区小麦形成100kg籽粒所需养分量

产量水平	100kg籽粒			秸秆				100kg籽粒所需养分量		
	全氮（%）	全磷（%）	全钾（%）	对应秸秆产量（kg）	全氮（%）	全磷（%）	全钾（%）	N(kg)	P_2O_5(kg)	K_2O(kg)
高产区	2.122	0.379	0.429	122.3	0.555	0.064	1.405	2.801	1.046	2.588
中产区	2.143	0.378	0.411	120.1	0.524	0.057	1.415	2.772	1.022	2.543
低产区	2.182	0.371	0.405	108.7	0.479	0.052	1.418	2.703	0.978	2.345
平均	2.149	0.376	0.415	117	0.519	0.057	1.412	2.759	1.015	2.492

（二）肥料利用率的分析计算

本区氮、磷、钾肥料利用率的计算，以小区试验中无氮区（$N_0P_2K_2$）、无磷区（$N_2P_0K_2$）、无钾区（$N_2P_2K_0$）作为缺素区，以全肥区（$N_2P_2K_2$）处理为施肥区确定这一参数，通过汇总分析，结果如表11-2所示。

表 11-2　　长清区不同产量水平小麦肥料利用率

产量水平	氮肥利用率(%)	磷肥利用率(%)	钾肥利用率(%)
高产区	27.8	16.7	48.4
中产区	30.8	16.3	49.8
低产区	28.6	18.2	54.8
平均	29.1	17.1	51

氮肥平均利用率为 29.1%,磷肥平均利用率为 17.1%,钾肥平均利用率为 51%。

二、小麦配方施肥丰缺指标

(一)土壤氮丰缺指标及氮肥推荐用量

通过对本小区试验进行统计,获得小麦缺氮区相对产量与碱解氮对应数据,利用Excel图表和添加趋势线功能,对所得数据进行散点图分析,并添加趋势线,得出本区缺氮区小麦相对产量与土壤养分关系回归方程(见图 11-1)。

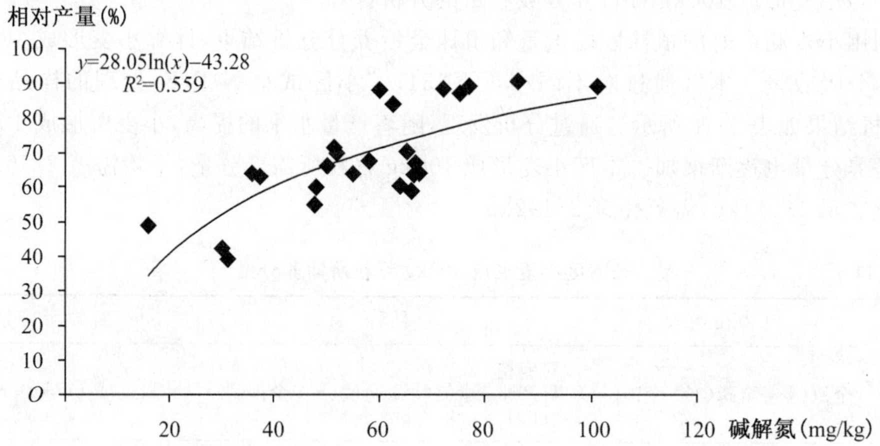

图 11-1　缺氮区小麦相对产量与土壤碱解氮关系图

通过以上所得回归方程计算相对产量为 50%、75%、90%、95%对应的土壤养分含量,即丰缺指标,并确定推荐施肥量(见表 11-3)。

表 11-3　　土壤碱解氮丰缺指标及氮肥推荐用量

养分等级	相对产量(%)	碱解氮含量(mg/kg)	氮肥推荐用量(kg/667m^2)
极高	>95	>138	10
高	90～95	115～138	10～12
中	75～90	68～115	12～14
低	50～75	27～68	15～17
极低	<50	<27	18

处于养分等级极高的地块，相对产量高于95%，土壤碱解氮高于138mg/kg，氮肥推荐用量为10kg/667m²；处于养分等级为高的地块，相对产量为90%～95%，土壤碱解氮为115～138mg/kg，氮肥推荐用量为10～12kg/667m²；处于养分等级为中的地块，相对产量为75%～90%，土壤碱解氮为68～115mg/kg，氮肥推荐用量为12～14kg/667m²；处于养分等级为低的地块，相对产量为50%～75%，土壤碱解氮为27～68mg/kg，氮肥推荐用量为15～17kg/667m²；处于养分等级极低的地块，相对产量低于50%，土壤碱解氮低于27mg/kg，氮肥推荐用量为18kg/667m²。

（二）土壤磷丰缺指标及磷肥推荐用量

通过对本小区试验进行统计，获得小麦缺磷区相对产量与有效磷对应数据，利用Excel图表和添加趋势线功能，对所得数据进行散点图分析，并添加趋势线，得出本区缺磷区小麦相对产量与土壤养分关系回归方程（见图11-2）。

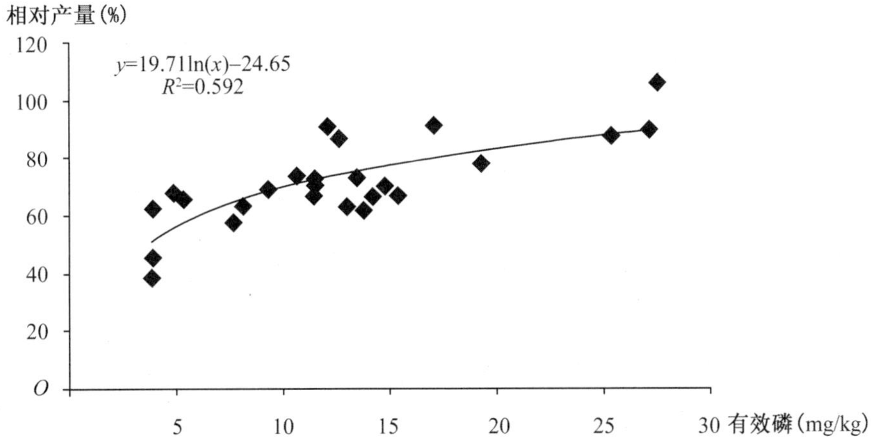

图11-2　缺磷区小麦相对产量与土壤有效磷关系图

通过以上所得回归方程计算相对产量为50%、75%、90%、95%对应的土壤养分含量，即丰缺指标，并确定推荐施肥量（见表11-4）。

表11-4　土壤有效磷丰缺指标及磷肥推荐用量

养分等级	相对产量（%）	有效磷含量（mg/kg）	磷肥推荐用量（kg/667m²）
极高	＞95	＞35	2
高	90～95	28～35	2～4
中	75～90	13～28	5～7
低	50～75	4～13	8～10
极低	＜50	＜4	10～12

处于养分等级极高的地块，相对产量高于95%，土壤有效磷高于35mg/kg，磷肥推荐用量为2kg/667m²；处于养分等级为高的地块，相对产量为90%～95%，土壤有效磷为28

～35mg/kg，磷肥推荐用量为 2～4kg/667m²；处于养分等级为中的地块，相对产量为 75%～90%，土壤有效磷为 13～28mg/kg，磷肥推荐用量为 5～7kg/667m²；处于养分等级为低的地块，相对产量为 50%～75%，土壤有效磷为 4～13mg/kg，磷肥推荐用量为 8～10kg/667m²；处于养分等级极低的地块，相对产量低于 50%，土壤有效磷低于 4mg/kg，磷肥推荐用量为 10～12kg/667m²。

（三）土壤钾丰缺指标及钾肥推荐用量

通过对本区小区试验进行统计，获得小麦缺钾区相对产量与速效钾对应数据，利用 Excel 图表和添加趋势线功能，对所得数据进行散点图分析，并添加趋势线，得出本区缺钾区小麦相对产量与土壤养分关系回归方程（见图 11-3）。

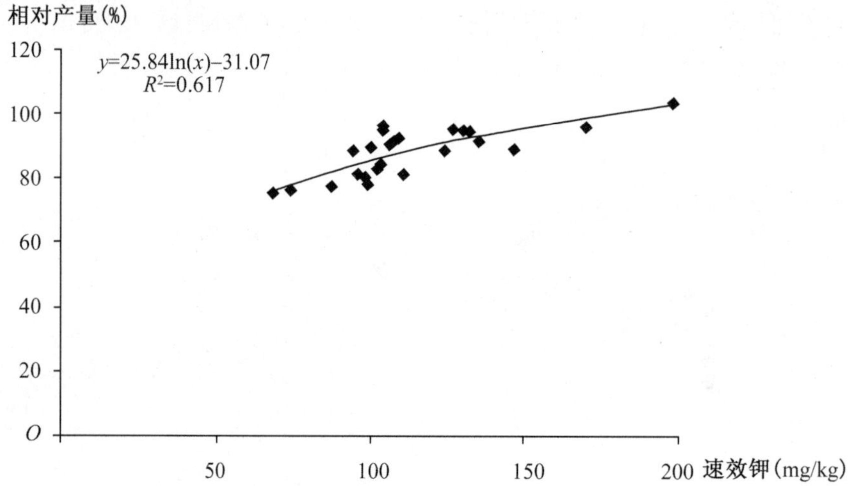

图 11-3　缺钾区小麦相对产量与土壤速效钾关系图

通过以上所得回归方程计算相对产量为 50%、75%、90%、95%对应的土壤养分含量，即丰缺指标，并确定推荐施肥量（见表 11-5）。

表 11-5　　土壤速效钾丰缺指标及钾肥推荐用量

养分等级	相对产量（%）	速效钾含量（mg/kg）	钾肥推荐用量（kg/667m²）
极高	＞95	＞131	0
高	90～95	108～131	0～2
中	75～90	61～108	2～6
低	50～75	23～61	7～9
极低	＜50	＜23	10～14

处于养分等级极高的地块，相对产量高于 95%，土壤速效钾高于 131mg/kg，钾肥推荐用量为 0kg/667m²；处于养分等级为高的地块，相对产量为 90%～95%，土壤速效钾为 108～131mg/kg，钾肥推荐用量为 0～2kg/667m²；处于养分等级为中的地块，相对产量为 75%～90%，土壤速效钾为 61～108mg/kg，钾肥推荐用量为 2～6kg/667m²；处于养分等

级为低的地块，相对产量为 50%～75%，土壤速效钾为 23～61mg/kg，钾肥推荐用量为 7～9kg/667m^2；处于养分等级极低的地块，相对产量低于 50%，土壤速效钾低于 23mg/kg，钾肥推荐用量为 10～14kg/667m^2。

第二节　玉米测土配方施肥指标体系

一、主要施肥参数的分析计算

（一）玉米形成 100kg 籽粒养分吸收量的分析计算

利用玉米测产时的植株取样干重和植株全量养分分析结果，计算玉米形成 100kg 籽粒的养分吸收量。本区通过对不同产量下"3414"小区试验 $N_2P_2K_2$ 处理的样品进行分析，分析结果如表 11-6 所示。通过分析发现，随着产量水平的提高，玉米所形成 100kg 籽粒所需养分量也逐渐增加。本区玉米形成 100kg 籽粒所需养分量，平均需氮 2.488kg，需五氧化二磷 0.878kg，需氧化钾 2.094kg。

表 11-6　　长清区玉米形成 100kg 籽粒所需养分量

产量水平	100kg 籽粒			秸秆				100kg 籽粒所需养分量		
	全氮(%)	全磷(%)	全钾(%)	对应秸秆产量(kg)	全氮(%)	全磷(%)	全钾(%)	N(kg)	P_2O_5(kg)	K_2O(kg)
高产区	1.332	0.249	0.438	133.2	0.941	0.115	0.999	2.585	0.921	2.132
中产区	1.292	0.252	0.447	125.2	0.946	0.11	1.062	2.477	0.892	2.141
低产区	1.265	0.234	0.412	119.8	0.948	0.104	1.047	2.401	0.821	2.008
平均	1.296	0.245	0.432	126.067	0.945	0.11	1.036	2.488	0.878	2.094

（二）肥料利用率的分析计算

本区氮、磷、钾肥料利用率的计算，以肥效小区试验中无氮区（$N_0P_2K_2$）、无磷区（$N_2P_0K_2$）、无钾区（$N_2P_2K_0$）作为缺素区，以全肥区（$N_2P_2K_2$）处理为施肥区确定这一参数，通过汇总分析，结果如表 11-7 所示。

表 11-7　　长清区不同产量水平玉米肥料利用率

产量水平	氮肥利用率(%)	磷肥利用率(%)	钾肥利用率(%)
高产区	31.4	17.4	42.9
中产区	30.1	15.7	41.4
低产区	30.2	19.9	47
平　均	30.6	17.7	43.8

氮肥平均利用率为 30.6%，磷肥平均利用率为 17.7%，钾肥平均利用率为 43.8%。

二、玉米配方施肥丰缺指标

(一)土壤氮丰缺指标及氮肥推荐用量

通过对本区小区试验进行统计，获得玉米缺氮区相对产量与碱解氮对应数据，利用Excel图表和添加趋势线功能，对所得数据进行散点图分析，并添加趋势线，得出本区缺氮区玉米相对产量与土壤养分关系回归方程(见图 11-4)。

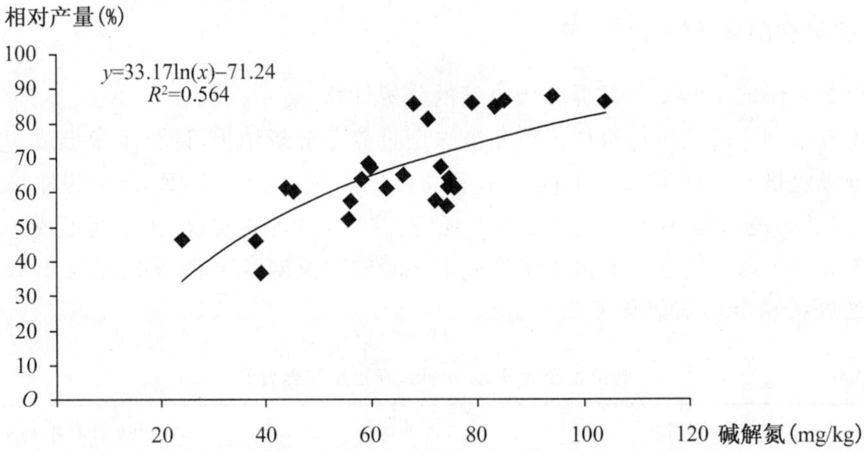

图 11-4　缺氮区玉米相对产量与土壤碱解氮关系图

通过以上所得回归方程计算相对产量为 50%、75%、90%、95%对应的土壤养分含量，即丰缺指标，并确定推荐施肥量(见表 11-8)。

表 11-8　土壤碱解氮丰缺指标及氮肥推荐用量

养分等级	相对产量(%)	碱解氮含量(mg/kg)	氮肥推荐用量(kg/667m²)
极高	>95	>150	8～10
高	90～95	129～150	10～12
中	75～90	82～129	12～14
低	50～75	38～82	14～16
极低	<50	<38	17

处于养分等级极高的地块，相对产量高于 95%，土壤碱解氮高于 150mg/kg，氮肥推荐用量为 8～10kg/667m^2；处于养分等级为高的地块，相对产量为 90%～95%，土壤碱解氮为 129～150mg/kg，氮肥推荐用量为 10～12kg/667m^2；处于养分等级为中的地块，相对产量为 75%～90%，土壤碱解氮为 82～129mg/kg，氮肥推荐用量为 12～14kg/667m^2；处于养分等级为低的地块，相对产量为 50%～75%，土壤碱解氮为 38～82mg/kg，氮肥推荐用量为 14～16kg/667m^2；处于养分等级极低的地块，相对产量低于 50%，土壤碱解氮低于 38mg/kg，氮肥推荐用量为 17kg/667m^2。

（二）土壤磷丰缺指标及磷肥推荐用量

通过对本区小区试验进行统计，获得玉米缺磷区相对产量与有效磷对应数据，利用Excel图表和添加趋势线功能，对所得数据进行散点图分析，并添加趋势线，得出本区缺磷区玉米相对产量与土壤养分关系回归方程（见图11-5）。

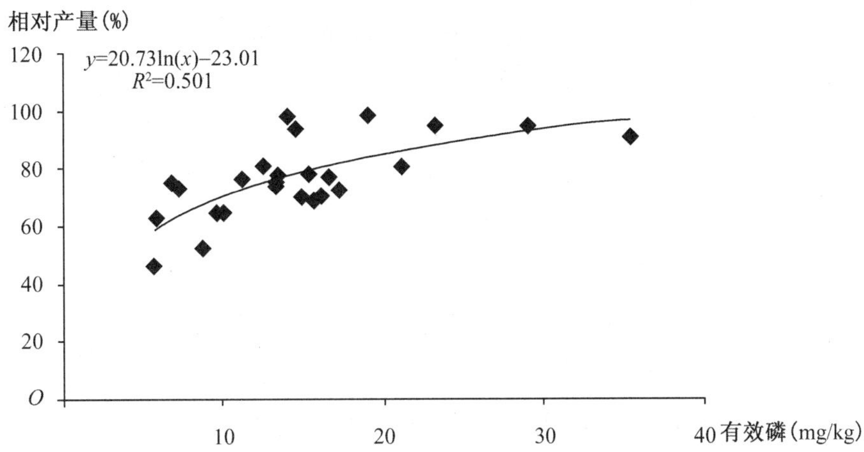

图 11-5　缺磷区玉米相对产量与土壤有效磷关系图

通过以上所得回归方程计算相对产量为50%、75%、90%、95%对应的土壤养分含量，即丰缺指标，并确定推荐施肥量（见表11-9）。

表 11-9　　土壤有效磷丰缺指标及磷肥推荐用量

养分等级	相对产量(%)	有效磷含量(mg/kg)	磷肥推荐用量(kg/667m²)
极高	＞95	＞32	0～1
高	90～95	25～33	1～2
中	75～90	12～25	2～4
低	50～75	4～12	4～6
极低	＜50	＜4	8～10

处于养分等级极高的地块，相对产量高于95%，土壤有效磷高于32mg/kg，磷肥推荐用量为0～1kg/667m^2；处于养分等级为高的地块，相对产量为90%～95%，土壤有效磷为25～33mg/kg，磷肥推荐用量为1～2kg/667m^2；处于养分等级为中的地块，相对产量为75%～90%，土壤有效磷为12～25mg/kg，磷肥推荐用量为2～4kg/667m^2；处于养分等级为低的地块，相对产量为50%～75%，土壤有效磷为4～12mg/kg，磷肥推荐用量为4～6kg/667m^2；处于养分等级极低的地块，相对产量低于50%，土壤有效磷低于4mg/kg，磷肥推荐用量为8～10kg/667m^2。

（三）土壤钾丰缺指标及钾肥推荐用量

通过对本区小区试验进行统计，获得玉米缺钾区相对产量与速效钾对应数据，利用

Excel 图表和添加趋势线功能，对所得数据进行散点图分析，并添加趋势线，得出本区缺钾区玉米相对产量与土壤养分关系回归方程(见图 11-6)。

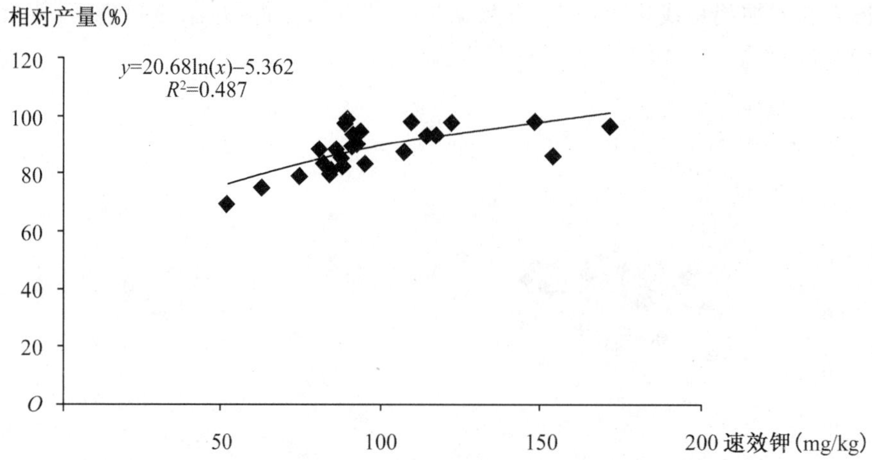

图 11-6 缺钾区玉米相对产量与土壤速效钾关系图

通过以上所得回归方程计算相对产量为 50%、75%、90%、95% 对应的土壤养分含量，即丰缺指标，并确定推荐施肥量(见表 11-10)。

表 11-10 土壤速效钾丰缺指标及钾肥推荐用量

养分等级	相对产量(%)	速效钾含量(mg/kg)	钾肥推荐用量(kg/667m²)
极高	>95	>128	0
高	90～95	101～128	0～2
中	75～90	49～101	2～7
低	50～75	15～49	7～10
极低	<50	<15	10～14

处于养分等级极高的地块，相对产量高于 95%，土壤速效钾高于 128mg/kg，钾肥推荐用量为 0kg/667m^2；处于养分等级为高的地块，相对产量为 90%～95%，土壤速效钾为 101～128mg/kg，钾肥推荐用量为 0～2kg/667m^2；处于养分等级为中的地块，相对产量为 75%～90%，土壤速效钾为 49～101mg/kg，钾肥推荐用量为 2～7kg/667m^2；处于养分等级为低的地块，相对产量为 50%～75%，土壤速效钾为 15～49mg/kg，钾肥推荐用量为 7～10kg/667m^2；处于养分等级极低的地块，相对产量低于 50%，土壤速效钾低于 15mg/kg，钾肥推荐用量为 10～14kg/667m^2。

第三节　花生测土配方施肥指标体系

一、花生形成 100kg 籽粒养分吸收量的分析计算

利用花生测产时的植株取样干重和植株全量养分分析结果，计算花生形成 100kg 籽粒的养分吸收量。本区通过对不同产量下“3414”小区试验 $N_2P_2K_2$ 处理的样品进行分析，分析结果如表 11-11 所示。通过分析发现，随着产量水平的提高，花生形成 100kg 籽粒所需养分量也逐渐增加。本区花生形成 100kg 籽粒所需养分量，平均需氮 5.38kg，需五氧化二磷 1.438kg，需氧化钾 2.334kg。

表 11-11　　长清区花生形成 100kg 籽粒所需养分量

产量水平	100kg 籽粒			秸秆				100kg 籽粒所需养分量		
	全氮(%)	全磷(%)	全钾(%)	对应秸秆产量(kg)	全氮(%)	全磷(%)	全钾(%)	N(kg)	P_2O_5(kg)	K_2O(kg)
高产区	4.198	0.485	0.742	91	1.355	0.173	1.352	5.431	1.471	2.377
中产区	4.177	0.472	0.721	92.1	1.341	0.164	1.312	5.412	1.427	2.325
低产区	4.056	0.461	0.702	94.1	1.318	0.167	1.282	5.296	1.416	2.3
平均	4.144	0.473	0.722	92.4	1.338	0.168	1.315	5.38	1.438	2.334

二、花生配方施肥丰缺指标

(一)土壤氮丰缺指标及氮肥推荐用量

通过对本小区试验进行统计，获得花生缺氮区相对产量与碱解氮对应数据，利用 Excel图表和添加趋势线功能，对所得数据进行散点图分析，并添加趋势线，得出本区缺氮区花生相对产量与土壤养分关系回归方程(见图 11-7)。

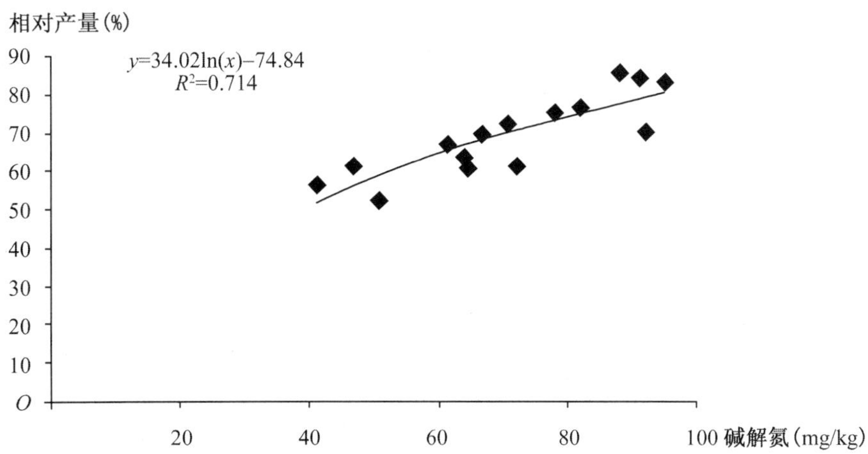

图 11-7　缺氮区花生相对产量与土壤碱解氮关系图

通过以上所得回归方程计算相对产量为50%、75%、90%、95%对应的土壤养分含量，即丰缺指标，并确定推荐施肥量(见表11-12)。

表 11-12　　土壤碱解氮丰缺指标及氮肥推荐用量

养分等级	相对产量(%)	碱解氮含量(mg/kg)	氮肥推荐用量(kg/667m²)
极高	>95	>147	2～4
高	90～95	127～147	4～6
中	75～90	82～127	6～8
低	50～75	39～82	8～10
极低	<50	<39	10～12

处于养分等级极高的地块，相对产量高于95%，土壤碱解氮高于147mg/kg，氮肥推荐用量为2～4kg/667m²；处于养分等级为高的地块，相对产量为90%～95%，土壤碱解氮为127～147mg/kg，氮肥推荐用量为4～6kg/667m²；处于养分等级为中的地块，相对产量为75%～90%，土壤碱解氮为82～127mg/kg，氮肥推荐用量为6～8kg/667m²；处于养分等级为低的地块，相对产量为50%～75%，土壤碱解氮为39～82mg/kg，氮肥推荐用量为8～10kg/667m²；处于养分等级极低的地块，相对产量低于50%，土壤碱解氮低于39mg/kg，氮肥推荐用量为10～12kg/667m²。

(二)土壤磷丰缺指标及磷肥推荐用量

通过对本小区试验进行统计，获得花生缺磷区相对产量与有效磷对应数据，利用Excel图表和添加趋势线功能，对所得数据进行散点图分析，并添加趋势线，得出本区缺磷区花生相对产量与土壤养分关系回归方程(见图11-8)。

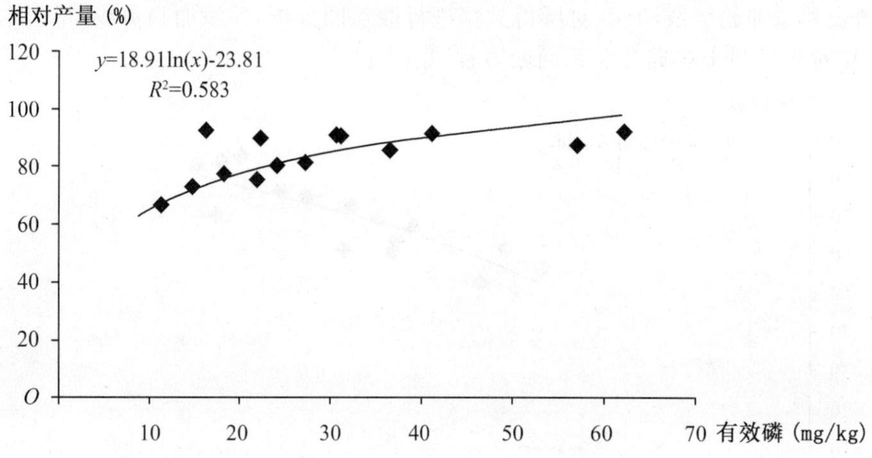

图 11-8　缺磷区花生相对产量与土壤有效磷关系图

通过以上所得回归方程计算相对产量为50%、75%、90%、95%对应的土壤养分含量，即丰缺指标，并确定推荐施肥量(见表11-13)。

表 11-13　　土壤有效磷丰缺指标及磷肥推荐用量

养分等级	相对产量(%)	有效磷含量(mg/kg)	磷肥推荐用量(kg/667m^2)
极高	>95	>53	0～3
高	90～95	40～53	3～6
中	75～90	17～40	6～8
低	50～75	4～17	8～10
极低	<50	<4	10～12

处于养分等级极高的地块，相对产量高于95%，土壤有效磷高于53mg/kg，磷肥推荐用量为0～3kg/667m^2；处于养分等级为高的地块，相对产量为90%～95%，土壤有效磷为40～53mg/kg，磷肥推荐用量为3～6kg/667m^2；处于养分等级为中的地块，相对产量为75%～90%，土壤有效磷为17～40mg/kg，磷肥推荐用量为6～8kg/667m^2；处于养分等级为低的地块，相对产量为50%～75%，土壤有效磷为4～17mg/kg，磷肥推荐用量为8～10kg/667m^2；处于养分等级极低的地块，相对产量低于50%，土壤有效磷低于4mg/kg，磷肥推荐用量为10～12kg/667m^2。

（三）土壤钾丰缺指标及钾肥推荐用量

通过对本小区试验进行统计，获得花生缺钾区相对产量与速效钾对应数据，利用Excel图表和添加趋势线功能，对所得数据进行散点图分析，并添加趋势线，得出本区缺钾区花生相对产量与土壤养分关系回归方程（见图11-9）。

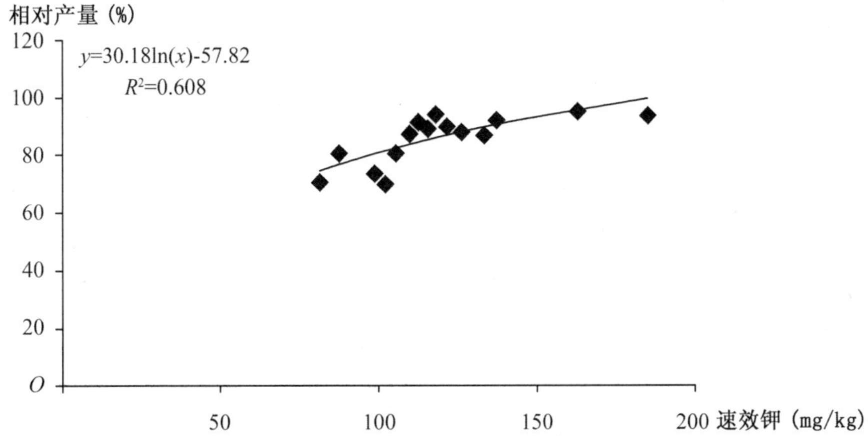

图 11-9　缺钾区花生相对产量与土壤速效钾关系图

通过以上所得回归方程计算相对产量为50%、75%、90%、95%对应的土壤养分含量，即丰缺指标，并确定推荐施肥量（见表11-14）。

表 11-14 土壤速效钾丰缺指标及钾肥推荐用量

养分等级	相对产量(%)	速效钾含量(mg/kg)	钾肥推荐用量(kg/667m^2)
极高	>95	>158	3～6
高	90～95	134～158	6～8
中	75～90	82～134	8～10
低	50～75	36～82	10～12
极低	<50	<36	12～15

处于养分等级极高的地块，相对产量高于95%，土壤速效钾高于158mg/kg，钾肥推荐用量为3～6kg/667m^2；处于养分等级为高的地块，相对产量为90%～95%，土壤速效钾为134～158mg/kg，钾肥推荐用量为6～8kg/667m^2；处于养分等级为中的地块，相对产量为75%～90%，土壤速效钾为82～134mg/kg，钾肥推荐用量为8～10kg/667m^2；处于养分等级为低的地块，相对产量为50%～75%，土壤速效钾为36～82mg/kg，钾肥推荐用量为10～12kg/667m^2；处于养分等级极低的地块，相对产量低于50%，土壤速效钾低于36mg/kg，钾肥推荐用量为12～15kg/667m^2。

第十二章　测土配方施肥配方设计

第一节　肥料配方设计的基本环节

肥料配方设计是测土配方施肥工作的核心。通过总结田间试验、土壤养分数据等，划分不同区域施肥分区，同时根据气候、地貌、土壤、耕作制度等相似性和差异性，结合专家经验，提出不同作物的施肥配方。

一、土壤养分丰缺指标法

基于土壤养分测定值与作物吸收养分量的相关性，选择适宜的测试方法，通过用生物田间试验，把土壤养分测定值以作物相对产量来分等、分级、制表。取得施肥区土壤养分测定值后，对照分级指标确定该田块土壤养分丰缺情况和大致施肥量。

采用"3414"完全实施方案或"3414"部分实施方案，"3414"方案中的处理 1 为空白对照(CK)，处理 6 为全肥区(NPK)，处理 2、4、8 为缺素区(即 PK、NK 和 NP)。收获后计算产量，以相对产量为纵坐标、土壤养分测定值为横坐标绘制的曲线，用 $y=a+b\ln x$ 来表达缺素区产量占全肥区产量百分数，即用相对产量的高低来表达土壤养分的丰缺情况。相对产量低于 50%的土壤养分为极低，50%～75%(不含)为低，75%～90%(不含)为中，90%～95%(不含)为高，95%(含)以上为极高，从而确定适用于某一区域、某种作物的土壤养分丰缺指标及对应的肥料施用数量。对该区域其他田块，通过土壤养分测试，就可以了解土壤养分的丰缺状况，提出相应的推荐施肥量。在确定配方肥氮、磷、钾用量及比例时，还应考虑施肥地块的具体条件，如气候条件、秸秆还田、有机肥施用等，并对配方予以调整。

二、肥料效应函数法

肥料效应函数法是以田间生物试验为基础，采用回归设计，将不同处理得到的产量进行数理统计，求得该种试验条件下作物产量与施肥量之间的数量关系——肥料效应方程。它不仅可以直观表示出不同肥料的增产趋势和交互作用，还可以计算出最高产量(最大)施肥量和经济(最佳)施肥量。

根据"3414"方案田间试验结果，可建立单因子、两因子和三因子肥料效应函数，从而直接获得某一区域、某种作物的氮、磷、钾肥料的最佳施用量，为肥料配方和施肥推荐提供依据。

(一)三元二次肥料效应回归分析

标准的"3414"试验的三元二次方程为：

$$y=b_0+b_1X_1+b_2X_2+b_3X_3+b_4X_1^2+b_5X_2^2+b_6X_3^2+b_7X_1X_2+b_8X_1X_3+b_9X_2X_3$$

最高施肥量自变量 $x_j(j=1,2,3,\cdots)$ 的边际效应等于0。

$$b_1+2b_4x_1+b_7x_2+b_8x_3=0$$

$$b_2+2b_5x_2+b_7x_1+b_9x_2=0$$

$$b_3+2b_6x_3+b_8x_1+b_9x_2=0$$

求解上述方程组，获取最高施肥量 $x_{1,2,3}$。

最佳施肥量自变量 $x_j(j=1,2,3,\cdots)$ 的边际效应等于投入价格与产出价格比。

$$b_1+2b_4x_1+b_7x_2+b_8x_3=Px_1/Py$$

$$b_2+2b_5x_2+b_7x_1+b_9x_2=Px_2/Py$$

$$b_3+2b_6x_3+b_8x_1+b_9x_2=Px_3/Py$$

求解上述方程组，获取最佳施肥量 $x_{1,2,3}$。

(二)二元二次肥料效应回归分析

"3414"试验只取两因素变化，可用二元二次肥料效应方程：

$$y=b_0+b_1X_1+b_2X_2+b_3X_1^2+b_4X_3^2+b_5X_1X_2$$

最高施肥量自变量 $x_j(j=1,2,\cdots)$ 的边际效应等于0。

$$b_1+2b_3X_1+b_5X_2=0$$

$$b_2+2b_4X_3+b_5X_1=0$$

求解上述方程组，获取最高施肥量 $x_{1,2}$。

最佳施肥量自变量 $x_j(j=1,2,\cdots)$ 的边际效应等于投入价格与产出价格比。

$$b_1+2b_3X_1+b_5X_2=Px_1/Py$$

$$b_2+2b_4X_3+b_5X_1=Px_2/Py$$

求解上述方程组，获取最佳施肥量 $x_{1,2}$。

(三)一元二次肥料效应回归分析

"3414"试验只取一种因素变化，可用一元二次肥料效应方程：

$$y=b_0+b_1X+b_2X^2$$

最高施肥量自变量 x 的边际效应等于0。

$$b_1+2b_2X=0$$

求解上述方程组，获取最高施肥量 x。

最佳施肥量自变量 x 的边际效应等于投入价格与产出价格比。

$$b_1+2b_2X=Px/Py$$

求解上述方程组，获取最佳施肥量 x。

三、养分平衡法

养分平衡法根据农作物需肥量与土壤供肥量之差，计算实现目标产量(或计划产量)的施肥量。因农作物需要的养分由土壤和肥料两个方面供给，所以应用养分平衡公式进行计算，也就是由目标产量、农作物单位产量需肥量、土壤供肥量、肥料利用率和肥料中有效养分含量五大参数计算得到。养分平衡公式为：

$$肥料施用量=农作物养分吸收量-土壤供肥量$$

根据养分平衡公式中作物目标产量需肥量与土壤供肥量之差估算施肥量，计算公式可表示为：

$$施肥量=\frac{目标产量所需养分总量-土壤供肥量}{肥料中养分含量\times肥料当季利用率}$$

（一）目标产量

目标产量可采用平均单产法来确定。平均单产法是利用施肥区前三年平均单产和年递增率为基础确定目标产量，其计算公式是：

$$目标产量=(1+递增率)\times前三年平均单产$$

一般粮食作物的递增率为10%～15%，露地蔬菜为20%，设施蔬菜为30%。

（二）目标产量所需养分总量

通过对正常成熟的农作物全株养分的分析，测定各种作物百千克经济产量所需养分量，乘以目标常量即可获得作物需肥量。

$$作物目标产量所需养分量=\frac{目标产量}{100}\times百千克产量所需养分量$$

（三）土壤供肥量

土壤供肥量可以通过测定基础产量、土壤有效养分校正系数两种方法估算。

通过基础产量估算（处理1产量）：不施肥区作物所吸收的养分量作为土壤供肥量。

$$土壤供肥量=\frac{不施养分区农作产量}{100}\times百千克产量所需养分量$$

通过土壤有效养分校正系数估算：将土壤有效养分测定值乘以一个校正系数，以表达土壤"真实"供肥量，该系数称为"土壤有效养分校正系数"。

$$土壤有效养分校正系数=\frac{缺素区作物地上部分吸收该元素量}{该元素土壤测定值\times0.15}$$

（四）肥料利用率

一般通过差减法来计算：利用施肥区作物吸收的养分量减去不施肥区农作物吸收的养分量，其差值视为肥料供应的养分量，再除以所用肥料养分量就是肥料利用率。

$$肥料利用率=\frac{施肥区农作物吸收养分量-缺素区农作物吸收养分量}{肥料施用量\times肥料中养分含量}\times100\%$$

上述公式以计算氮肥利用率为例来进一步说明。

施肥区（NPK区）农作物吸收养分量："3414"方案中处理6的作物总吸氮量；

缺氮区（PK区）农作物吸收养分量："3414"方案中处理2的作物总吸氮量；

肥料施用量：施用的氮肥肥料用量；

肥料中养分含量：施用的氮肥肥料所标明的含氮量。

如果同时施用了不同品种的氮肥，应计算所用的不同氮肥品种的总氮量。

（五）肥料养分含量

供施肥料包括无机肥料与有机肥料。无机肥料、商品有机肥料含量按其标明量，不明养分含量的有机肥料养分含量参照当地不同类型有机肥养分平均含量获得。

由于土壤供肥量的确定方法不同，形成了地力差减法和土壤有效养分校正系数法两种计算施肥量的方法。

地力差减法是根据作物目标产量与基础产量之差来计算施肥量的一种方法，其计算公式为：

$$施肥量=\frac{(目标产量-基础产量)\times 单位经济产量养分吸收量}{肥料中养分含量\times 肥料利用率}$$

基础产量即为“3414”方案中处理1的产量。

土壤有效养分校正系数法是通过测定土壤有效养分含量来计算施肥量，其计算公式为：

$$施肥量=\frac{作物单位产量养分吸收量\times 目标产量-土壤测试值\times 0.15\times 土壤有效养分校正系数}{肥料中养分含量\times 肥料利用率}$$

四、经验公式法

通过大量的施肥调查以及对试验示范数据和有关文献资料的分析，利用经验模式的通式建立施肥量与作物产量、土壤养分含量相互关联的推荐施肥经验公式。经验模式的通式为：

$$氮肥推荐模式：N_T=N_P\times Y_M+(10-M)\times M_C+C_N$$

$$磷肥推荐模式：P_T=P_P\times Y_M+(20-P_S)\times P_C+C_P$$

$$钾肥推荐模式：K_T=K_P\times Y_M+(110-K_S)\times K_C+C_K$$

其中：N_T、P_T、K_T分别为每亩氮、磷、钾推荐量，N_P、P_P、K_P分别为作物的氮、磷、钾单位产量系数，与作物单位产量养分吸收量相近。Y_M为目标产量，M为土壤有机质含量测定值，P_s为土壤有效磷含量测定值，K_S为土壤速效钾含量测定值。M_C、P_C、K_C分别为土壤有机质、有效磷、速效钾利用系数，C_N、C_P、C_K分别为氮、磷、钾推荐生态环境综合矫正参数。

五、县域施肥分区与肥料配方设计

在GPS定位土壤采样与土壤测试的基础上，综合考虑行政区划、土壤类型、土壤质地、气象资料、种植结构、作物需肥规律等因素，借助信息技术生成区域性土壤养分空间变异图和县域施肥分区图，优化设计不同分区的肥料配方。

(一)确定研究区域

确定本区为施肥分区和肥料配方设计的研究单元，并对本区概况全面掌握，从而综合考虑多方面因素，使本区配方设计更具科学性与合理性。

(二)GPS定位指导下的土壤样品采集

长清区通过综合土壤类型、土地利用现状、地形和行政区划等各方面因素进行统筹规划，将本区测土配方施肥区域划分为若干个采样单元，每个采样单元的土壤性状尽可能一致，并根据采样单元确定采样点，在土壤图上进行标注形成采样点位图。采样点涉及全区所有行政区域。根据点位图进行采样，利用GPS记录采样点地理坐标，精确到0.1″。采样路线采用“S”形布点采样，并采集多于 15 个 0～20cm 土壤样田(大田作物)，混合为 1 个基本土样，通过四分法弃去多余土壤，并做好标记。

(三)土壤测试与土壤养分空间数据库的建立

将已制备的土壤样品按规范的标准步骤对土壤养分进行测定，测定的土壤养分包括有机质、全氮、碱解氮、有效磷、速效钾、缓效钾、交换性钙、交换性镁、有效硫、有效铁、有效铜、有效锌、有效钼、有效锰、有效硼和 pH。对已测定的土壤有机质、氮、磷、钾及中微量元素等养分数据，首先按照野外实际调查点进行整理，建立以各养分为字段、以调查点为记录的数据库。之后进行土壤采样样点图与分析数据库的连接，从而将土壤测试数据和空间位置建立对应关系，形成空间数据库，以便能在 GIS 中进行分析。

(四)土壤养分分区图的制作

以本区土壤养分丰缺指标为依据，以 GIS 为操作平台，使用克立格插值方法进行土壤养分空间插值，制作形成土壤养分分区图。

(五)施肥分区和肥料配方的生成

县域肥料配方的制定针对不同营养元素采用不同的管理策略。氮素管理采用区域总量控制、分期调控技术，磷、钾采用恒量监控技术，中微量元素因缺补缺。

1. 氮肥用量

土壤氮素空间变异性使得土壤无机氮不可能成为区域氮肥管理的指标，土壤转化复杂、易于损失决定了区域氮肥管理必须进行实时实地的监控。一般来说，在区域氮肥推荐时应充分考虑目标产量需氮量、土壤氮素供应量和氮素损失量。

总量控制：

$$\text{施氮量}=\text{目标产量}\times\text{单位产量吸氮量}+\text{氮素表观损失}+\text{土壤氮素残留}-\text{土壤养分供应}-\text{环境氮素供应量}$$

根据地力差减法，其公式可写为：

$$\text{施肥量}=\frac{(\text{目标产量}-\text{基础产量})\times\text{单位经济产量养分吸收量}}{\text{肥料利用率}}$$

目标产量：施肥区前三年平均单产和年递增率为基础确定目标产量。

基础产量：“3414”试验空白产量平均值。

单位产量吸氮量：根据试验结果植株分析的 N、P、K 含量计算。

肥料利用率：利用施肥区作物吸收的养分量减去不施肥区农作物吸收的养分量，其差值视为肥料供应的养分量，再除以所用肥料养分量。

分期调控：根据不同作物养分需求特征，确定基追比例。

2. 区域磷、钾肥用量的确定

基于养分平衡原理，根据土壤磷、钾的测试和一个轮作周期中作物对磷、钾的吸收量，确定一个轮作周期所需磷、钾肥施用量和茬口分配，这一分配应可满足作物高产需求并将土壤磷、钾持续调控在作物高产需要的临界水平上。每隔 3～5 年进行一次土壤有效磷、钾的测试，以对肥料用量作出相应的调整。

对于磷肥管理，当土壤有效磷处于低水平时，磷肥管理的目标是通过增施磷肥提高作物产量和土壤有效磷含量，故磷肥用量为作物带走量的 1.5 倍；当土壤有效磷处于中等水平时，磷肥管理的目标是维持现有土壤有效磷水平，故磷肥用量等于作物带走量；当土壤有效磷处于高水平时，施用磷肥的增产潜力不大，个别高产或高产地区适量补充磷，一般地区则无需施磷肥。对于冬小麦—玉米轮作地区，考虑到施用磷肥对不同作物的增产潜力不同，应将整个轮作周期中的磷进行统一运筹，即冬小麦与玉米的磷、钾肥用量相加，2/3用在冬小麦季，1/3 用在玉米季。

对于钾素来说，管理策略与磷相似。小麦、玉米吸收钾素的 80%以上储存在秸秆中，在钾肥管理中应首先强调秸秆还田。当土壤速效钾处于低水平时，钾肥管理的目标是通过增施钾肥提高作物产量和土壤速效钾含量，故钾肥用量为作物带走量的 1.5 倍；当土壤速效钾处于中等水平时，钾肥管理的目标是维持现在土壤有效钾水平，故钾肥用量等于作物的带走量；当土壤速效钾处于高水平时，施用钾肥的增产潜力不大，个别高产或超高产地区可以适量补充钾，一般地区无需施钾肥。对于本区冬小麦—玉米轮作地区，考虑施钾肥对不同作物的增产潜力不同，将整个轮作周期中的钾肥进行统一运筹，即将冬小麦与玉米的钾肥用量相加，1/3 钾肥用在冬小麦季，2/3 钾肥用在玉米季。

3. 基于 GIS 技术的区域配肥技术

在土壤养分分级图和目标产量图的基础上，氮素推荐采用总量控制、分期调控的方法，根据“3414”试验，模拟出最佳施氮量，根据多点试验平均，一个区域内采用平均适宜施氮量。磷、钾采用恒量监控技术，根据试验相对产量对土壤有效磷、速效钾的测定值作图，根据相对产量的高低计算出土壤养分丰缺指标，提出区域配方，田间校正试验，进行配方优化，提出研究区域内主要栽培作物的专用肥配方。对于大田作物，充分考虑作物养分吸收和土壤、环境养分供给的同步，依据养分吸收规律进行区域配肥。根据区域推荐施肥用量图层的叠加或计算进行区域配肥。对于一个地区来说，为了生产和推广的方便，区域肥料配方不宜过多，配方过多不仅操作困难，还容易造成地区间混乱，反而效果不好。因此，本区区域施肥推荐为一个地区提供儿种主流施肥配力，不足部分通过追肥或其他措施弥补。

第二节　小麦、玉米肥料配方设计

一、经验公式法——小麦、玉米配方设计

(一)小麦推荐施肥经验模式

对于小麦推荐施肥，在经验模式中，N_P、P_P、K_P分别为 0.025、0.015、0.025，M_C、P_C、K_C分别为 0.2、0.1、0.05，生态环境矫正参数 C_N、C_P、C_K分别为 2、2、0.5。

推荐施肥经验模式如下：

氮肥推荐模式：$N_T=0.025\times Y_M+(10-M)\times 0.2+2$

磷肥推荐模式：$P_T=0.015\times Y_M+(15-P_S)\times 0.1+2$

钾肥推荐模式：$K_T=0.025\times(Y_M-300)+(110-K_S)\times 0.05+0.5$

钾肥推荐模式在目标产量高于 $300kg/667m^2$ 时使用，低于此标准时，原则上不推荐施用钾肥。

利用上述经验公式，只要确定目标产量、具有土壤养分测试结果，就可计算推荐施用量，从而制成推荐施肥检索表(见表12-1)。

表12-1　　长清区小麦推荐施肥量检索表

推荐施肥量($kg/667m^2$)	养分等级		产量水平($kg/667m^2$)			
			350	400	450	500
N	有机质(g/kg)	<10	11～12	12～13	13～14	15～16
		10～15	10～11	11～12	12～13	14～15
		>15	9～10	10～11	11～12	13～14
P_2O_5	有效磷(mg/kg)	<15	7～7.5	8～8.5	8.5～9	9.5～10
		15～30	5.5～7	6.5～8	7～8.5	8～9.5
		>30	5～5.5	6～6.5	6.5～7	7.5～8
K_2O	速效钾(mg/kg)	<75	3.5～5	4.5～6	6～7	7～8.5
		75～120	1～3.5	2.5～5	3.5～6	5～7
		>120	0～1	1.5～2.5	2.5～3.5	4～5

(二)玉米推荐施肥经验模式

对于玉米推荐施肥，在经验模式中，N_P、P_P、K_P分别为0.02、0.02、0.025，M_C、P_C、K_C分别为0.25、0.15、0.05，生态环境矫正参数C_N、C_P、C_K分别为2、0.5、0.5。

推荐施肥经验模式如下：

氮肥推荐模式：$N_T=0.02\times Y_M+(10-M)\times 0.25+2$

磷肥推荐模式：$P_T=0.02\times (Y_M-400)+(15-P_S)\times 0.15+0.5$

钾肥推荐模式：$K_T=0.025\times (Y_M-400)+(110-K_S)\times 0.05+0.5$

磷、钾肥推荐模式在目标产量高于$400kg/667m^2$时使用，低于此标准时，原则上不推荐施用磷肥，少施钾肥。

利用上述经验公式，只要确定目标产量、具有土壤养分测试结果，就可计算推荐施用量，从而制成推荐施肥检索表(见表12-2)。

表12-2　　长清区玉米推荐施肥量检索表

推荐施肥量($kg/667m^2$)	养分等级		产量水平($kg/667m^2$)			
			450	500	550	600
N	有机质(g/kg)	<10	11～12	12～13	13～14	14～15
		10～15	9.5～11	10.5～12	11.5～13	12.5～14
		>15	8.5～9.5	9.5～10.5	10.5～11.5	11.5～12.5

续表

推荐施肥量(kg/667m²)	养分等级		产量水平(kg/667m²)			
			450	500	550	600
P_2O_5	有效磷(mg/kg)	<15	1.5～2	2.5～3	3.5～4	4.5～5
		15～30	0～1.5	0.5～2.5	1～3.5	2～4.5
		>30	0	0	0.5～1	1.5～2
K_2O	速效钾(mg/kg)	<75	3.5～4.5	4.5～6	6～7	7～8.5
		75～120	1～3.5	2.5～4.5	3.5～6	5～7
		>120	0～1	1.5～2.5	2.5～3.5	4～5

二、综合方法——小麦、玉米配方设计

(一)氮肥用量的制定

根据试验数据和农户调查数据，总结出不同区域的小麦和玉米生产的目标产量。本区小麦目标产量从 350kg/667m² 到 500kg/667m² 不等，玉米目标产量从 400kg/667m² 到 600kg/667m² 不等。根据“3414”试验结果，结合专家建议，将本区划分三个主要目标产量区域，按照上述区域氮肥配方设计公式，确定本区不同目标产量的氮肥推荐用量(见表 12-3)。

表 12-3 不同目标产量小麦与玉米推荐施肥量

作物	目标产量(kg/667m²)	基础产量(kg/667m²)	形成 100kg 籽粒需氮量(kg)	肥料利用率(%)	推荐施肥量(kg/667m²)
小麦	500	344	2.801	27.8	15.7
	450	284	2.772	30.8	14.9
	350	211	2.703	28.6	13.1
玉米	600	432	2.585	31.4	13.8
	500	345	2.477	30.1	12.8
	400	258	2.401	30.2	11.3

(二)磷、钾肥用量的制定

根据磷、钾肥恒量监控管理技术要求，对本区不同目标产量区域小麦、玉米一个轮作周期内的土壤磷、钾元素被作物带走量进行了计算，以便于进一步对不同肥力等级水平的地块确定推荐磷钾肥用量(见表 12-4)。

表 12-4　　不同目标产量小麦—玉米轮作周期土壤磷、钾素作物带走量

小麦			玉米			整个轮作周期	
目标产量 (kg/667m²)	形成 100kg 籽粒需磷量 (kg)	形成 100kg 籽粒需钾量 (kg)	目标产量 (kg/667m²)	形成 100kg 籽粒需磷量 (kg)	形成 100kg 籽粒需钾量 (kg)	土壤磷素作物带走量 (kg/667m²)	土壤钾素作物带走量 (kg/667m²)
500	1.046	2.588	600	0.921	2.132	10.8	25.7
450	1.022	2.543	500	0.892	2.141	9.1	22.1
350	0.978	2.345	400	0.821	2.008	6.7	16.2

对于磷肥管理，当土壤有效磷处于 4～13mg/kg 时，通过增施磷肥可提高作物产量和土壤有效磷含量，故磷肥用量为作物带走量的 1.5 倍；当土壤有效磷处于 13～28mg/kg 时，需维持现有土壤有效磷水平，故磷肥用量等于作物带走量；当土壤有效磷高于 28mg/kg时，施用磷肥的增产潜力不大，个别高产区适量补充磷，故磷肥用量等于作物带走量的 0.5 倍。由于施用磷肥对不同作物的增产潜力不同，本区将整个轮作周期中的磷进行统一运筹，磷肥 2/3 用在冬小麦季，1/3 用在玉米季。小麦、玉米不同等级的推荐磷肥用量如表 12-5 所示。

表 12-5　基于土壤有效磷测试和磷素平衡的冬小麦、夏玉米磷素恒量监控技术指标

作物	目标产量 (kg/667m²)	土壤有效磷含量分级(mg/kg)		
		4～13	13～28	>28
		推荐磷肥用量(kg/667m², P_2O_5)		
冬小麦	500		7.2	3.6
	450	9	6	3
	350	6.8	4.5	
玉米	600		3.6	1.8
	500	4.5	3	1.5
	400	3.3	2.2	

对于钾素来说，管理策略与磷相似。近年来，随着本区现代农业技术的不断深入开展、土壤有机质提升项目的实施，秸秆还田技术已在本区大面积推广使用，由于小麦、玉米吸收钾素的 80%以上储存在秸秆中，所以在钾肥管理中应综合考虑秸秆还田。当土壤速效钾低于 61mg/kg 时，通过增施钾肥可提高作物产量和土壤速效钾含量，钾肥用量为作物带走量扣除秸秆还田钾素返还量的 1.5 倍；当土壤速效钾处于 61～108mg/kg 时，维持现有土壤有效钾水平，故钾肥用量等于作物带走量扣除秸秆还田钾素返还量；当土壤速效钾高于 108mg/kg 时，施用钾肥的增产潜力不大，个别高产区可以适量补充钾，钾肥用量为作物带走量扣除秸秆还田钾素返还量的 0.5 倍。考虑施钾肥对不同作物的增产潜力不

同，将整个轮作周期中的钾肥进行统一运筹，将 1/3 钾肥用在冬小麦季，2/3 钾肥用在玉米季。小麦、玉米不同等级的钾肥推荐用量如表 12-6 所示。

表 12-6 基于土壤速效钾测试和钾素平衡的冬小麦、夏玉米钾素恒量监控技术指标

作物	目标产量（kg/667m²）	土壤有效磷含量分级（mg/kg）		
		<61	61～108	>108
		推荐磷肥用量（kg/667m²，K_2O）		
冬小麦	500		3.4	1.7
	450	4.5	3	1.5
	350	3.3	2.2	
玉米	600		6.7	3.4
	500	9	6	3
	400	6.5	4.3	

（三）主要配方

根据养分分级情况、农民施肥现状，参考该区施肥参数指标、文献资料及调整策略，对本区占比比较大的五个养分等级耕地设计了小麦适宜配方及用量（见表 12-7）和玉米适宜配方及用量（见表 12-8），其中小麦配方设计时，氮肥基肥比例为 50%。

表 12-7 长清区小麦主要施肥配方及用量

序号	推荐量 $N-P_2O_5-K_2O$	基肥配方 $N-P_2O_5-K_2O$	总养分（%）	目标产量（kg/667m²）	适宜土壤养分条件 有效磷（mg/kg）	适宜土壤养分条件 速效钾（mg/kg）
1	13.1−6.8−3.3	17−17−8	42	350	4−13	<61
2	14.9−9−3	18−22−8	48	450	4～13	61～108
3	14.9−9−1.5	19−22−4	45	450	4～13	>108
4	14.9−6−3	19−15−7	41	450	13～28	61～108
5	15.7−7.2−1.7	20−18−4	42	500	13～28	>108

表 12-8 长清区玉米主要施肥配方及用量

序号	推荐量 $N-P_2O_5-K_2O$	基肥配方 $N-P_2O_5-K_2O$	总养分（%）	目标产量（kg/667m²）	适宜土壤养分条件 有效磷（mg/kg）	适宜土壤养分条件 速效钾（mg/kg）
1	11.3−3.3−6.5	22−7−13	42	400	4～13	<61
2	12.8−4.5−6	26−9−12	47	500	4～13	61～108

续表

序号	推荐量 $N-P_2O_5-K_2O$	基肥配方 $N-P_2O_5-K_2O$	总养分(%)	目标产量 $(kg/667m^2)$	适宜土壤养分条件	
					有效磷 (mg/kg)	速效钾 (mg/kg)
3	12.8－4.5－3	26－9－6	41	500	4～13	＞108
4	12.8－3－6.7	26－6－13	45	500	13～28	61～108
5	13.8－3.6－3.4	28－7－7	42	600	13～28	＞108

配方肥推荐施用均作为基肥一次施用，同时每亩施用有机肥 3000kg 以上，在小麦返青—拔节期亩追施尿素 10～15kg。

配方肥施用：

(1)采用缓控释配方肥的玉米，在定苗后一次性施入，后期不再追肥。

(2)采用普通配方肥的玉米，在拔节初期和大喇叭口期两次追肥施入，或用二铵 5kg 作种肥，配方肥在大喇叭口期一次施入。同时，应结合第一次追肥亩施锌肥 1.5kg。

专　题

长清区耕地改良利用分区专题研究

耕地是农业生产和农业可持续发展的重要基础。耕地维持着作物生产力、影响着环境的质量和动物、植物甚至人类的健康。长清区自1981～1982年第二次土壤普查以来，随着农村经营体制、耕作制度、作物品种、种植结构、产量水平和肥料施用等方面的显著变化，耕地利用状况也发生了明显改变。近年来，虽然对部分耕地实施了地力监测，但至今对区域中低产耕地状况及其障碍因素等缺乏系统性、实用性的调查分析，使耕地利用与改良难以适应新形势下农业生产发展的要求。因此，开展区域耕地地力调查评价，摸清区域中低产耕地状况及其障碍因素，有的放矢地开展中低产耕地的科学改良利用，挖掘区域耕地的生产潜力，对于长清区耕地资源的可持续利用具有十分重要的意义。

一、耕地改良利用分区原则与分区系统

（一）耕地改良利用分区的原则

耕地改良利用区划的基本原则：从耕地自然条件出发，主导性、综合性、实用性和可操作性相结合。按照因地制宜、因土适用、合理利用和配置耕地资源，充分发挥各类耕地的生产潜力，坚持用地与养地相结合，近期与长远相结合的原则进行。以土壤组合类型、肥力水平、改良方向和主要改良措施的一致性为主要依据。同时，考虑地貌、气候、水文和生态等条件以及植被类型，参照历史与现状等因素综合考虑进行分区。

（二）耕地改良利用分区系统

根据耕地改良利用原则，将影响耕地利用的各类限制因素归纳为耕地自然环境要素、耕地土壤养分要素和耕地土壤物理要素，将全区耕地改良利用划分为三个改良利用类型区，即耕地自然环境条件改良利用区、耕地土壤培肥改良利用区、耕地土体整治改良利用区，并分别用大写字母E、N和P表示。各改良利用类型区内，再根据相应的限制性主导因子，续分为相应的具体改良利用亚类。

二、耕地改良利用分区方法

（一）耕地改良利用分区因子的确定

耕地改良利用分区因子是指参与评定改良利用分区类型的耕地诸属性。由于影响的因素很多，根据耕地地力评价，遵循主要因素原则、差异性原则、稳定性原则、敏感性原则，进行限制主导因素的选取。考虑与耕地地力评价中评价因素的一致性，以及各土壤养分的丰缺状况和其相关要素的变异情况，选取耕地土壤有机质含量、耕地土壤有效磷含量、耕地土壤速效钾含量、耕地土壤有效锌含量和耕地土壤有效硼含量因素作为耕地土壤养分状况的限制性主导因子；选取灌溉保证率、坡度和有效土层厚度作为耕地自然环境状况的限制性主导因子；选取耕层质地条件和土体构型作为耕地土壤物理状况的限制性主导因子。

（二）耕地改良利用分区标准

依据农业部《全国中低产田类型划分与改良技术规范》，根据山东省各地区耕地地力评价资料，综合分析目前全省各耕地改良利用因素的现状水平，同时针对影响长清区耕地利用水平的主要因素，邀请具有土壤管理经验的相关专家进行分析，制定了耕地改良利用各主导因子的分区及其耕地改良利用类型的确定标准，具体分级标准如表 1 所示。

表 1　耕地改良利用主导因子分区标准

耕地改良利用区划	限制因子	代号	分区标准
耕地土壤培肥改良利用区（N）	有机质（o，g/kg）	No	＜12
	有效磷（p，mg/kg）	Np	＜15
	速效钾（k，mg/kg）	Nk	＜100
	有效锌（zn，mg/kg）	Nzn	＜0.5
	有效硼（b，mg/kg）	Nb	＜0.5
耕地自然环境条件改良利用区（E）	灌溉保证（i，%）	Ei	灌溉保障率低于 50%
	坡度（s，度）	Es	＞10°
	有效土层（d，cm）	Ed	＜60cm
耕地土体整治改良利用区（P）	耕层质地（t）	Pt	砂土、沙壤、粗骨土
	土体构型（c）	Pc	土体中有障碍层次

（三）耕地改良利用分区方法

在 GIS 支持下，利用耕地地力评价单元图，根据耕地改良利用各主导因子分区标准在其相应的属性库中进行检索分析，确定各单元相应的耕地改良利用类型，通过图面编辑生成耕地改良利用分区图，并统计各类型面积比例。

三、耕地改良利用分区专题图的生成

(一)耕地土壤培肥改良利用分区图的生成

根据耕地土壤养分限制因素分区标准,把长清区耕地有机质分为两类,即有机质改良利用区和有机质非改良利用区,有机质改良利用区用代号 No 标注;同样,有效磷改良利用区用代号 Np 标注,速效钾改良利用区用代号 Nk 标注,有效锌改良利用区用代号 Nzn 标注,有效硼改良利用区用代号 Nb 标注,编辑生成耕地土壤培肥改良利用分区图(见图 1)。

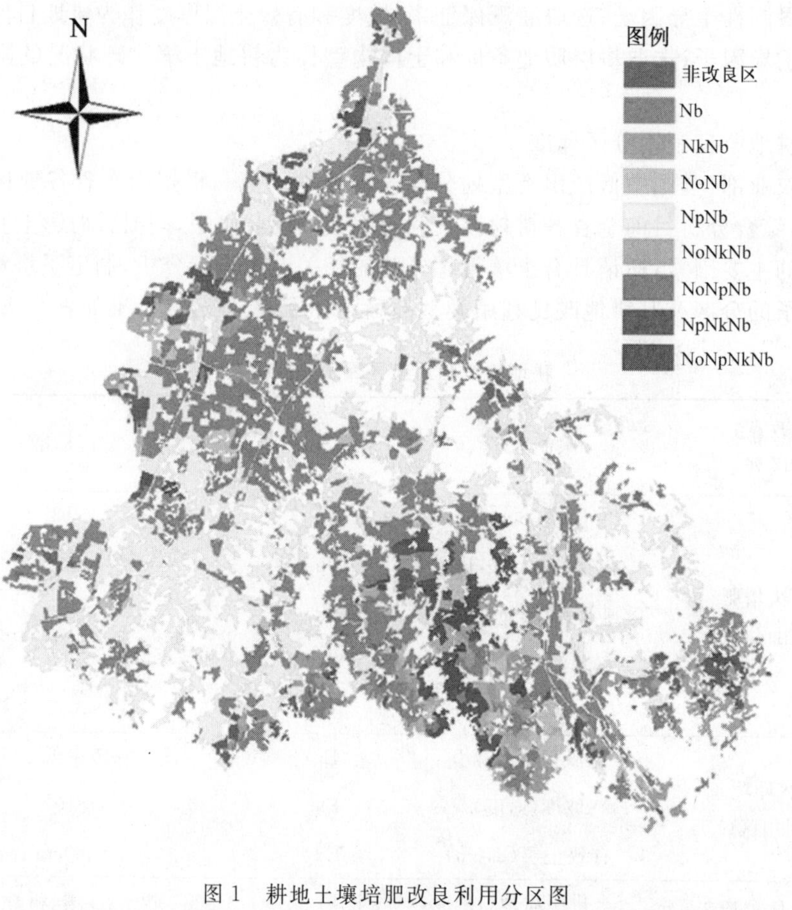

图 1　耕地土壤培肥改良利用分区图

(二)耕地自然环境条件改良利用分区图的生成

根据耕地自然环境条件限制因素分区标准,进行长清区耕地改良利用分区。灌溉保证条件分为灌溉保证条件改良利用区和灌溉保证条件非改良利用区,改良利用区用代号 Ei 标注;坡度条件分为坡度条件改良利用区和坡度条件非改良利用区,坡度条件改良利用区以代号 Es 标注;有效土层厚度分为有效土层改良利用区和有效土层非改良利用区,有效土层改良利用区用代号 Ed 标注,标注结果如图 2 所示。

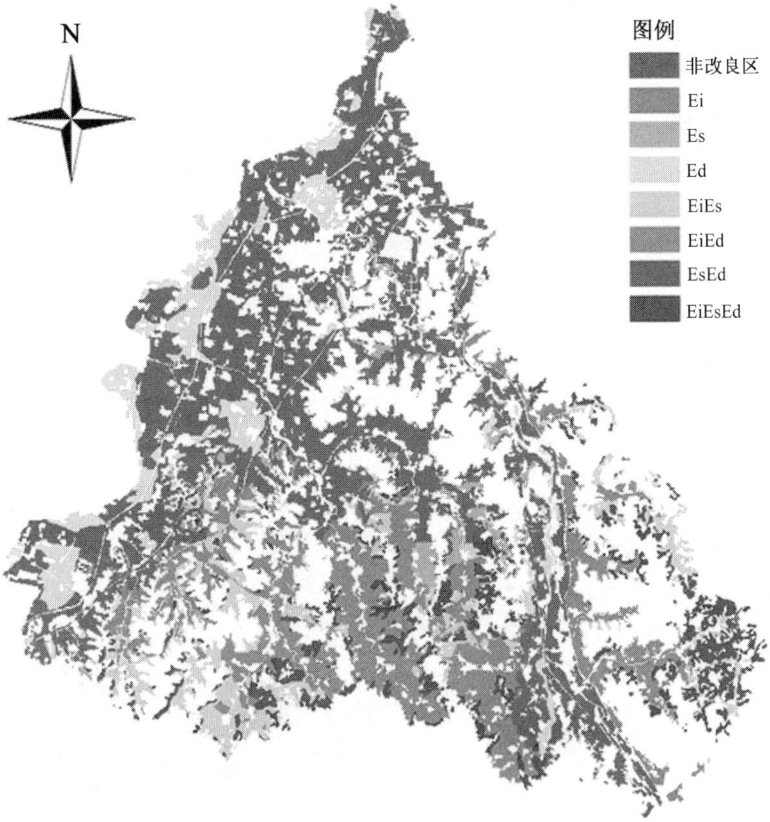

图 2　耕地自然环境条件改良利用分区图

（三）耕地土体整治改良利用分区图的生成

根据耕地土地条件限制因素分区标准，耕地耕层质地条件改良利用区用代号 Pt 标注，耕地土体构型改良利用区用代号 Pc 标注。在 GIS 下检索生成耕地土体整治改良利用分区图（见图 3）。

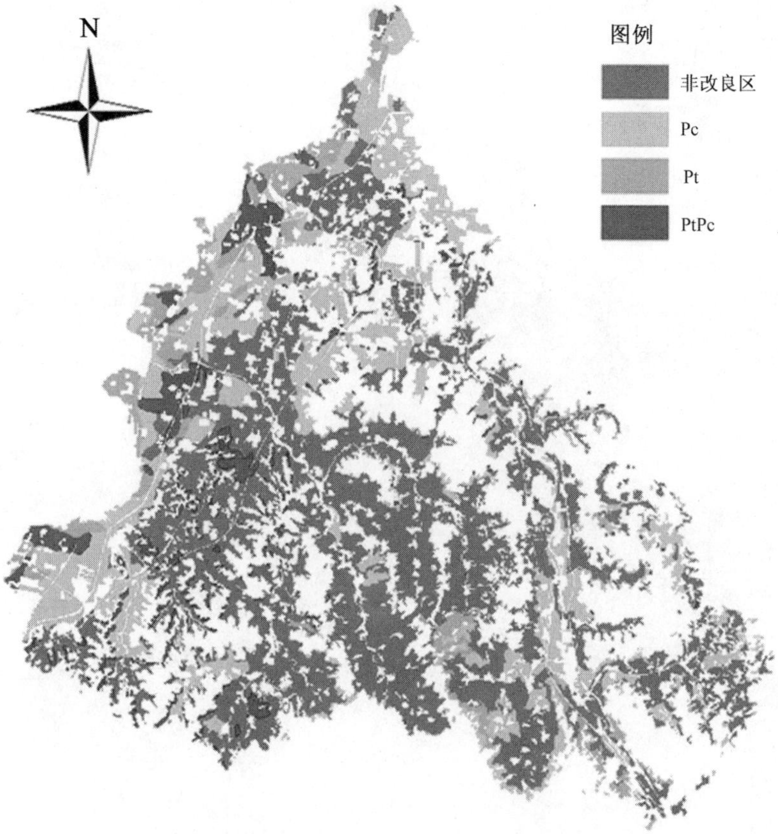

图 3　耕地土体整治改良利用专题图

四、耕地改良利用分区结果分析

(一)耕地土壤培肥改良利用分区面积统计及问题分析

长清区耕地土壤培肥改良利用区各改良利用类型面积及其比例如表 2 所示。

表 2　　长清区耕地土壤培肥改良利用分区面积统计表

改良利用分区	Nb	NpNb	NkNb	NoNb	NpNkNb
面积(hm^2)	12840.32	12344.53	2499.06	1328.41	1481.32
百分比(%)	34.92	33.57	6.8	3.61	4.03
改良利用分区	NoNpNb	NoNkNb	NoNpNkNb	非改良区	总计
面积(hm^2)	3467.92	1063.78	1288.37	462.16	36775.87
百分比(%)	9.43	2.89	3.5	1.26	100

由图1和表2可以看出，长清区土壤主要养分状况总体相对较差，非改良耕地面积462.16hm²，占耕地总面积的1.26%。其中缺乏有机质的耕地面积为7148.48hm²，占耕地总面积的19.43%；缺乏钾素的耕地面积为6332.53hm²，占耕地总面积的17.22%；缺乏磷素的耕地面积为18582.14hm²，占耕地总面积的50.53%；缺乏硼素的耕地面积为36313.71hm²，占耕地总面积的98.75%。缺乏单一养分的耕地面积为12840.32hm²，占耕地总面积的34.92%；同时缺乏两种养分的耕地面积为16172hm²，占耕地总面积的43.98%。全区有效锌含量较高，不需培肥改良。可以看出，长清区土壤养分的特点是耕地中单一养分缺乏较普遍，主要是有效硼在不同地区有不同程度的缺乏。需要培肥改良的耕地分布比较广泛，北部相对比较平坦的地区和南部丘陵区耕地均需要进行不同程度的培肥改良。

从各类型面积比例看出，长清区耕地土壤培肥改良的主要方向为增施硼肥和磷肥，同时应注重有机肥料的施用，逐步提高土壤有效硼和磷素含量。

(二)耕地自然环境条件改良利用分区面积统计及问题分析

长清区耕地自然环境条件改良利用区各改良利用类型面积及其比例如表3所示。

表3　　长清区耕地自然环境条件改良利用分区面积统计表

改良利用分区	Ei	Es	Ed	EiEs
面积(hm²)	6859.1	961.86	3437.91	3129.49
百分比(%)	18.65	2.62	9.35	8.51
改良利用分区	EiEd	EsEd	EiEsEd	非改良区
面积(hm²)	1631.49	678.32	2954.6	17123.11
百分比(%)	4.44	1.84	8.03	46.56

由图2和表3可以看出，长清区耕地自然环境条件相对较好。由于自然环境条件受地势影响较大，因此北部地形坡度较小的地区明显好于南部山区。在对长清区耕地自然环境条件分析的基础上，得出有46.56%的耕地面积不需改良，需要改良的耕地主要分布在长清区的中南部和东南部地区。其中灌溉保证水平需要提高的耕地面积为14574.68hm²，占耕地总面积的39.63%；有效土层厚度需要改善的耕地面积为8702.32hm²，占耕地总面积的23.66%；坡度条件需要改善的耕地面积为7724.27hm²，占耕地总面积的21%。单一自然条件需要改善的耕地面积为11258.87hm²，占耕地总面积的30.62%；多种自然条件需要改善的耕地面积为8393.9hm²，占耕地总面积的22.82%。可见，长清区耕地自然环境条件改良利用的主要方向为改善有效土层，有效增加土层厚度，防止水土流失，保护耕层土壤。

(三)耕地土体整治改良利用分区面积统计及问题分析

长清区耕地土体整治改良利用区各改良利用类型面积及其比例如表4所示。

表 4　　长清区耕地土体整治改良利用分区面积统计表

改良利用分区	Pt	Pc	PtPc	非改良区
面积(hm^2)	1721.96	11297.93	1305.29	22450.69
百分比(%)	4.68	30.72	3.55	61.05

由图 3 和表 4 可以看出，长清区耕地土体结构整体一般，不需改良的耕地面积为 22450.69hm^2，占耕地总面积的 61.05%。需要改良的面积主要分布在长清区西部地区和北部地区。耕层为沙壤、砂土，或者耕层中含有砂浆、浅黏、深夹等障碍性层次。其中耕层质地较差的耕地面积为 3027.25hm^2，占耕地总面积的 8.23%；土体构型较差的耕地面积为 12703.22hm^2，占耕地总面积的 34.54%。单一条件较差的耕地面积为 13019.89hm^2，占耕地总面积的 35.4%；两种条件都较差的耕地面积为 1305.29hm^2，占耕地总面积的 3.55%。

总之，对于西部地区宜采取秸秆还田、增施有机肥料等措施，来改善偏砂的土壤表层质地。对于南部山区，除采取上述措施，还应采取深耕等措施来改善不良的土体结构，这将是长清区耕地土体整治改良的主要方向。

五、耕地改良利用对策及措施

(一)增加经济投入，加大耕地保护力度

农业是既要承担自然风险又要承担市场风险的弱质产业，保护农业是国民经济发展中面临的重大问题。由于调控体制不健全，受比较利益驱使，各层次资金投入重点向非农业倾斜，资金投入不足已成为农业生产发展的主要制约因素。要达到农业增产的目的，就要增加耕地投入，加强中低产田改造，不断提高耕地的质量，从而提高耕地利用的经济效益。长清区宜进一步加强对耕地改良利用的投入，一是用足用好现有耕地改良项目资金，二是制定各项优惠政策，调动社会资金投入耕地改良，三是从土地出让金中提取一定比例，用于耕地改良，四是积极争取上级部门的资金支持，通过对耕地的改良，逐步消除制约耕地生产力的限制因素，培肥地力，改善农业生产条件和农田生态环境。

(二)平衡施肥，用养结合，增施有机肥料，培肥地力

长期以来，长清区在耕地开发利用上重利用，轻培肥，重化肥，轻有机肥，虽然全区化肥的施用量逐年增加，但有机肥投入量却逐年减少，且投入的化肥以氮、磷肥为主，引起土壤养分特别是以硼为主的微量元素含量的下降和矿质养分的失衡，导致耕地肥力下降。全区普遍存在有效磷含量偏低和微量元素特别是有效硼含量偏低等限制性因素。磷肥和有效硼都需要培肥的耕地面积为 12344.53hm^2，占全区耕地总面积的 33.57%，单独缺少有效硼的耕地面积为 12840.32hm^2，面积高达全区耕地总面积的 34.92%。另外，缺少多种元素的地区也有分布。因此，长清区要持续提高中低产耕地的基础地力，为农作物生长创造高产基础，必须将用土与养土妥善结合起来，广辟有机肥源，重视有机肥的施用，提倡冬种绿肥和使用有机、无机复混肥。同时应利用中低产耕地调查评价成果，科学指导化肥的调配，采用科学优化平衡施肥，重视合理增施钾肥和微肥，不断培肥地力，实现中低产耕地资源的永续利用。

1.增施有机肥,有机、无机配合施用

有机肥是含有氮、磷、钾和微量元素的完全肥料,在培肥改土方面有着化肥不可代替的作用。大力推广秸秆还田技术,提高作物秸秆还田覆盖率,不仅能为农作物提供全面营养,促进生长,而且有机肥进入土壤后经过分解与合成,形成土壤有机胶体,它与土壤无机胶体复合,促使土壤中形成良好的土壤团粒结构,增强土壤的保水、保肥、供肥能力。有机肥与化肥配合施用,可使化肥利用率大大提高,肥效得到充分发挥,同时化肥用量也可相应减少。

2.推广配方施肥

配方施肥是根据作物需肥规律、土壤供肥性能与肥料效应,产前确定施肥品种、数量、比例及相应科学施肥技术。实践证明,推广测土配方施肥技术,可以提高化肥利用率5%~10%,增产率一般为10%~15%,高的可达20%以上。实行测土配方施肥不但能提高化肥利用率,获得稳产高产,还能改善农产品质量,是一项增产节肥、节支增收的技术措施。

3.推广施用控制释放肥料

确切意义的控制释放肥料是指那些养分释放速率能与作物需肥规律相一致或基本一致的肥料。这类肥料能最大限度提高肥料利用率,防止多余养分对环境的污染。推广施用缓释、控释肥料,能够提高肥料利用率,减少环境污染,同时培肥地力。

(三)加强水利建设,改善灌溉条件,注重农田基本设施建设

水是作物生长的必要条件,灌排条件与耕地的基础地力有着密切的关系。因而可以通过采取以下措施,实现自然降水的空间聚集,改善区域农田的土壤水分状况,推广节水灌溉技术,改善和扩大灌溉面积。

1.集雨技术

集雨技术主要包括修建库、塘、堰、蓄水工程,以及田间和坡面水系整治。其主要作用是多途径集蓄降雨,拦截地表水和地下水,增加灌溉水源。拦蓄降水和地表径流,充分发挥"土壤水库"的调节作用,纳雨蓄墒,调节降水与作物生长发育蓄水关系,扩大有效灌溉面积。一般情况下,666.7~1333.4m^2 修建1个30~50m^3的水窖(集雨池),用于作物生育关键时期的补充灌溉。

2.深耕和耙耱保墒技术

为解决耕层浅和蓄水、保肥能力差的问题,采取深耕、耙耱等技术,实行三次土地平整,即耕前粗整平、耕后复整平、做畦后细整平,将地面坡降控制在0.3%以内,实现播深一致、浇水均匀,为作物生长均衡创造良好条件。

3.镇压保墒和提墒技术

镇压主要是碎土与压紧表层,适时镇压可达到保墒、提墒的效果。一般情况可镇压三次。一是播前或播种后镇压,达到保墒、提墒目的,确保种子出苗。二是冬季镇压,因为冬季地面坷垃大、多,易透风跑墒,又因土壤处于冻结状态下,土壤水分主要以气态扩散损失。三是春季镇压,因为初春融冻后,随作物生长,土壤有耸抬现象,此时镇压,可使土壤下沉,具有保墒、促进作物生长的作用。

4.中耕保墒技术

中耕主要是切断土壤毛管，防止土壤板结，减少水分蒸发，还可以增加降水入渗能力。一般雨后2～3天要及时中耕，还有在气温回升快、蒸发量增加的时候，及时划锄中耕，切断毛细管水，达到保墒目的，有利于作物生长发育。

5.覆盖和化学等保墒技术

覆盖保墒技术目前应用较多的是地膜覆盖和秸秆覆盖。地膜覆盖和秸秆覆盖可减少地表径流，地膜覆盖土壤含水量能提高2～4百分点。采用地膜保护地技术，也是改造低产田、克服春季低温干旱的作物生育逆境、确保晚熟作物正常成熟，是半干旱地区作物增产的有效途径，同时还能有效防止坡耕地水土流失，保持土壤水分和温度。保水剂等化学保墒技术对保水、保肥、增产有一定的作用。保水剂用量很低时(拌种或沾根)，一般只对当季作物有效，吸水、保水性能可维持2～3个月，用量加大到穴施1.5g时，在雨水较多年份会造成根际土壤渍害，应注意按不同保水剂推荐量使用。

6.科学合理施肥，培肥地力

采取有机肥和化肥相结合的原则，发挥各自的优势，弥补两者的缺点，改善作物营养供应状况，提高肥料利用率。增施有机肥，采用科学的积肥、保肥技术，亩施有机肥3000kg以上，注重小麦高留茬、玉米秸秆粉碎还田等多途径有机肥投入方式，两季还田秸秆在400kg/667m^{2}以上，连续还田三年以上最好。同时实行优化配方施肥，合理调配氮、磷、钾肥的比例，重视微肥和长效肥的关系。

(四)采用农业措施改良土壤质地、改善土体结构

长清区南部山区耕地土壤限制性因素主要为土层薄、水土流失严重，要从调整土地利用结构和建设基本农田起步，改广种薄收为集约经营，改单一经营为农、林、牧、副全面发展，因地制宜，全面规划，综合治理，连续治理，实行生物措施与工程措施相结合，坡地治理与沟道治理相结合，田间工程和蓄水保土耕作相结合。在不宜种粮的粗骨土、棕壤性土和褐土性土上，因地制宜地大力发展果药土特产，在土层较厚的地方，可以发展果粮间作，以尽快提高经济效益，在交通不便的山区选种板栗、银杏等，在土层薄、水土流失严重的地方，应先种草、养畜，发展牧业生产。

1.实施测土配方施肥技术

在作物收获后、下茬作物施肥播种前，要实施测土配方施肥技术。结合田间试验结果及作物品种、目标产量，确定科学合理的施肥量、施肥比例、施肥时期、施肥方法，提倡施用专用肥、配方肥。通过测土配方施肥技术，可实现作物营养配比平衡，提高肥料利用率，最大限度地发挥作物的生产潜能，提高作物产量和品质。注意根据不同的土壤养分状况，补充中量元素肥料、微量元素肥料。

2.增施有机肥料，作物秸秆全部还田

充分利用当地动物粪便、土杂肥等有机肥料资源，增加有机肥料用量，争取亩施有机肥2000kg以上。小麦、玉米两季秸秆全部还田，小麦秸秆还田方式采取高留茬加覆盖，玉米秸秆通过机械粉碎还田，秸秆粉碎长度要求小于5cm，结合深耕翻压还田。注意实施配套技术，小麦还田后，如果干旱要提早灌水，并防火、喷施除草剂。玉米秸秆采用粉碎翻压还田，播种后要进行播后镇压，或小麦苗期灌水，防止麦种镂空，影响苗期生长，适宜多

施氮肥，应增施秸秆量1%的纯氮。

3.深耕细作

高产土壤一般具有土层深厚、质地适中的土壤特性，但普遍存在耕作层浅薄的问题，一般为12～15cm，严重影响根系下扎、水分下渗。试验证明，打破犁底层是小麦、玉米高产的重要措施之一。一般在小麦播种前，利用大型农业机械，深耕20～25cm，打破犁底层，做到不漏耕，耕透耙透，耕耙配套，无明暗坷垃，无架空暗垡，达到上松下实的效果。耕后复平，保证浇水均匀，不冲不淤。提倡用深松机隔年深耕，以破坏犁底层，防止土壤板结，增强土壤蓄水保水能力，增强土壤养分供给能力，促进作物根系发育。实行深耕、深翻，一般每亩可增产8%～10%。

4.选择合理的种植制度

常年一年两作或一年三作的地力消耗较大，在条件允许的情况下，结合种植业调整规划，可考虑种植制度调整，尽量避免片面安排耗地作物，可适当增加养地的大豆、绿豆等养地作物。提高复种指数要考虑到土壤肥力、肥料投入、人力和机械等条件，以达到地越种越肥、产量越种越高的目的。

(五)集约化利用耕地资源，发展生态型可持续农业，改善生态环境

耕地生态环境质量的高低是保证农作物持续稳产、高产、优产、高效的重要前提。根据长清区资源优势以及生态环境的特点，因地制宜地利用耕地资源，通过合理轮作、科学间套种等措施，提高复种指数，努力提高耕地资源的利用率；注重多物种、多层次、多时序、多级质能、多种产业的有机结合，农、林、牧、副、渔并举，建立生态型可持续农业系统，达到经济、生态和社会效益的高度统一。此外，应重新审视耕地承包到户政策所致的耕地经营权分散在新形势下出现的不利于耕地资源规模集约经营的缺点，充分利用土地流转机制，培育种植、养殖大户，努力探讨建立公司联农户加基地订单捆绑农业，极力发展专业化合作组织等耕地规模集约经营模式，提高全区耕地资源的集约经营和经济效益。

主要参考文献

[1]沈其荣. 土壤肥料学通论. 北京:高等教育出版社,2001

[2]吕世祝,刘建军,卢树昌. 县域测土配方施肥理论与实践. 北京:中国农业出版社,2008

[3]济南市土壤肥料工作站. 济南市土壤(内部资料),2004

[4]张福锁. 测土配方施肥技术要览. 北京: 中国农业大学出版社, 2006

[5]中国农业科学院土肥所. 土肥站工作规范标准、制度模式创新建设与测土配方平衡施肥、养分调控技术指导应用手册. 北京:中国农业出版社, 2009

[6]长清县农业局土肥站. 长清土壤(内部资料),1984

[7]中国科学院南京土壤研究所. 中国土壤系统分类(修订方案). 北京:中国农业科技出版社,1995

[8]张绍迎,李涛,吴兵. 章丘耕地. 济南:山东大学出版社,2006

[9]济南市长清区气象局. 历年气象资料(内部资料), 2012

[10]济南市长清区统计局. 长清区统计年鉴(内部资料), 1985～2009

[11]济南市国土资源局长清分局. 土地面积年报表(内部资料),2012

[12]彭世琪,崔勇,李涛. 微灌施肥农户操作手册. 北京:中国农业出版社,2008

[13]杨彦程. 农业测土配方施肥工作实务全书. 北京:银声音像出版社,2005

[14]褚天铎等. 化肥科学使用指南. 北京:金盾出版社,1997

[15]农业部种植业管理司. 全国农业技术推广服务中心. 全国测土配方施肥文件资料汇编(内部资料),2007

[16]张绍迎,李涛,吴兵. 章丘测土配方施肥理论与实践. 济南:山东大学出版社,2012

附　图

长清区土地利用现状图

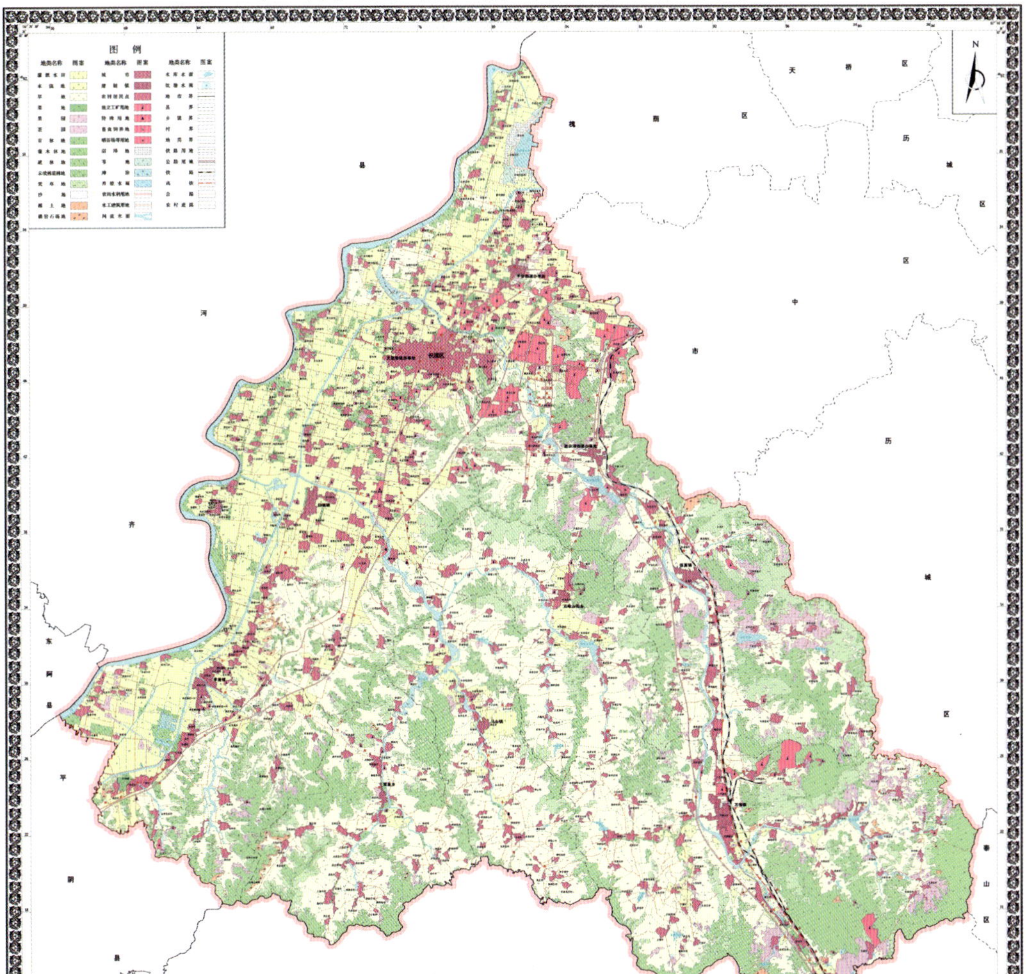

1954年北京坐标系　1956年黄海高程系　　　比例尺：1∶400000　　　山东农业大学资源与环境学院
山东天地亚太国土遥感有限公司　二〇一一年十月

长清区地貌图

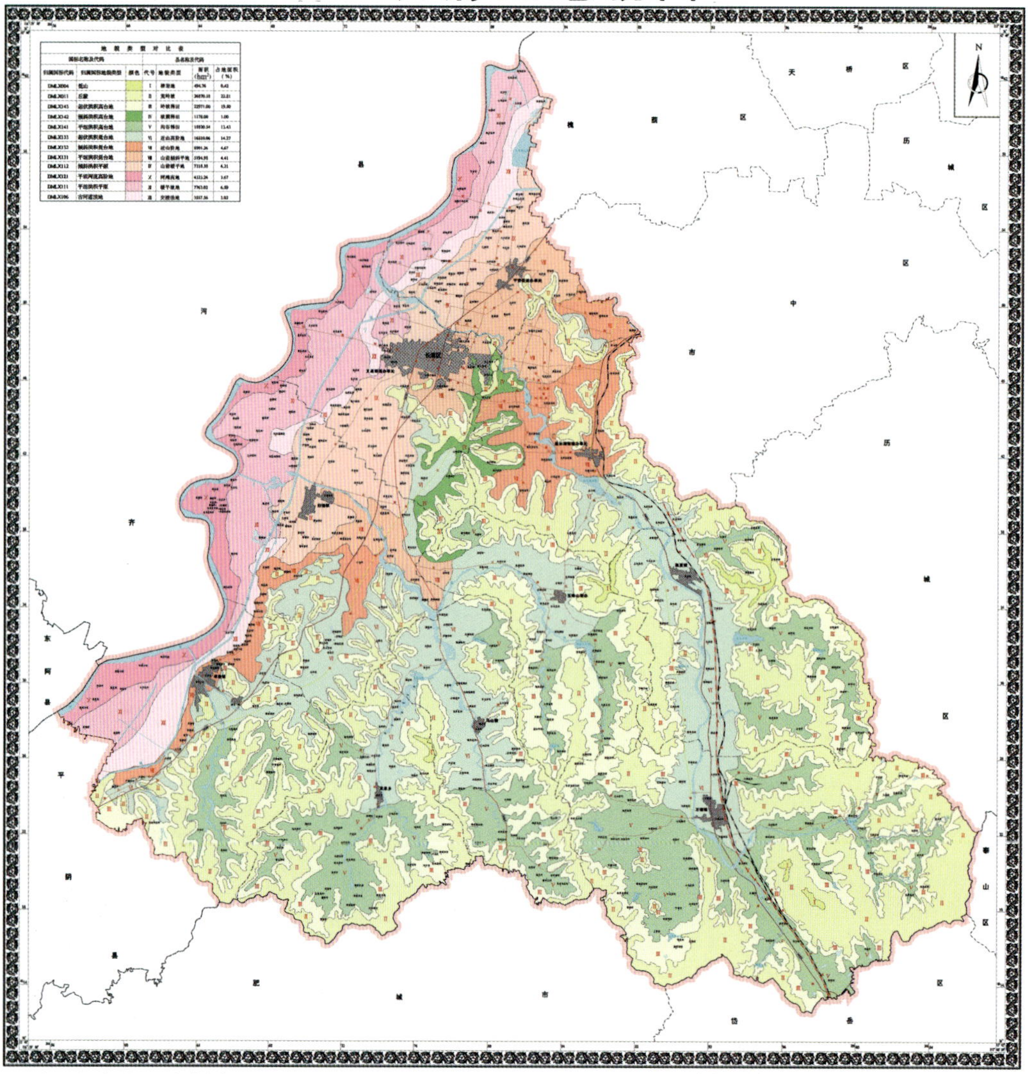

1954年北京坐标系 1956年黄海高程系

比例尺：1：400000

山东农业大学资源与环境学院
山东天地亚太国土遥感有限公司 二〇一一年十月

长清区土壤图

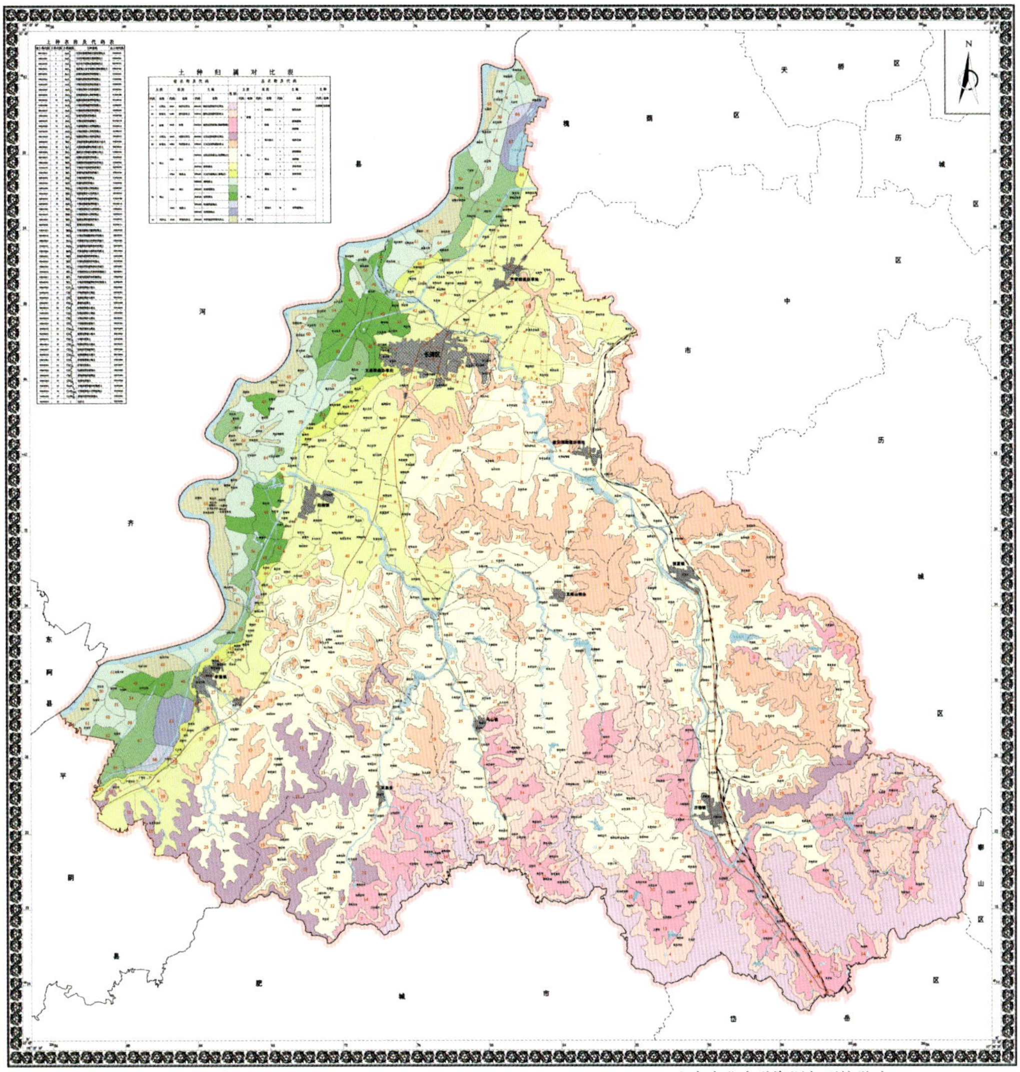

1954年北京坐标系 1956年黄海高程系　　比例尺：1∶400000　　山东农业大学资源与环境学院
山东天地亚太国土遥感有限公司　二〇一一年十月

长清区坡度图

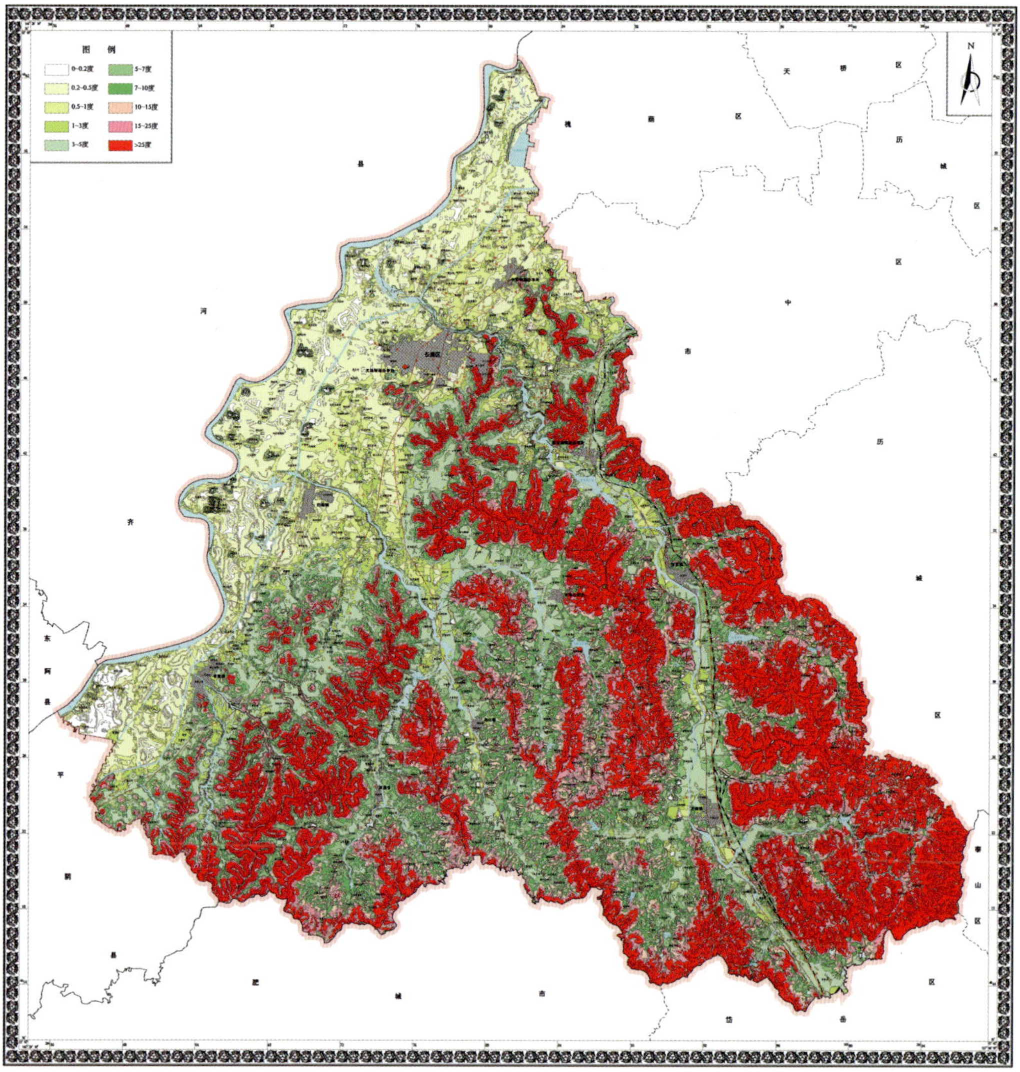

1954年北京坐标系 1956年黄海高程系　　比例尺：1∶400000　　山东农业大学资源与环境学院
山东天地亚太国土遥感有限公司　二〇一一年十月

长清区耕地地力调查点点位图

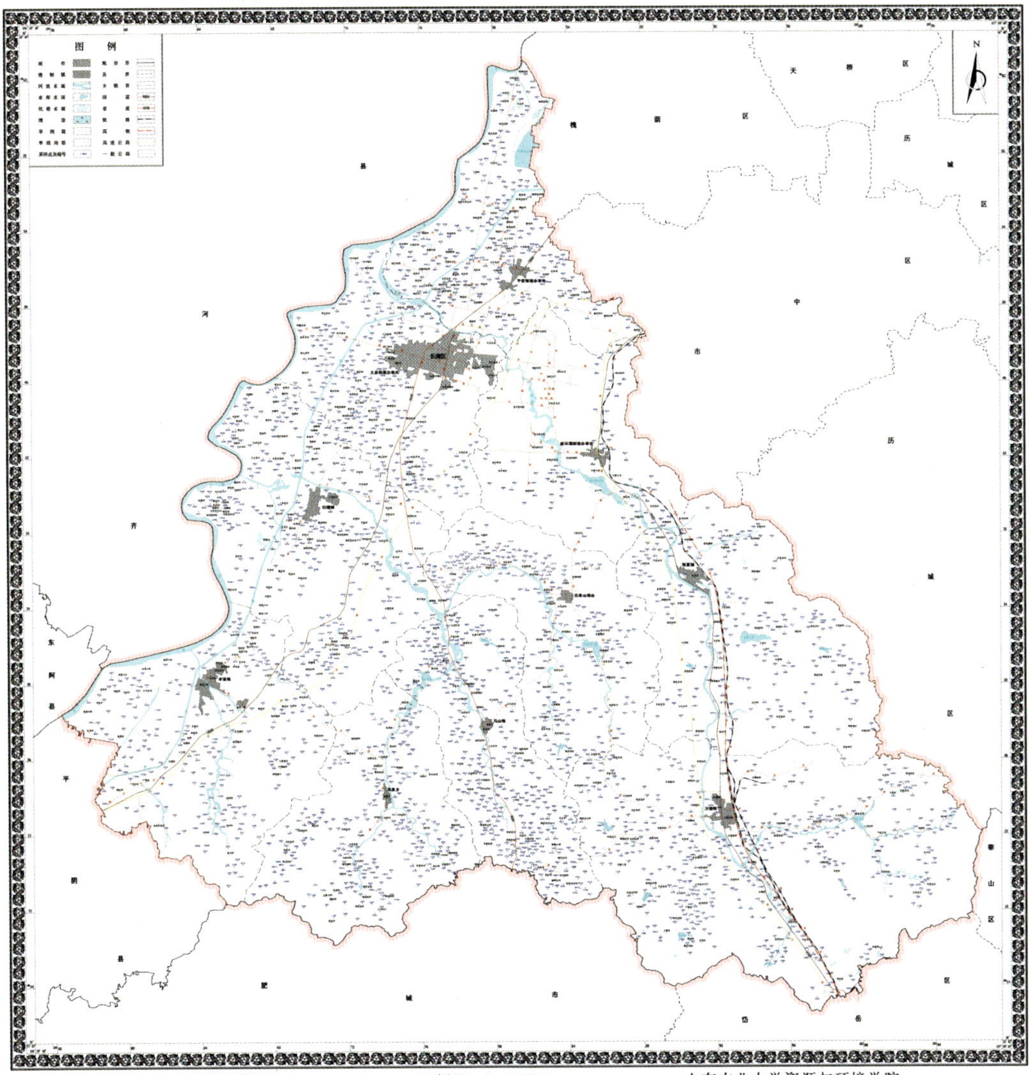

1954年北京坐标系 1956年黄海高程系　　比例尺：1∶400000　　山东农业大学资源与环境学院
山东天地亚太国土遥感有限公司　二〇一一年十月

长清区灌溉分区图

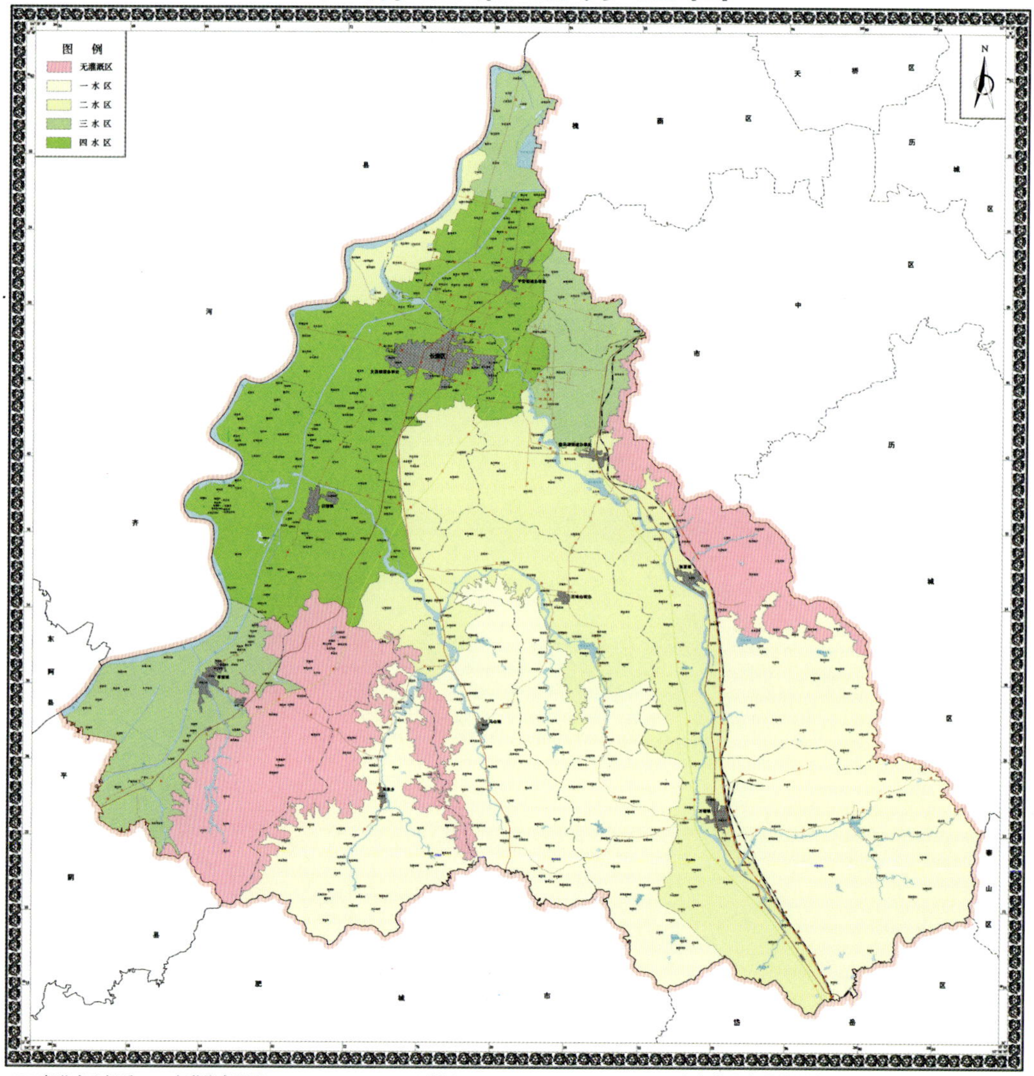

1954年北京坐标系 1956年黄海高程系

比例尺：1:400000

山东农业大学资源与环境学院
山东天地亚太国土遥感有限公司

二〇一一年十月

长清区土壤pH分布图

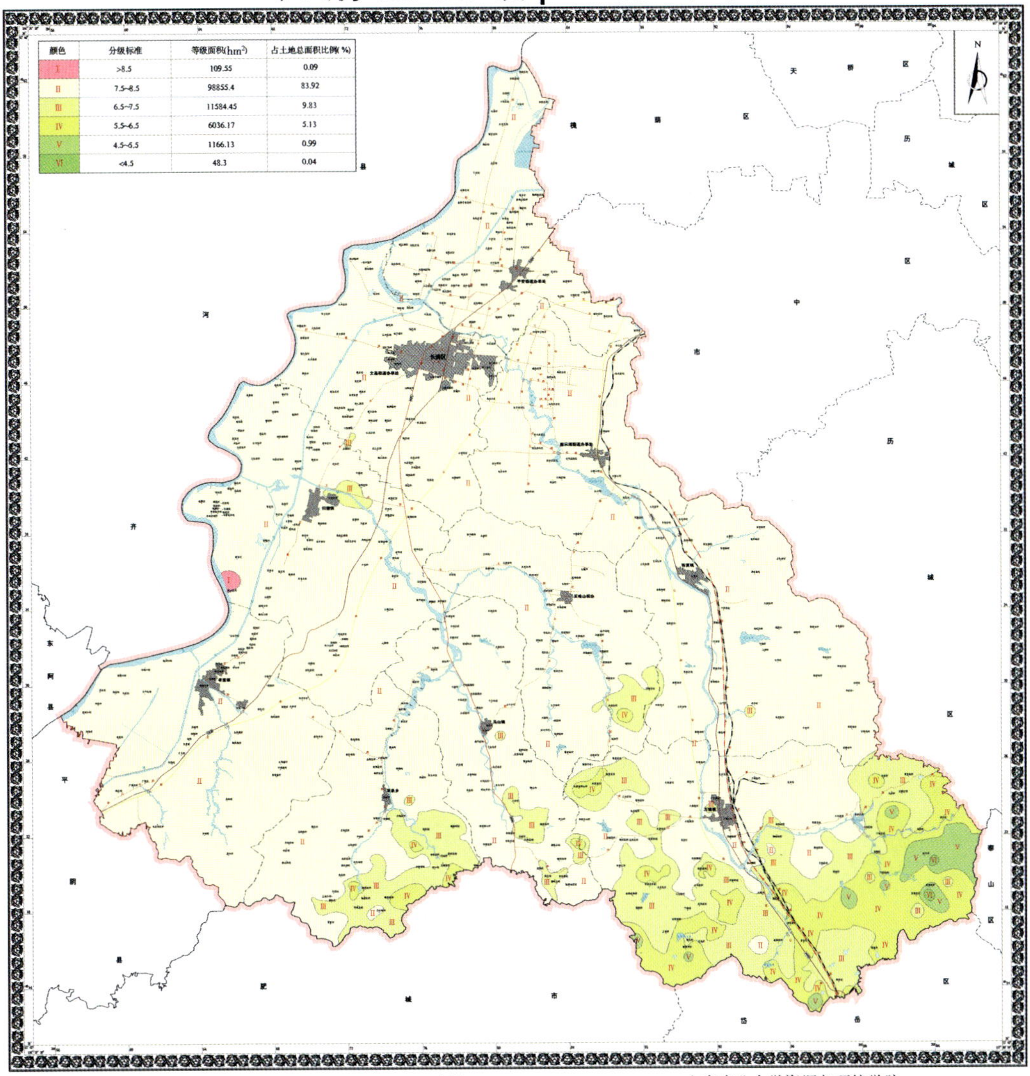

1954年北京坐标系 1956年黄海高程系　　比例尺：1∶400000　　山东农业大学资源与环境学院 山东天地亚太国土遥感有限公司 二〇一一年十月

长清区土壤有机质含量分布图

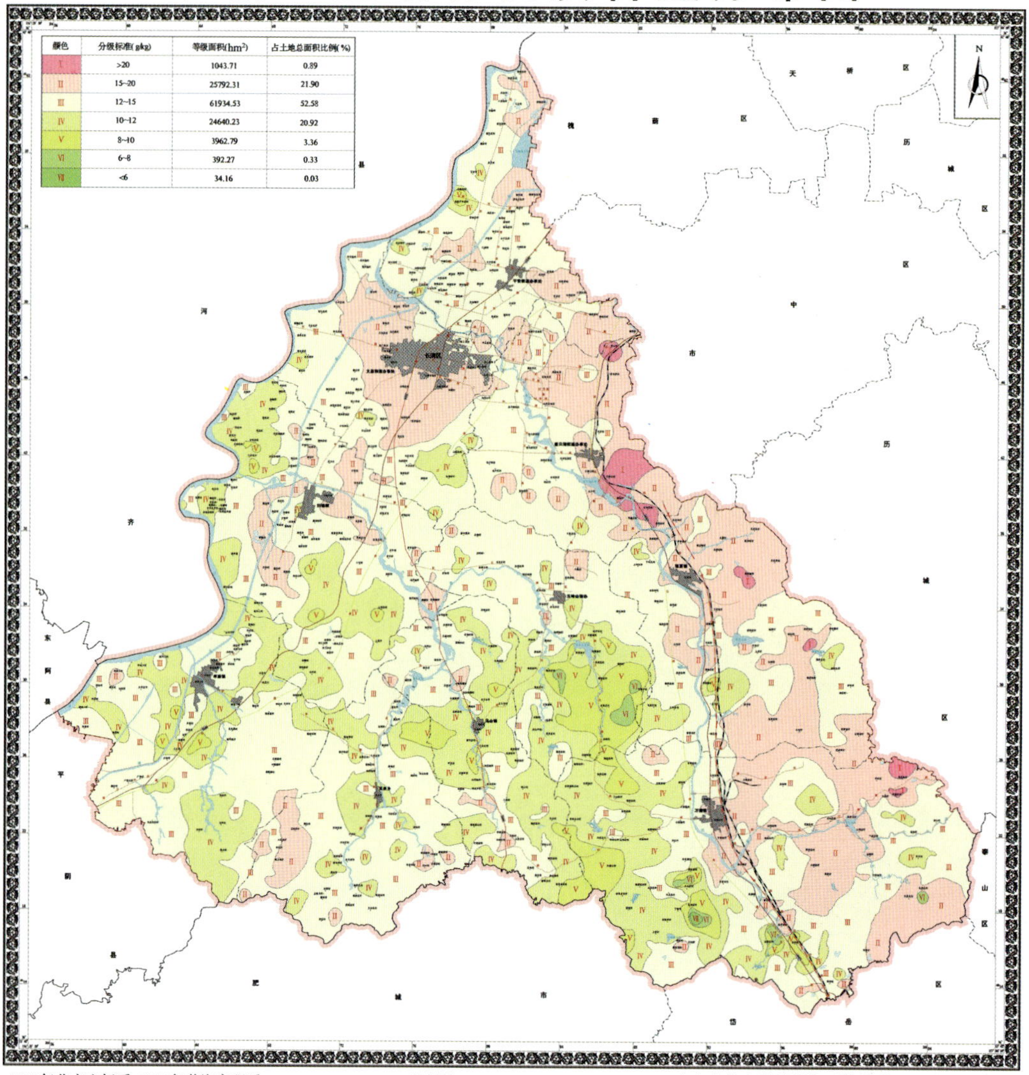

1954年北京坐标系 1956年黄海高程系

比例尺：1∶400000

山东农业大学资源与环境学院
山东天地亚太国土遥感有限公司 二〇一一年十月

长清区土壤全氮含量分布图

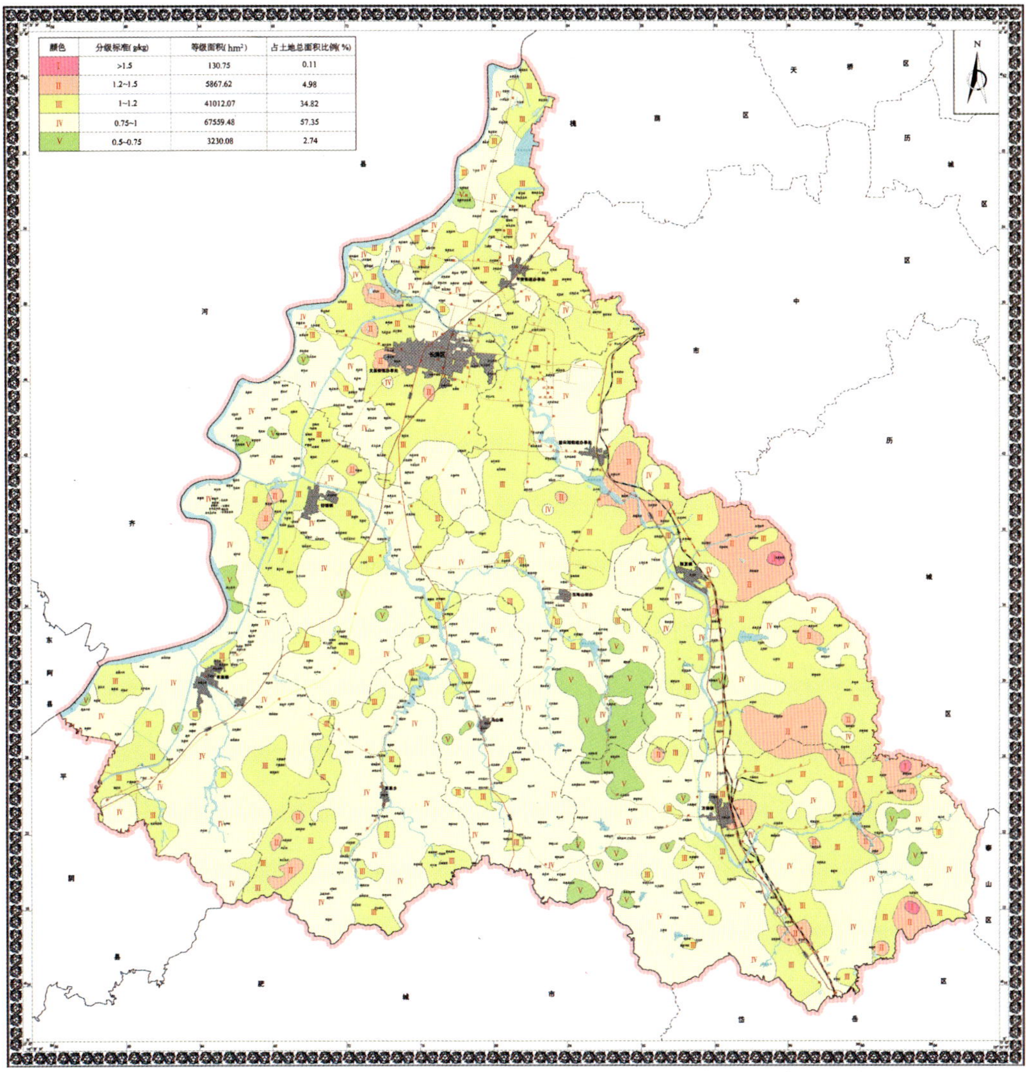

1954年北京坐标系 1956年黄海高程系　　比例尺：1∶400000　　山东农业大学资源与环境学院
山东天地亚太国土遥感有限公司　二〇一一年十月

长清区土壤地地力评价等级图

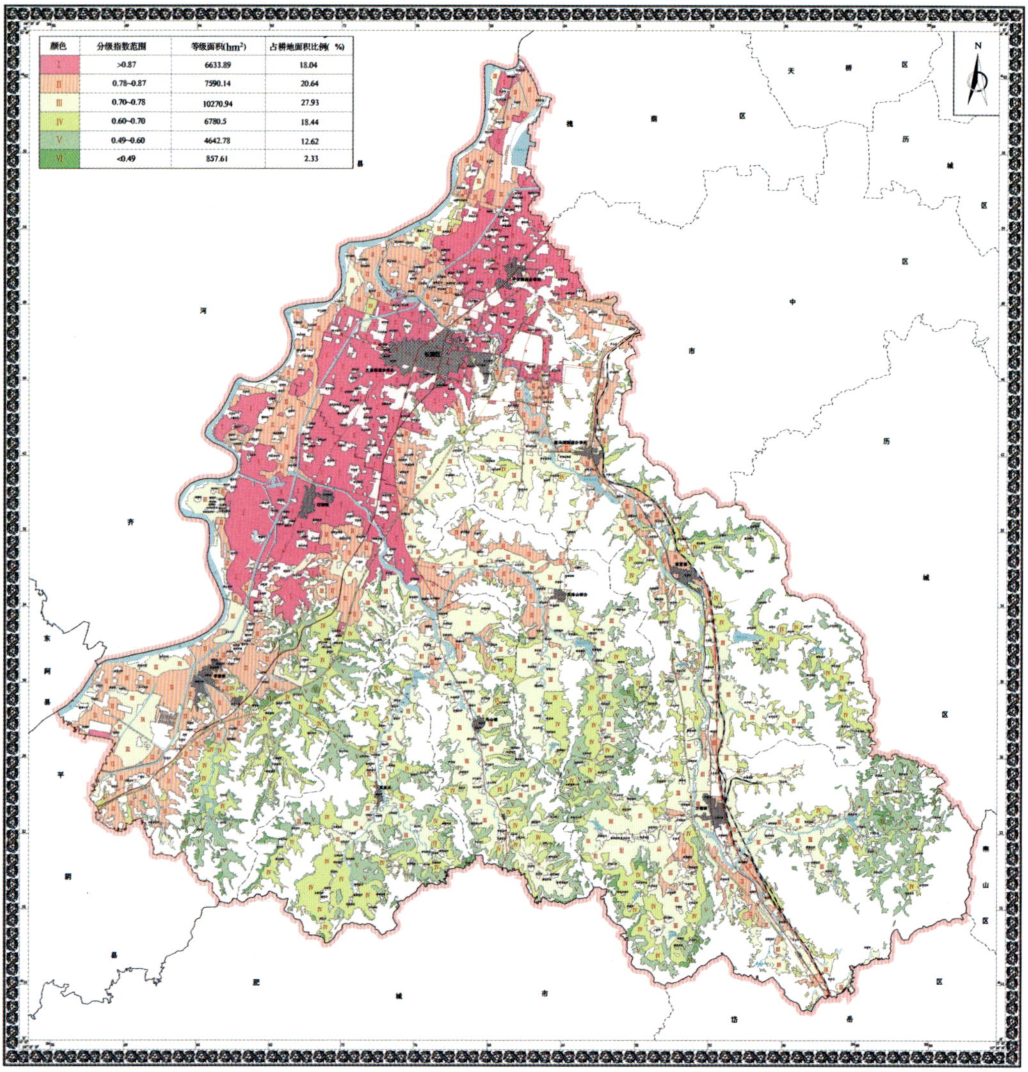

1954年北京坐标系 1956年黄海高程系　　比例尺：1∶400000　　山东农业大学资源与环境学院　山东天地亚太国土遥感有限公司　二〇一一年十月

长清区土壤碱解氮含量分布图

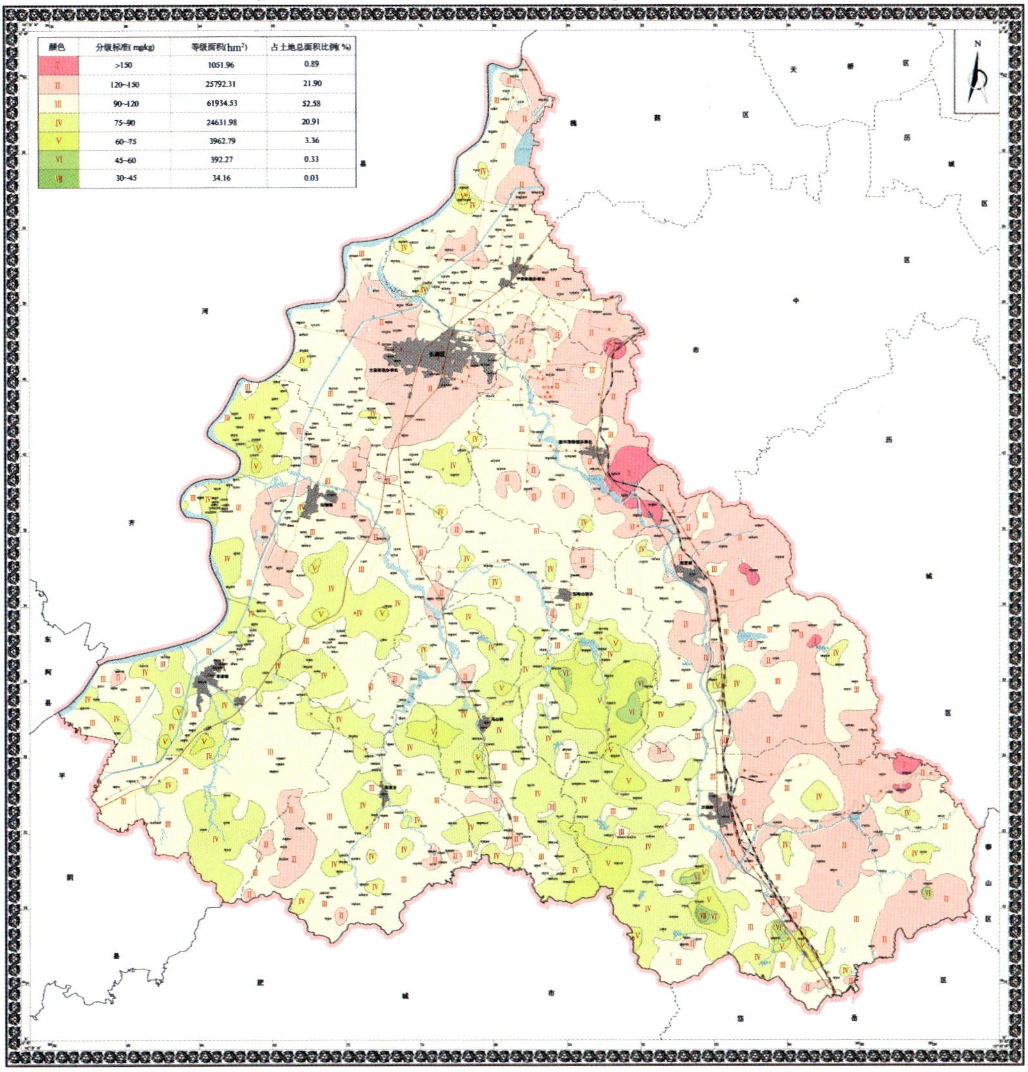

颜色	分级标准(mg/kg)	等级面积(hm²)	占土地总面积比例(%)
Ⅰ	>150	1051.96	0.89
Ⅱ	120~150	25792.31	21.90
Ⅲ	90~120	61934.53	52.58
Ⅳ	75~90	24631.98	20.91
Ⅴ	60~75	3962.79	3.36
Ⅵ	45~60	392.27	0.33
Ⅶ	30~45	34.16	0.03

1954年北京坐标系 1956年黄海高程系　　比例尺：1∶400000　　山东农业大学资源与环境学院
山东天地亚太国土遥感有限公司　二〇一一年十月

长清区土壤有效磷含量分布图

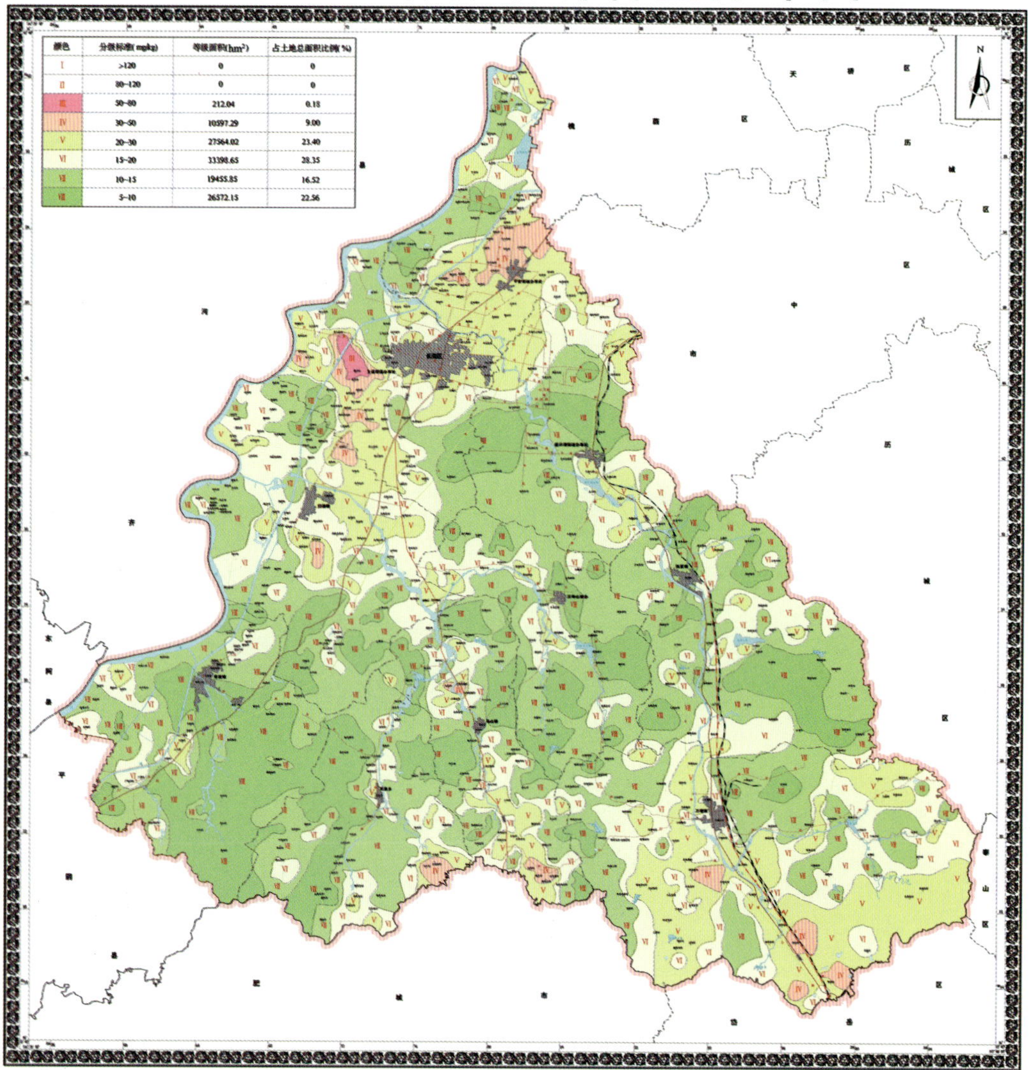

1954年北京坐标系 1956年黄海高程系

比例尺：1∶400000

山东农业大学资源与环境学院
山东天地亚太国土遥感有限公司 二〇一一年十月

长清区土壤缓效钾含量分布图

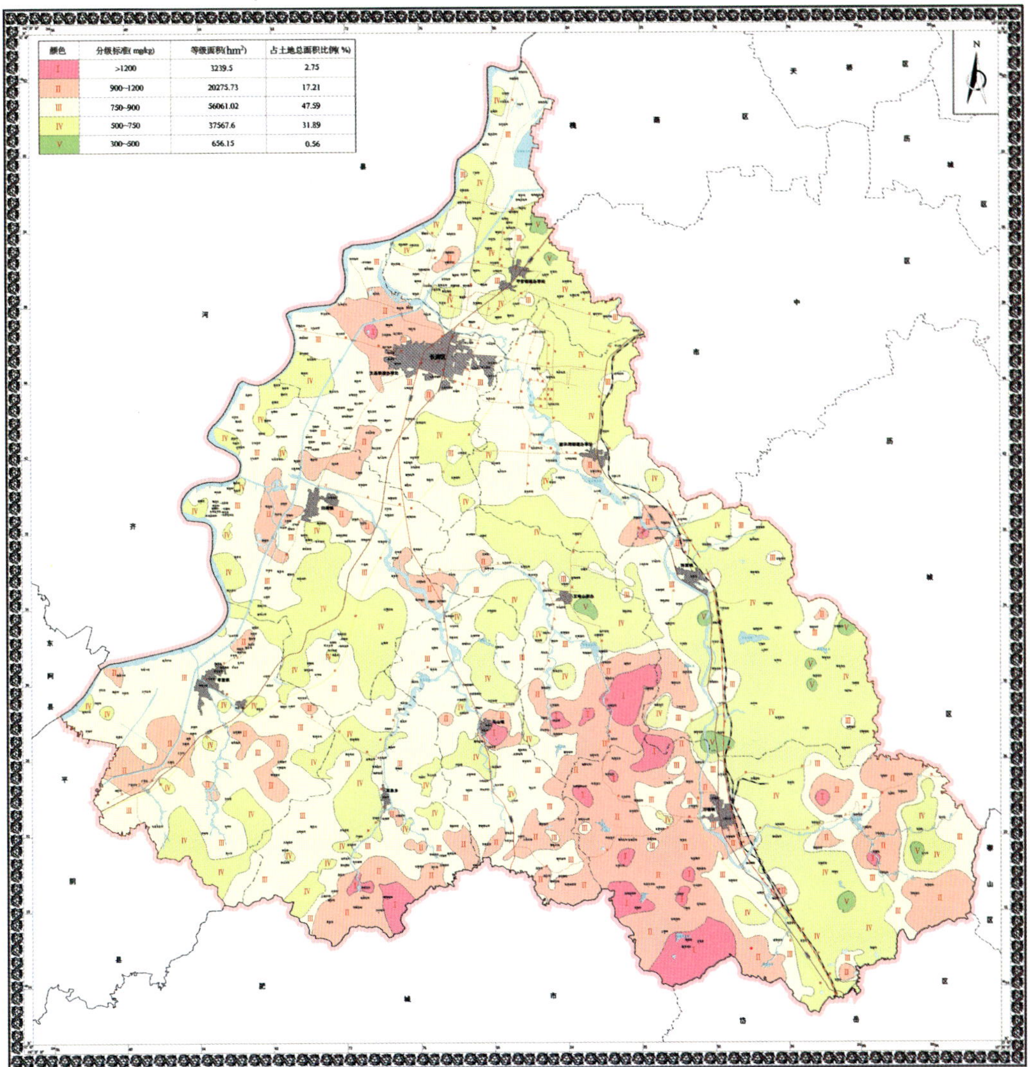

1954年北京坐标系　1956年黄海高程系　　比例尺：1：400000　　山东农业大学资源与环境学院　山东天地亚太国土遥感有限公司　二〇一一年十月

长清区土壤速效钾含量分布图

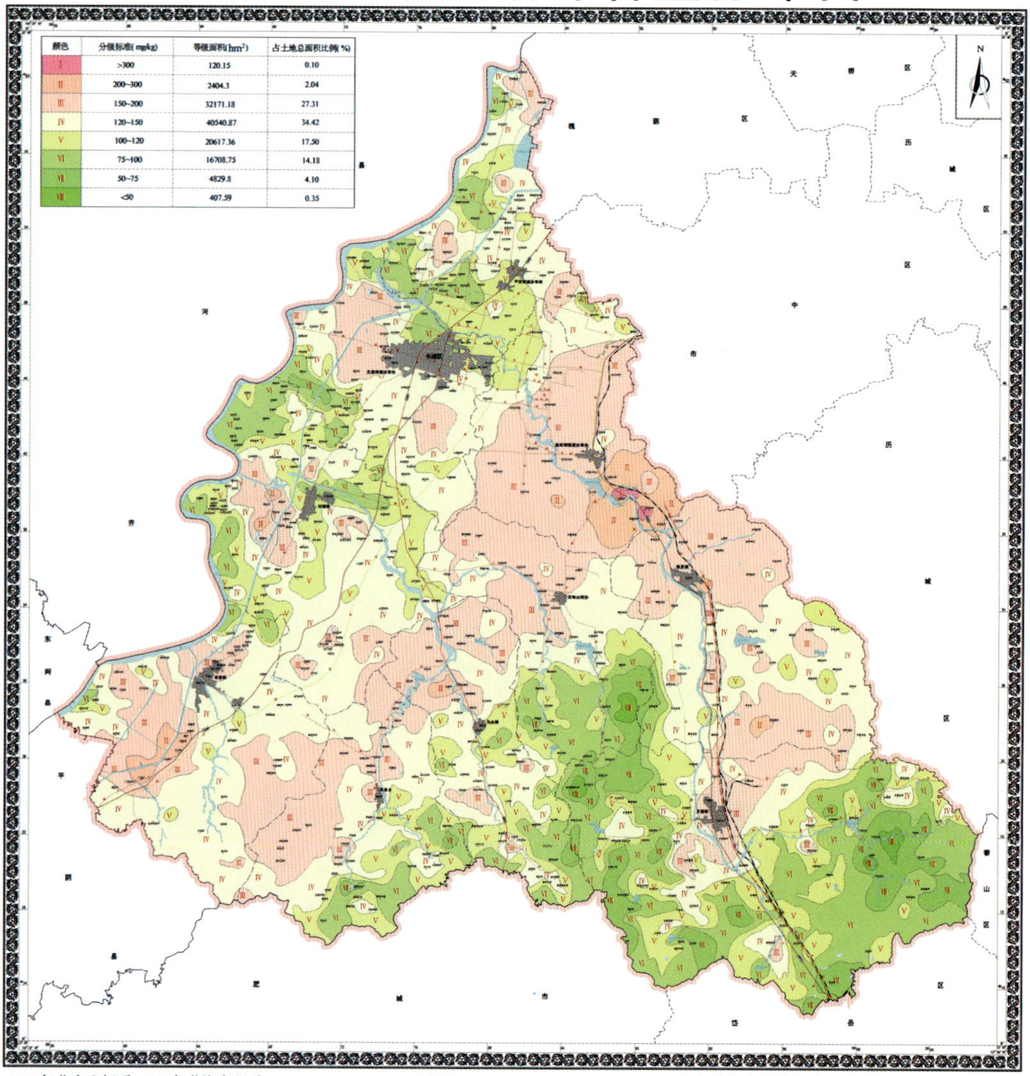

1954年北京坐标系 1956年黄海高程系　　比例尺：1∶400000　　山东农业大学资源与环境学院 山东天地亚太国土遥感有限公司 二〇一一年十月

长清区土壤交换性钙含量分布图

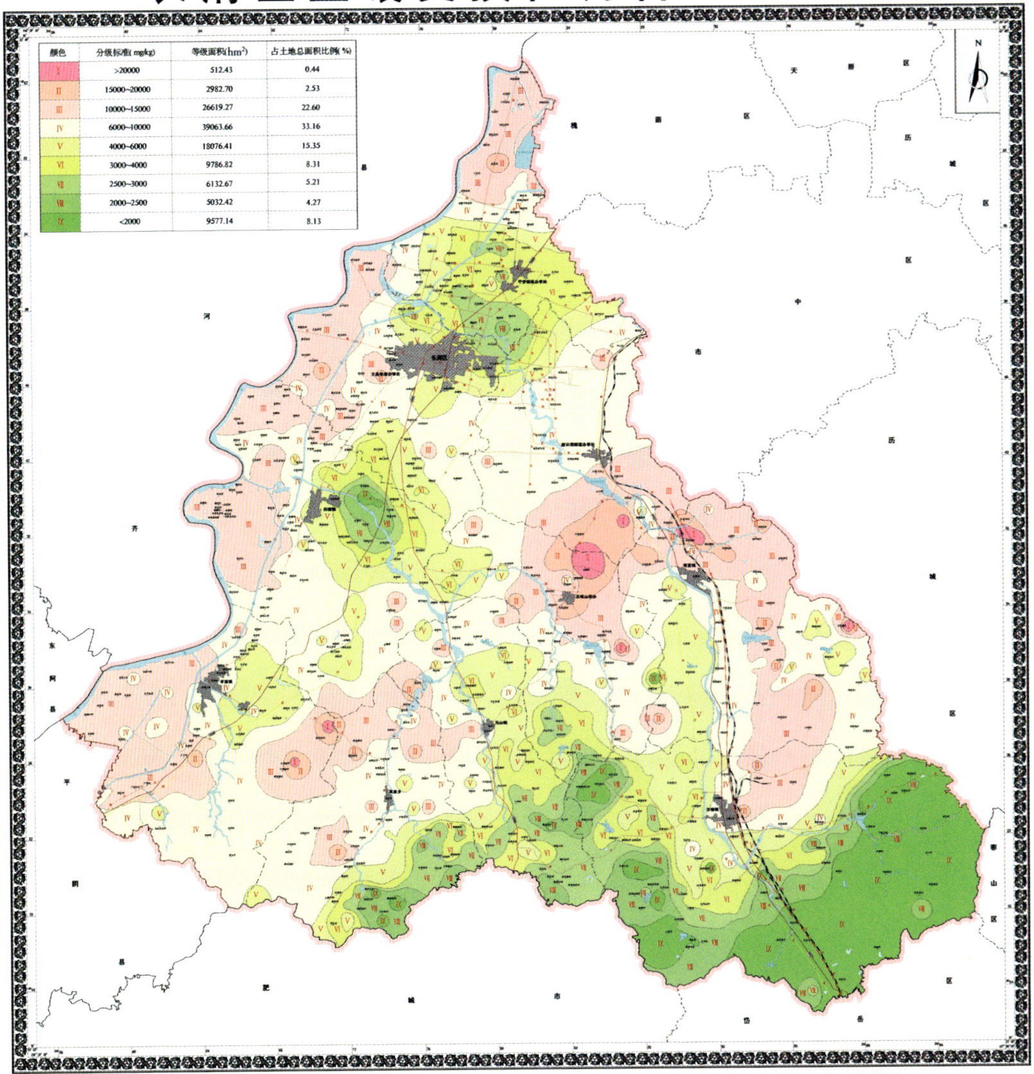

1954年北京坐标系 1956年黄海高程系

比例尺：1∶400000

山东农业大学资源与环境学院
山东天地亚太国土遥感有限公司

二〇一一年十月

长清区土壤交换性镁含量分布图

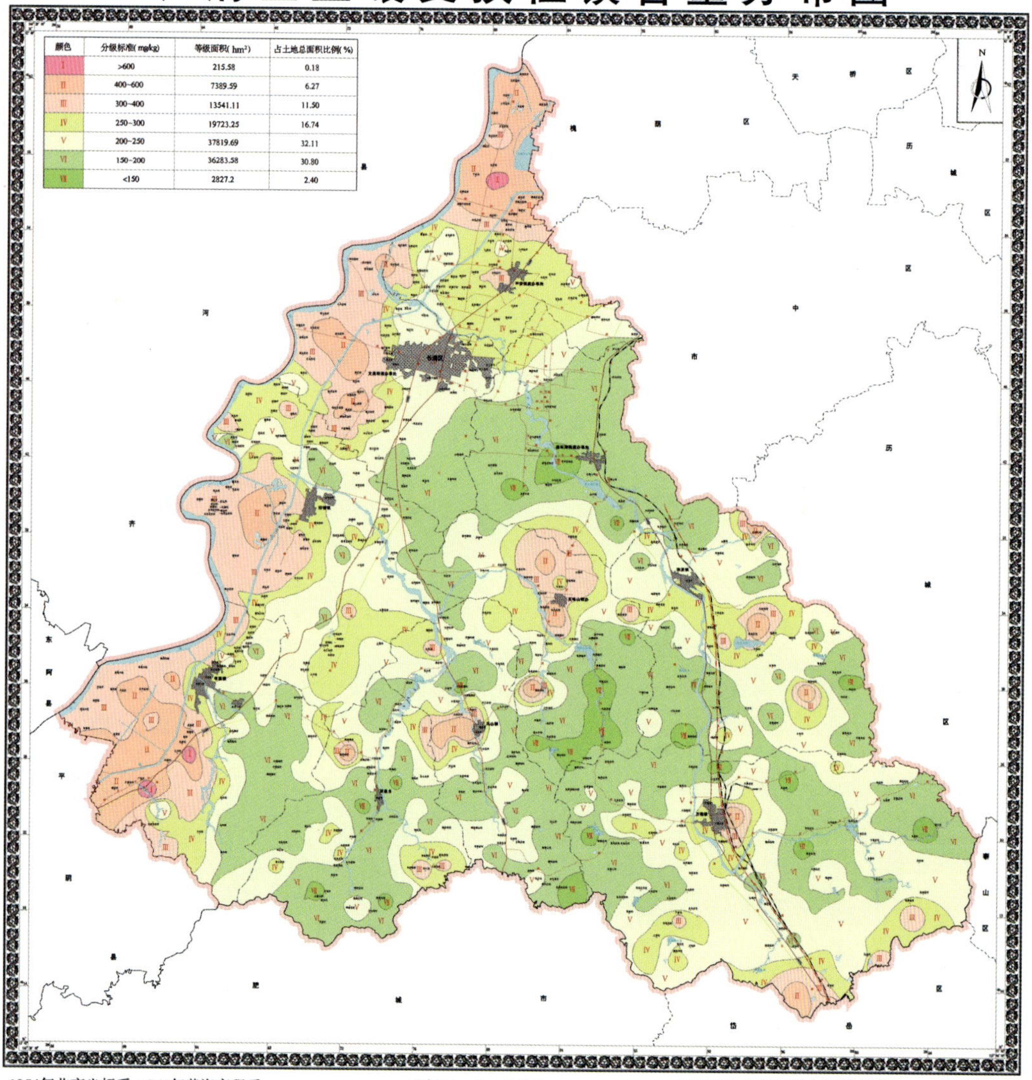

1954年北京坐标系 1956年黄海高程系

比例尺：1∶400000

山东农业大学资源与环境学院
山东天地亚太国土遥感有限公司 二〇一一年十月

长清区土壤有效硫含量分布图

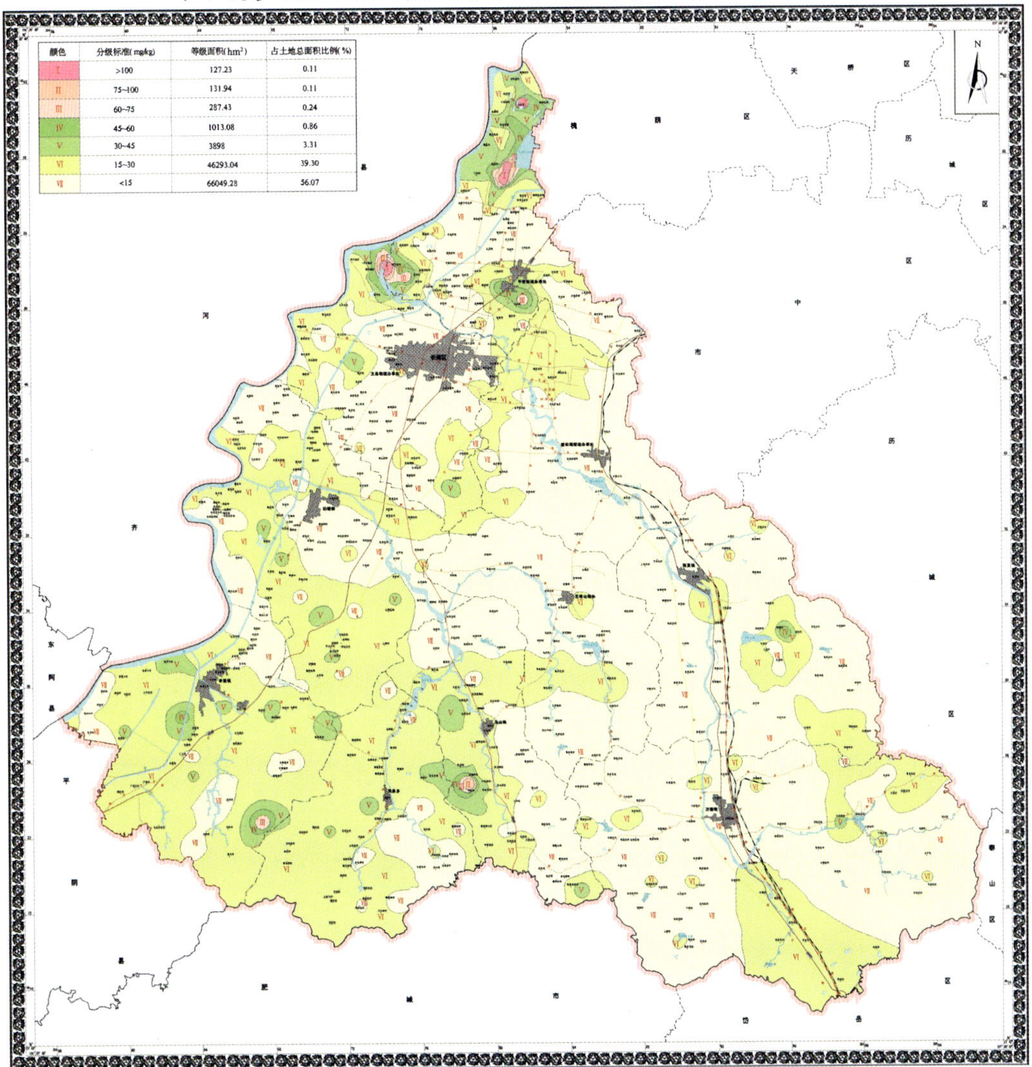

颜色	分级标准(mg/kg)	等级面积(hm²)	占土地总面积比例(%)
Ⅰ	>100	127.23	0.11
Ⅱ	75~100	131.94	0.11
Ⅲ	60~75	287.43	0.24
Ⅳ	45~60	1013.08	0.86
Ⅴ	30~45	3898	3.31
Ⅵ	15~30	46293.04	39.30
Ⅶ	<15	66049.28	56.07

1954年北京坐标系 1956年黄海高程系　　比例尺：1:400000　　山东农业大学资源与环境学院
山东天地亚太国土遥感有限公司　二〇一一年十月

长清区土壤有效锌含量分布图

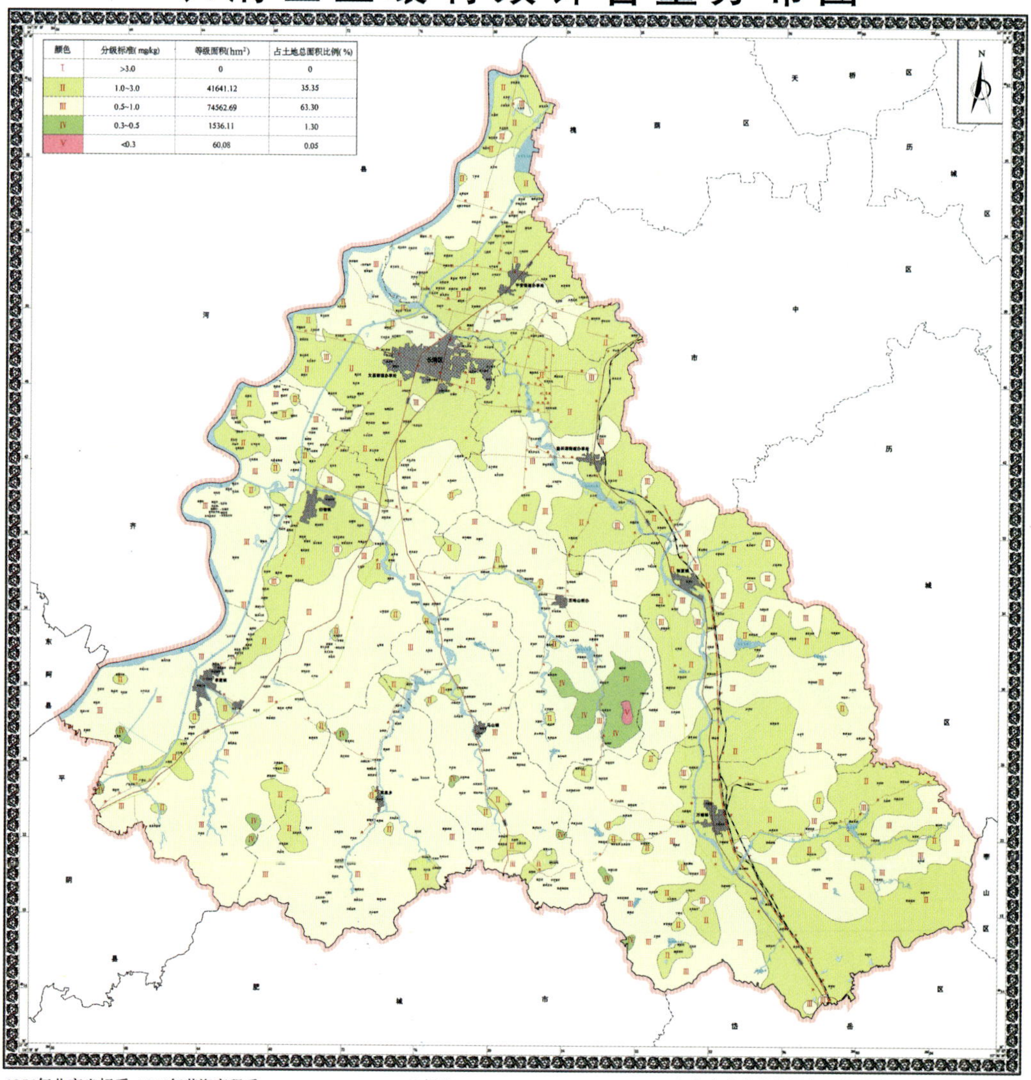

1954年北京坐标系 1956年黄海高程系

比例尺：1∶400000

山东农业大学资源与环境学院
山东天地亚太国土遥感有限公司 二〇一一年十月

长清区土壤有效硼含量分布图

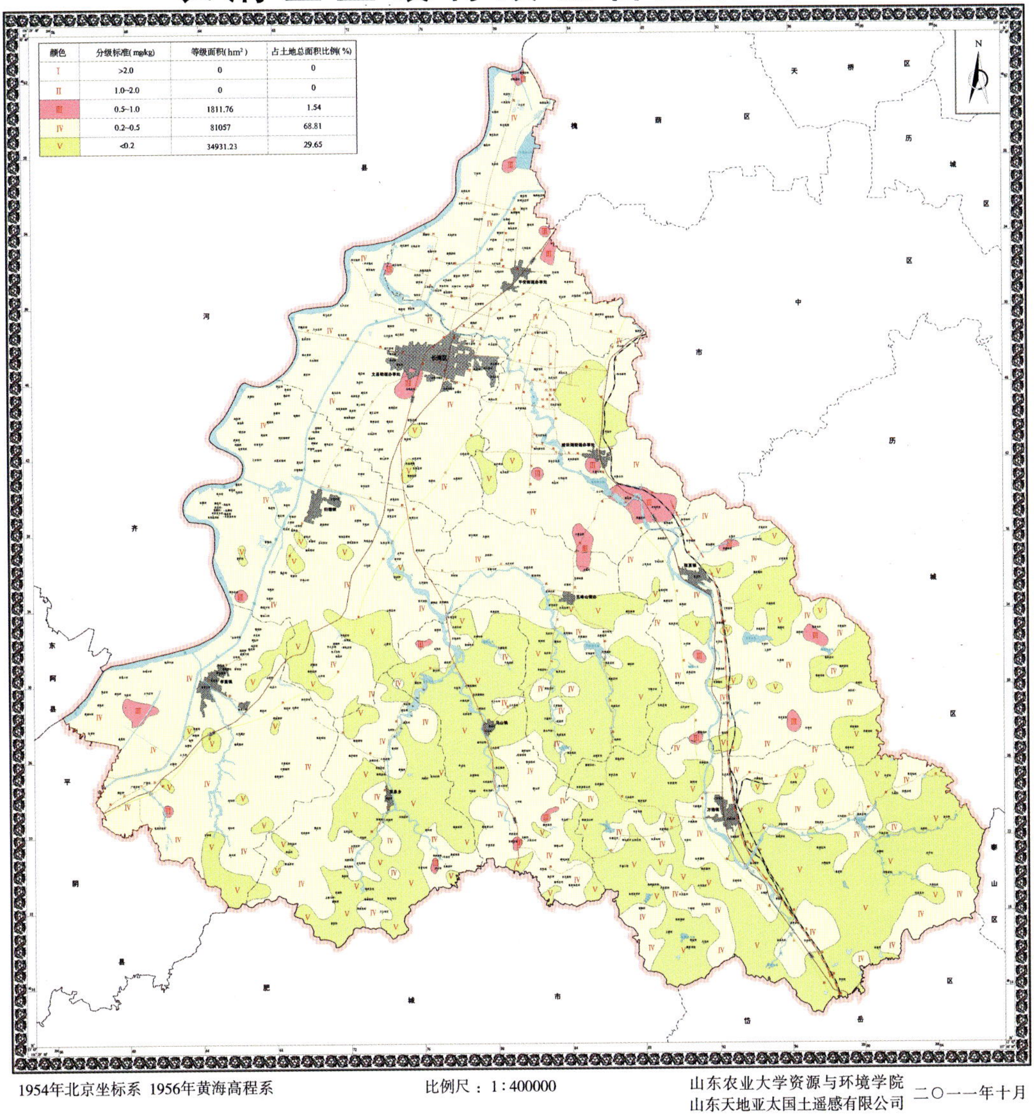

1954年北京坐标系 1956年黄海高程系　　比例尺：1∶400000　　山东农业大学资源与环境学院 山东天地亚太国土遥感有限公司　二〇一一年十月

长清区土壤有效锰含量分布图

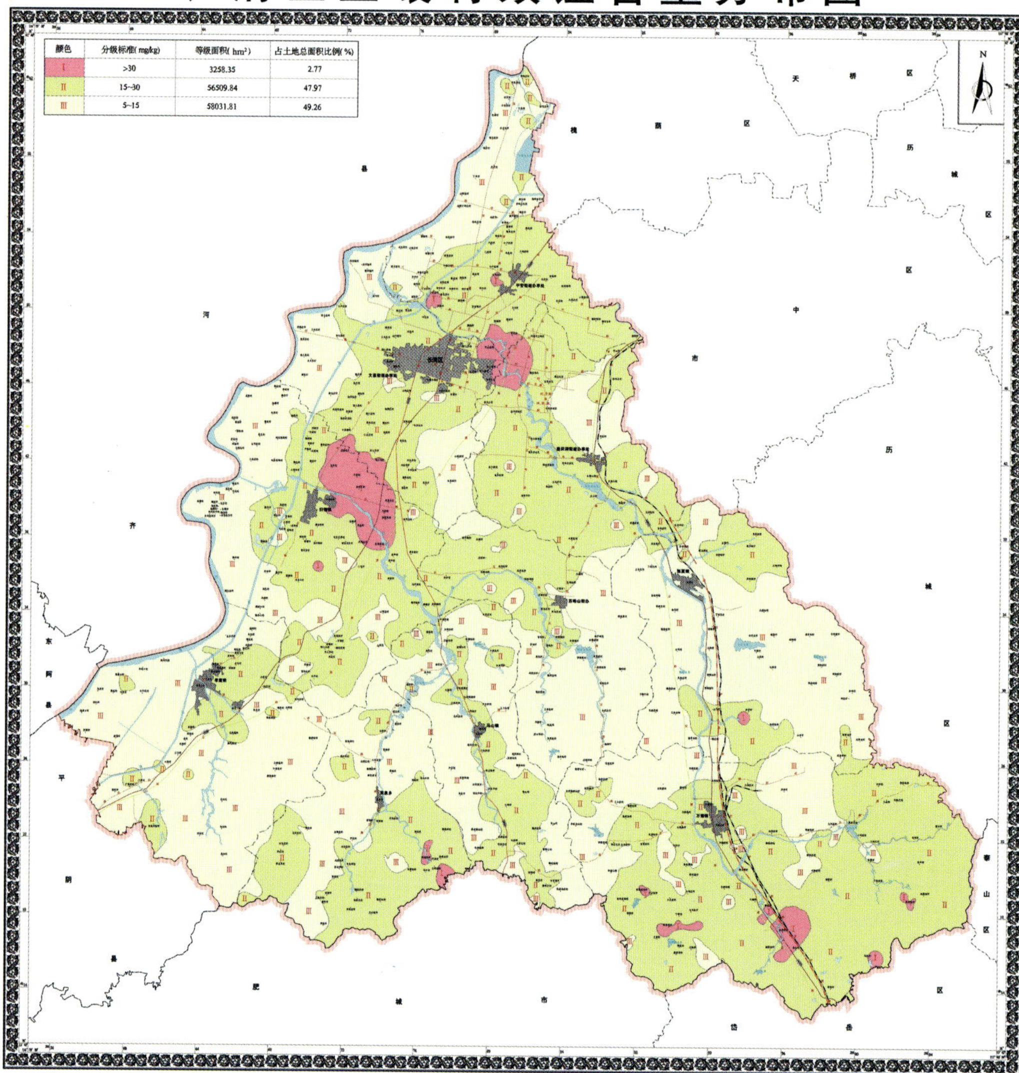

颜色	分级标准(mg/kg)	等级面积(hm²)	占土地总面积比例(%)
Ⅰ	>30	3258.35	2.77
Ⅱ	15~30	56509.84	47.97
Ⅲ	5~15	58031.81	49.26

1954年北京坐标系 1956年黄海高程系　　比例尺：1:400000　　山东农业大学资源与环境学院　山东天地亚太国土遥感有限公司　二〇一一年十月

长清区土壤有效铜含量分布图

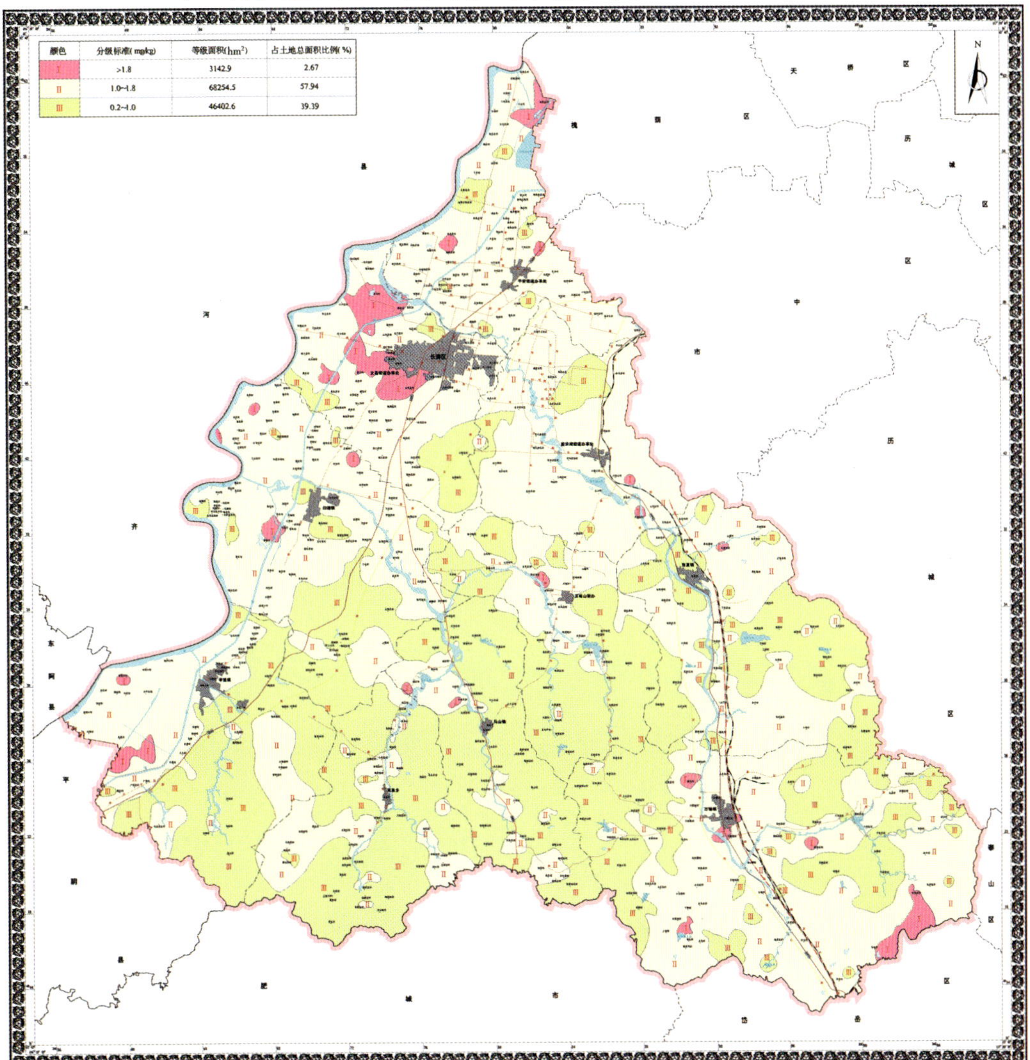

1954年北京坐标系 1956年黄海高程系　　比例尺：1∶400000　　山东农业大学资源与环境学院 山东天地亚太国土遥感有限公司 二〇一一年十月

长清区土壤有效铁含量分布图

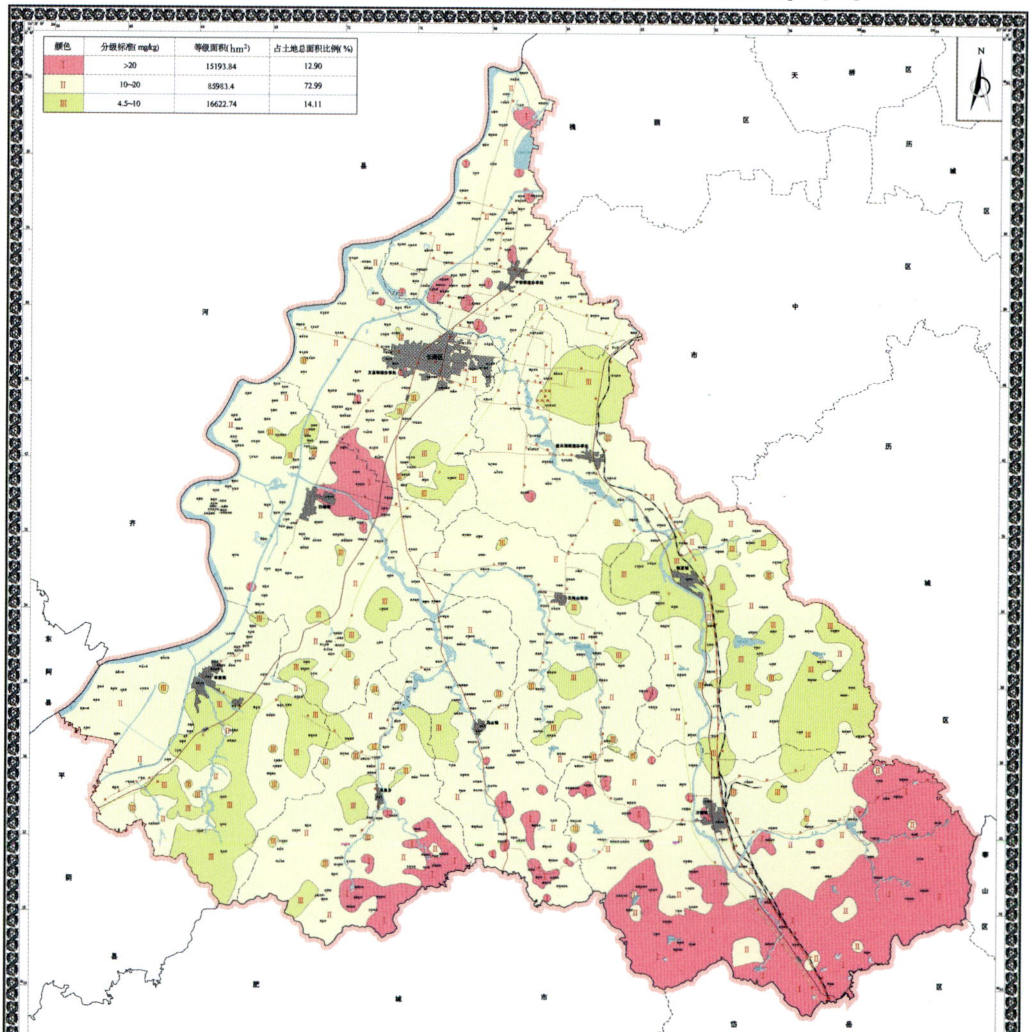

颜色	分级标准(mg/kg)	等级面积(hm^2)	占土地总面积比例(%)
Ⅰ	>20	15193.84	12.90
Ⅱ	10~20	85983.4	72.99
Ⅲ	4.5~10	16622.74	14.11

1954年北京坐标系 1956年黄海高程系　　比例尺：1∶400000　　山东农业大学资源与环境学院
山东天地亚太国土遥感有限公司　二〇一一年十月

长清区土壤有效钼含量分布图

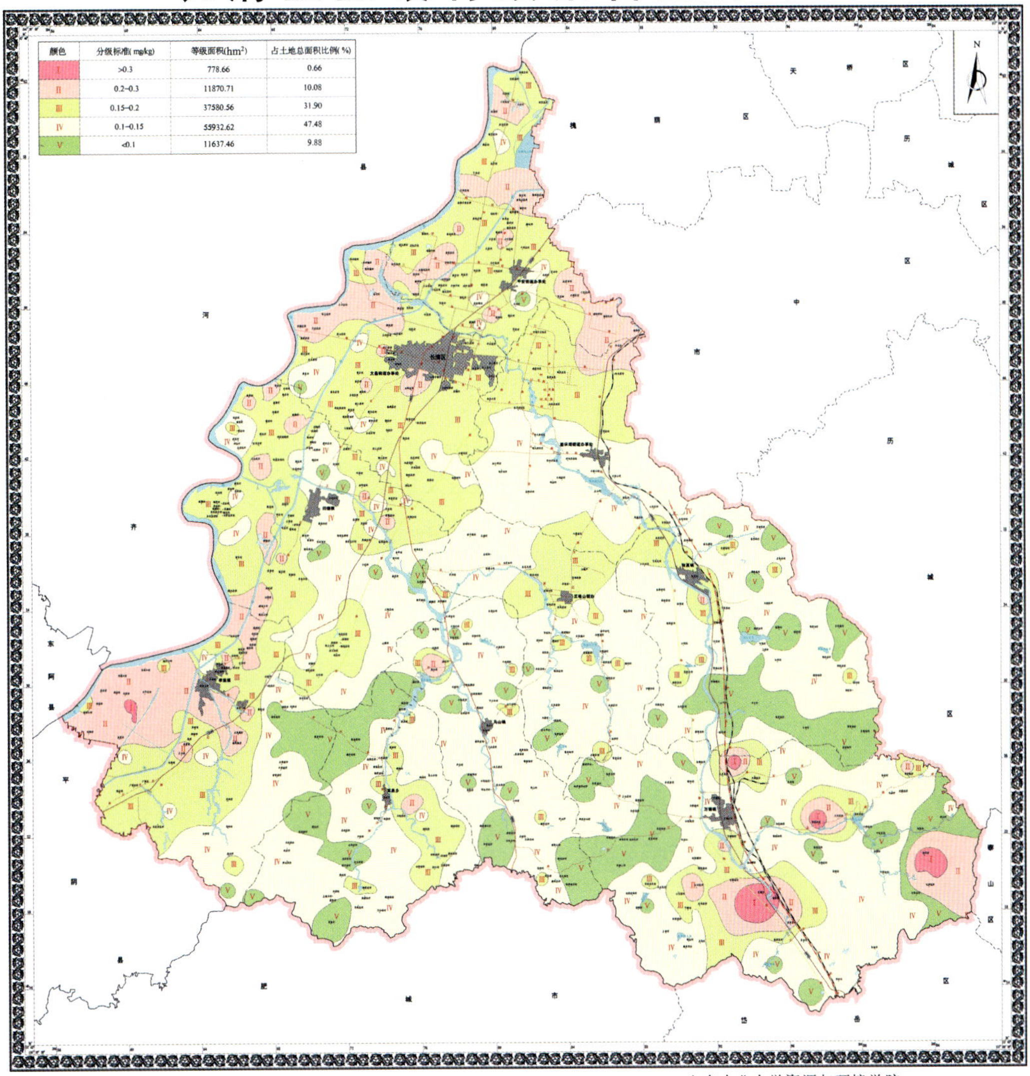

1954年北京坐标系 1956年黄海高程系　　比例尺：1∶400000　　山东农业大学资源与环境学院　山东天地亚太国土遥感有限公司　二〇一一年十月

长清区土壤有效硅含量分布图

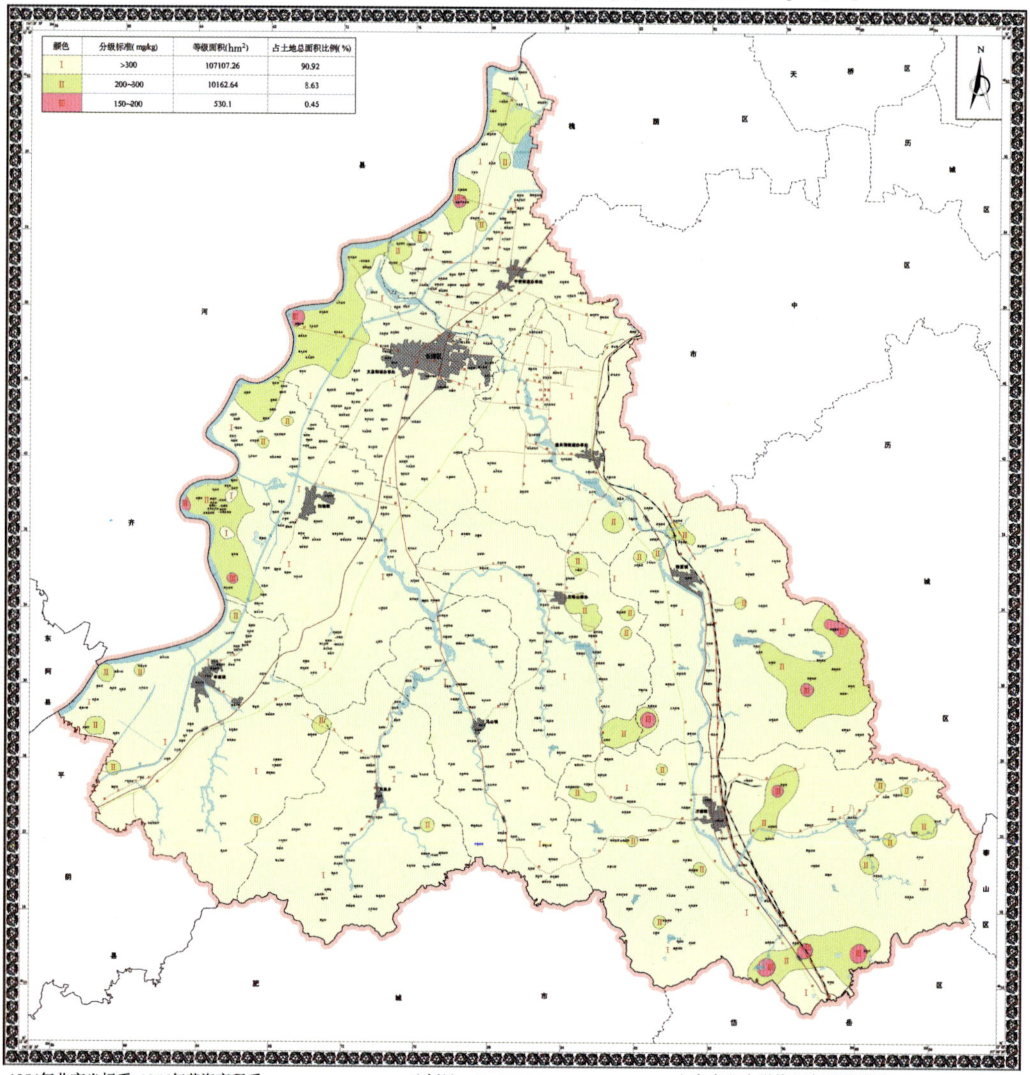

颜色	分级标准(mg/kg)	等级面积(hm^2)	占土地总面积比例(%)
Ⅰ	>300	107107.26	90.92
Ⅱ	200~300	10162.64	8.63
Ⅲ	150~200	530.1	0.45

1954年北京坐标系 1956年黄海高程系　　比例尺：1∶400000　　山东农业大学资源与环境学院 山东天地亚太国土遥感有限公司 二〇一一年十月